北大汇丰现代金融丛书
PKU-HSBC Finance Series

丛书主编：海　闻
丛书副主编：宋　敏　　平新乔

北京大学汇丰金融研究院学术顾问

（按姓氏笔划排序）

成思危	朱　民	刘明康
吴晓灵	沈联涛	易　纲
郑海泉	谢　平	樊　纲

走向全球第三大货币
——人民币国际化问题研究

Road to be the Third Largest Currency:
Renminbi Internationalization

宋敏 屈宏斌 孙增元 著

北京大学出版社
PEKING UNIVERSITY PRESS

图书在版编目(CIP)数据

走向全球第三大货币:人民币国际化问题研究/宋敏,屈宏斌,孙增元著.—北京:北京大学出版社,2011.6
(北大汇丰现代金融丛书)
ISBN 978-7-301-19016-6

Ⅰ.①走… Ⅱ.①宋… ②屈… ③孙… Ⅲ.①人民币-国际化-研究 Ⅳ.①F822.1

中国版本图书馆 CIP 数据核字(2011)第 112253 号

书　　名:	走向全球第三大货币——人民币国际化问题研究
著作责任者:	宋　敏　屈宏斌　孙增元　著
策划编辑:	张　燕
责任编辑:	刘　京
标准书号:	ISBN 978-7-301-19016-6/F·2795
出版发行:	北京大学出版社
地　　址:	北京市海淀区成府路 205 号　100871
网　　址:	http://www.pup.cn
电　　话:	邮购部 62752015　发行部 62750672　编辑部 62752926
	出版部 62754962
电子邮箱:	em@pup.cn
印刷者:	北京鑫海金澳胶印有限公司
经　　销:	新华书店
	730 毫米×1020 毫米　16 开本　12.75 印张　242 千字
	2011 年 6 月第 1 版　2011 年 6 月第 1 次印刷
印　　数:	0001—4000 册
定　　价:	35.00 元

未经许可,不得以任何方式复制或抄袭本书之部分或全部内容。
版权所有,侵权必究
举报电话:010-62752024　电子邮箱:fd@pup.pku.edu.cn

总　序

随着经济的发展和全球化的加深,金融业的改革和发展越来越成为中国以及世界关注的焦点。许多危机是由金融引发的,不少国际冲突是围绕金融的;推动一些国家发展的是金融,阻碍一些经济发展的也是金融。世界金融体系如何改革？中国金融行业如何发展？怎样开发和管制好金融衍生工具？如何推动人民币的国际化进程？越来越多的金融问题摆到了我们面前。

为推动对中国与世界金融问题的研究,在汇丰慈善基金的支持下,北京大学于 2008 年 12 月成立了"汇丰金融研究院"(Peking University HSBC Finance Research Institute,简写 HFRI)。作为北大汇丰商学院的重要组成部分,金融研究院旨在加强国内外著名高校、研究机构、政府部门以及知名学者之间在金融研究方面的交流,构建开放的学术交流平台,促进金融研究的发展,为政府决策提供理论与实证依据。

除了举办"北京大学汇丰金融系列讲座",召开每年一度的"北京大学汇丰金融论坛",资助学者开展相关的金融研究项目以外,汇丰金融研究院还组织出版了"北大汇丰现代金融丛书"。丛书主要收录研究院的优秀研究成果,也包括其他学者撰写的优秀金融学术专著。在当前中国改革与发展进入深层次的阶段,衷心希望这些专著的出版,能为中国学界的金融研究做出贡献。

2010 年 6 月

《走向全球第三大货币——人民币国际化问题研究》

课　题　组

专家指导委员会

　　海　闻教授,北京大学副校长,北京大学深圳研究生院院长兼汇丰商学院院长

　　宋　敏教授,香港大学中国金融研究中心主任,香港大学经济金融学院教授,北京大学汇丰金融研究院执行院长

课题主持人

　　宋　敏教授,香港大学中国金融研究中心主任,香港大学经济金融学院教授,北京大学汇丰金融研究院执行院长

　　屈宏斌先生,汇丰银行董事总经理兼大中华区首席经济学家

课题协调人

　　孙增元　香港大学经济金融学院博士研究生

课题组成员

　　宋　敏　香港大学经济金融学院
　　屈宏斌　汇丰银行
　　孙增元　香港大学经济金融学院
　　杨长湧　国家发展改革委员会对外经济研究所
　　姚　瑶　北京大学汇丰商学院
　　常慧丽　北京大学汇丰商学院
　　马　鑫　北京大学汇丰商学院
　　张　燕　北京大学汇丰商学院

前　言

　　作为全球最大的出口贸易国,却仍然用他国货币作为主要贸易结算货币,这在人类经济史上也是绝无仅有的,而中国正是这绝无仅有的国家。基于这样一个基本事实再来理解最近决策层在推动扩大人民币贸易结算范围上所作的努力,就会发现这是一个再自然不过的选择。决策层目前正致力于给与人民币贸易结算必要的税收、贸易信贷和资本项目方面的政策支持。更重要的是,对于境内和境外进出口企业来说,用人民币替代美元进行贸易结算能够节约换汇和用美元交易的相关费用,并有效规避人民币汇率升值的风险,从而对推动人民币贸易结算积极性很高。从试点开始至今,人民币贸易结算额大幅上升。鉴于企业、金融机构,特别是跨国银行空前高涨的参与热情,辅以全球范围内的人民币清算系统即将在短短数月内投入使用,未来几年内人民币国际化的步伐有望大大加快。

　　考察人民币贸易结算的潜在需求所在,我们要把目光投向西方发达经济体之外的新兴市场。中国作为不少新兴市场经济国家的最大贸易伙伴,现有贸易结算既不用人民币也不用这些国家本国的货币。现在是该作些改变的时候了,将贸易结算货币从现行的美元结算转为用人民币结算无疑是非常有吸引力的选择,在美元汇率走势日渐动荡的背景下尤其如此。从 2009 年 7 月人民币跨境贸易结算试点开始到 2010 年 6 月扩大试点范围到全国 21 个省市,结算范围从中国香港地区及东盟国家扩展到全世界,结算交易量快速上升。新兴市场目前占中国全部贸易量的 60%,较之 10 年前的 49% 大幅增长。前瞻地看,在全球经济增长重心从西方向新兴市场转移的过程中,新兴市场的份额可能继续快速上升。以这样的增长态势发展,乐观估计未来三到五年内中国对新兴市场的贸易量的一半可以实现用人民币结算。这也意味着相当于每年有两万亿美元规模的贸易流动是用人民币来结算的。相信不远的将来人民币将成长为全球国际贸易三大结算货币之一。

　　人民币贸易结算的发展也有助于推动资本市场的开放和发展。境外对人民币需求的上升为中国企业用人民币投资海外提供了可能;而境外企业人民币贸易收入的增加也为其用人民币投资境内项目创造了条件。为满足国外出口商及进口企业持有人民币头寸后的投资需求等,离岸人民币市场的发展开始起步。截至 2010 年 10 月,已经有 12 家中外资机构在中国香港地区发行了人民币债。同时,对于境外人民币使用的放开也催生了可交割人民币远期市场和人民币银行间市场的形成。境外人民币现金存款数量也大幅上升。近来对于部分境外机构投资国内银行间市场的开闸也为未来香港离岸市场更多人民币相关结构性产品的开发奠定了基础。

离岸人民币市场的快速发展反过来又会促进人民币在贸易和投资流动中发挥更大作用,对于各国外汇储备管理当局来说,将人民币作为储备货币之一的吸引力开始上升。实际上,已经有个别央行表示愿意将人民币作为其外汇储备货币之一。当然,国内金融部门改革的推进情况决定了人民币最终完全可兑换的时间表。近期国有银行改革的持续进行、外汇市场发展以及资本市场的深化都是在向这一目标迈进的步骤。随着中国经济实力及贸易影响力的提升,届时人民币完全可兑换实现,人民币成为真正的全球性货币和储备货币可谓是水到渠成。

目前人民币的国际化问题被广泛讨论,但当前文献多是表达一些观点或看法,尚没有对该问题进行系统化的研究。就作者看来,这个问题至少需要作以下几方面的分析。一是解决"要不要"的问题,也就是人民币国际化对我国的经济发展,金融建设的成本收益分析;如果回答是肯定的,之后应该是"可不可以"的问题,即当今的国际政治经济环境和国内的经济发展对人民币国际化的影响问题,这方面的分析须从国际化货币诸如英镑、美元、欧元等的历史出发,总结经验教训,对当今世界货币体系发展作出展望,并对人民币国际化给出合理的定位;接下来是"会怎样"的问题,即我们要找到决定一国货币国际化的因素,对人民币的国际化前景进行大体的预期;最后一个问题是"怎么走",也就是人民币国际化的具体战略实施,我们将根据货币国际化的决定因素,结合已经国际化货币的经验教训,给出适宜于当前人民币国际化发展的政策建议。

本书分为八章对人民币国际化进行研究:第一章给出货币国际化的定义并分析国际货币体系的现状,第二章是对国际化货币史的介绍,这两章旨在分析国际社会的宏观政治经济环境,总结经验教训;第三章和第四章是对人民币国际化的现状和成本收益分析,由此得到第五章人民币国际化的路线图,并在第六章对人民币国际化进行展望;最后我们通过第七章从两岸三地经济融合的趋势分析人民币区域化的潜力,并在第八章着重强调了香港在人民币国际化中的作用。

本书是由香港大学经济金融学院中国金融研究中心主任宋敏教授和汇丰银行大中华区首席经济学家屈宏斌先生联合主持,香港大学经济金融学院博士生孙增元负责工作协调。本书写作得到北京大学汇丰金融研究院的大力支持与赞助,同时亦得到国家发展改革委员会对外经济研究所张燕生所长以及杨长湧研究员的合作与协助,他们提了大量宝贵意见,杨长湧博士在香港大学经济金融学院中国金融研究中心做助理研究时,为本书写作贡献不少。在此一并表示感谢。

本书具体分工如下:由宋敏教授、屈宏斌先生和博士生孙增元拟订研究计划和提纲,并组织课题组讨论分工,确定全书的研究主线和基本框架。各章的初稿执笔者为:第一章货币国际化与国际货币体系现状及趋势分析——孙增元、常慧丽、杨长湧,第二章国际化货币史借鉴及展望——孙增元、姚瑶、常慧丽、马鑫,第三章人民币国际化的现状分析——杨长湧、孙增元,第四章人民币国际化的成本与收益分析——孙增元,第五章人民币国际化的路线图——杨长湧,第六章储备货币分析与人民币国际化前景展望——孙增元,第七章两岸三地经济融合——孙增元、姚瑶、常慧丽、张燕,第八章香港地区在人民币国际化中的地位和作用——杨长湧、孙增元、常慧丽。全书完稿后,由宋敏教授、屈宏斌先生和博士生孙增元组织人员进行修订,北京大学出版社张燕女士为本书修订提了不少意见,姚瑶和常慧丽亦参与了大量的文字编辑和修订工作。

由于时间仓促,本书的疏漏和不足之处在所难免,欢迎各界同仁批评指正。

屈宏斌 2010 年 12 月于香港汇丰银行大厦

目 录

第一篇 货币国际化与国际化货币史

第一章 货币国际化与国际货币体系现状及趋势分析 / 3
  第一节 货币国际化的定义 / 3
  第二节 国际货币体系的现状及趋势分析 / 5
  第三节 货币国际化与重要相关概念的关系 / 13

第二章 国际化货币史借鉴及展望 / 18
  第一节 英镑国际化的借鉴 / 18
  第二节 美元国际化的借鉴 / 24
  第三节 马克和欧元国际化的借鉴 / 35
  第四节 日元国际化的借鉴 / 52
  第五节 布雷顿森林体系、新布雷顿森林体系与全球不平衡 / 60

第二篇 人民币国际化

第三章 人民币国际化的现状分析 / 73

第四章 人民币国际化的成本与收益分析 / 83
  第一节 货币国际化的收益 / 83
  第二节 货币国际化的成本 / 98

第五章　人民币国际化的路线图 / 106

第一节　人民币国际化的定位应该是实现在东亚、东南亚和上合组织的区域化 / 107

第二节　实现人民币区域化短期目标的相关问题分析 / 111

第三节　实现人民币区域化中期目标的相关问题分析 / 116

第六章　储备货币分析与人民币国际化前景展望 / 120

第一节　文献综述 / 121

第二节　数据、变量和模型 / 125

第三节　人民币国际化前景预期 / 134

第四节　结论 / 137

第七章　两岸三地经济融合 / 139

第一节　贸易融合与经济周期的协动性 / 140

第二节　股票市场协动性分析 / 152

第三节　金融与实体融合 / 159

第四节　两岸三地货币整合的成本收益分析 / 171

附录 / 173

第八章　香港地区在人民币国际化中的地位和作用 / 175

第一节　香港地区人民币离岸中心地位无可替代 / 175

第二节　香港地区人民币业务现状及挑战 / 178

第三节　香港与内地财富的全球配置 / 181

结　语　积极且谨慎地走向全球第三大货币 / 184

参考文献 / 186

第一篇
货币国际化与国际化货币史 >>>

第一章

货币国际化与国际货币体系现状及趋势分析

本章导读

我们探讨人民币国际化问题，首先需要对货币的国际化有清晰界定，明确我们研究的内涵。具体而言，本章首先对货币国际化从货币职能上予以描述，并按照私人和官方两个方面予以分类。其次，根据当前国际化货币的使用情况，对国际货币体系现状予以介绍，从中我们看到美元居统治地位的事实，并发现美元与欧元此消彼长的趋势。最后，本章对货币国际化的外延予以说明，通过分析货币国际化与资本账户开放、货币政策、汇率制度之间的区分和联系，使我们更好地理解货币国际化。

第一节 货币国际化的定义

货币国际化，简而言之，即一国货币在本国之外使用（Chinn 和 Frankel, 2005）。Cohen (1971) 以及 Whitman(1974)最早按照货币的不同用途以及不同部门的使用情况对货币国际化进行分类，Kenen(1983)进一步对货币国际化进行了精炼，并利用该分类对布雷顿森林体系崩溃后美元的国际化使用的情况进行了描述。可将国际化货币的主要用途总结如表 1.1：

表 1.1 国际化货币的主要用途

用途	私人用途	官方用途
交易媒介	外汇市场交易货币，国际贸易、国际金融交易货币	外汇市场干预货币
计价单位	国际贸易和国际金融交易的计价货币	钉住的名义锚
价值储藏	外汇资产	外汇储备

资料来源：作者整理自 Chinn 和 Frankel(2005)。

在实际应用中，还经常按照一国货币在全球市场以及第三国的使用情况进行划分,例如 ECB(2002)就曾对欧元在全球市场和第三国的使用情况进行描述,如表 1.2 所示。

表 1.2 欧元在全球市场和第三国的使用情况

全球市场	第三国
1. 国际债券市场 2. 外汇市场 3. 国际贸易	1. 官方用途(储备、锚、干预货币) 2. 私人用途(类似于本币:投资、偿付工具)

资料来源:作者整理自 ECB(2002)。

Kenen(2009)曾强调货币国际化的两个显著特征,一个是货币在国际贸易中的使用,另一个是货币在国际债务市场的使用。Detken 和 Hartmann(2000)则对国际债务市场进行了评估,并建议用一国货币在国际债务市场中所占的份额作为对货币国际化的衡量。

此外,Christian(2009)曾提出货币全球化的概念,作为对货币国际化的补充,该文认为单纯强调货币的国际化运用并不能提供对货币地位的充分衡量,例如国际债券市场的评估忽视了其他金融市场诸如公司债务、政府债务等等的货币运用,而单纯衡量货币在交易、计价和储蓄中的份额也忽视了决定货币国际化地位的基本面因素,基于此,该文按照规模指示变量和结构指示变量对国际化货币进行了全面评估,如表 1.3 所示。

表 1.3 国际化货币的规模和结构指示变量

规模指示变量	结构指示变量
经济规模(GDP) 金融市场的规模 —政府债务 —公司债券 —货币市场 —资本市场 全球外汇市场份额 全球外汇储备份额	生产率 法律框架 透明度 市场发展(深度、广度) 锚货币

资料来源:作者整理自 Christian(2009)。

综上可以看出,货币国际化具有不同的衡量指标,绝大部分从货币职能出发,尽管 Christian(2009)强调货币国际化的结构指标因素,但结构指标变量更应该是研究货币国际化的决定因素的指标,而不是衡量货币国际化的因素指标。基于此,本章对货币国际化的概况分析也从货币的职能出发,全面介绍国际货币体系的现状并对未来趋势进行分析。而其他因素则放在影响货币国际化的因素中具体讨论。

第二节 国际货币体系的现状及趋势分析

从实际操作上看,国际货币的计价单位职能与交易媒介职能往往是紧密联系、不可分割的。因此,考察国际货币体系的现状,更具操作性的是从货币发挥职能的不同领域进行。从领域上看,国际货币主要在国际贸易的计价与结算、国际金融资产的计价与交易以及官方外汇储备这三大领域发挥作用。

一、国际贸易计价结算功能现状

普遍认为国际贸易计价结算与外汇市场交易量密切相关,图1.1反映了国际货币体系中的四种主要货币——美元、欧元、日元和英镑的外汇市场交易水平,可以看到美元占据主导地位,达到90%左右,接下来依次为欧元、日元和英镑。具体到不同的国家和地区的使用水平,上述四种国际化货币具有不同特色。表1.4反映了2004年,欧洲、亚太地区、世界前十位进出口国以及韩国、印度尼西亚、马来西亚和泰国等亚洲重要贸易国,进出口额中各种主要货币作为结算货币所占的比重。从该表中可看出,欧元是欧洲贸易的主要结算货币,但美元也占有相当的比重;尤其是在进口中,美元结算的贸易额与欧元已很接近。而对于亚太地区、美国和加拿大而言,美元在贸易结算中占绝对优势,远非欧元所能企及。

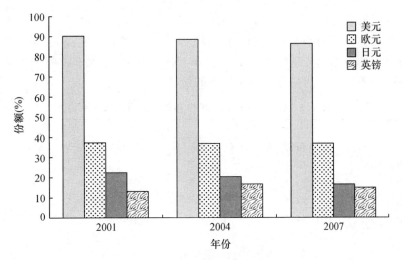

图1.1 外汇市场交易量份额

注:由于外汇市场买卖是两种货币的交易,因此所有货币交易份额是200%。
资料来源:BIS(国际清算银行,http://www.bis.org/statistics/index.htm)。

表 1.4 2004 年世界贸易结算货币概况

	出口				进口			
	欧元份额(%)	美元份额(%)	英镑份额(%)	日元份额(%)	欧元份额(%)	美元份额(%)	英镑份额(%)	日元份额(%)
欧洲	53.7	27.9	6.1	—	49.5	37.5	4.1	—
亚太地区	7.9	64.8	—	19.3	5.5	70.3	—	12
德国	61.1	24.1	—	—	52.8	35.9	—	—
法国	52.7	33.6	—	—	45.3	46.9	—	—
英国	21	26	51	—	27	37	33	—
荷兰	52	35.2	—	—	48	43.8	—	—
意大利	59.7	—	—	—	44.5	—	—	—
比利时	57.7	29.6	—	—	55.5	35.1	—	—
日本	9.6	48	—	38.4	4.5	68.7	—	24.6
韩国	7.6	84.6	—	—	6.1	78.3	—	—
印度尼西亚	1.2	93.6	—	—	5.7	82.5	—	—
马来西亚	—	90	—	—	—	—	—	—
澳大利亚	1.4	67.5	9.4	47.9	—	—	—	—
泰国	2.7	84.4	—	—	4.3	76	—	—
美国	—	—	—	—	2	90.3	—	—
加拿大	—	70	—	—	—	—	—	—

资料来源:作者整理自 Annette Kamps(2006)。

表 1.5 显示,2004 年欧盟对美国的出口只占其总出口额的 7.8%,从美国的进口只占其总进口额的 5.1%。而同年,美元结算的贸易额在欧洲(主要是欧盟)出口和进口中的份额则分别达到 27.9% 和 37.5%。同时,欧元在欧洲进出口中的结算份额要小于欧盟内贸易在其进出口中的份额。

表 1.5 欧盟 2004 年与 2008 年的主要贸易伙伴结构

	2004		2008	
	出口份额(%)	进口份额(%)	出口份额(%)	进口份额(%)
欧盟内贸易	67.6	66.2	67.4	63.5
美国	7.8	5.1	6.1	4.3
中国	1.6	4.2	1.9	5.8
瑞士	2.5	2.0	2.6	4.1
俄罗斯	1.5	2.3	2.4	1.9
总计	81	79.8	80.4	79.6

资料来源:作者整理自 WTO(http://www.wto.org)。

综合这两个特征,可以认为,欧元主要在欧盟内部贸易中作为结算货币,在欧盟外使用很少;而美元在欧盟内部贸易以及欧盟与除美国外的其他国家和地区的贸易中却占据重要地位。欧盟 2008 年的主要贸易伙伴结构与 2004 年相比没有明

第一章 货币国际化与国际货币体系现状及趋势分析

显的变化。因此,这一结论应该也适用于2008年。

表1.6和表1.7显示,2004年,亚太地区六大贸易国从北美的出口和进口占其总出口和总进口的比重分别不到25%和20%。但同年,美元结算贸易额在亚太出口和进口中的比重却分别达到64.8和70.3%。韩国、印度尼西亚、马来西亚、泰国等国家贸易的绝大多数都是用美元结算的。同时,亚洲区内贸易在各国贸易中也占到50%左右的比重。

表1.6 亚太地区重要贸易国2004、2008年主要出口地区分布

		韩国	印度尼西亚	马来西亚	泰国	日本	澳大利亚
亚洲(%)	2004	49.3	58.5	55.3	52.5	—	—
	2008	51.0	63.5	60.9	54.7	64.4	43.9
欧洲(%)	2004	15.3	15.2	13.2	16.0	—	—
	2008	15.6	12.7	11.7	14.9	11.4	17.1
北美和中美(%)	2004	22.8	15.0	20.1	17.8	—	—
	2008	16.2	10.9	15.0	13.2	6.6	22.3
中东(%)	2004	3.8	2.5	3.0	3.8	—	—
	2008	5.3	3.7	3.5	5.4	4.1	4.7
南美(%)	2004	1.3	0.7	0.4	0.8	—	—
	2008	2.7	1.2	0.6	1.7	1.1	1.8
非洲(%)	2004	1.9	1.5	0.9	2.3	—	—
	2008	2.7	1.6	1.3	3.3	1.9	1.4

资料来源:作者整理自 UN(http://www.un.org/en/databases)、WTO(http://www.wto.org)。

表1.7 亚太地区重要贸易国2004、2008年主要进口地区分布

		韩国	印度尼西亚	马来西亚	泰国	日本	澳大利亚
亚洲(%)	2004	48.4	62.2	59.3	55.6	—	—
	2008	47.1	70.8	65.8	53.8	50.6	38.1
欧洲(%)	2004	13.2	13.3	13.7	12.4	—	—
	2008	12.3	8.5	11.5	12.4	22.4	12.2
北美和中美(%)	2004	14.0	7.0	15.4	8.5	—	—
	2008	10.1	6.1	8.8	7.2	13.7	12.7
中东(%)	2004	14.7	4.9	2.4	11.6	—	—
	2008	19.9	6.0	3.7	15.6	2.6	22.1
南美(%)	2004	2.1	1.2	0.8	1.5	—	—
	2008	2.4	1.3	1.1	1.7	1.0	2.7
非洲(%)	2004	1.1	3.0	0.6	1.3	—	—
	2008	1.5	1.5	1.1	1.3	1.0	2.5

资料来源:作者整理自 UN(http://www.un.org/en/databases)、WTO(http://www.wto.org)。

综合这两点可以判断,与欧盟情况相似,亚洲区内贸易以及亚洲国家与除美国外的其余国家和地区的贸易,大部分都是用美元计价和结算的。亚太地区2008年的主要贸易伙伴地区分布与2004年相比并没有明显变化。因此,这一结论应该也适用于2008年。

总之,按照在国际贸易中使用的规模和范围,可将发挥贸易结算功能的国际货币大致分为三类:第一类是美元,大部分国际贸易都以美元结算,而且美元在没有美国参与的贸易中也占有相当重要的地位;第二类是欧元,欧元主要在欧盟内部贸易中使用,在欧盟对外贸易中使用很少,在没有欧盟参与的贸易中则地位更低;第三类是英镑、日元、加元、澳大利亚元等,这些货币主要在有本币发行国(英国、日本、加拿大和澳大利亚等)参与的进出口贸易中一定程度地使用。

二、国际金融资产计价交易功能现状

表1.8和表1.9显示,美元和欧元是42个国家银行系统资产的主要计价货币,其余货币资产占的比重都很小。然而,美元的本外币资产之比只有30.6%,这说明大部分美元资产掌握在位于美国以外的国家和地区的银行系统中;与此相反,欧元的本外币资产之比为227.9%,这说明大部分欧元资产掌握在欧元区16个国家的银行系统中。

表1.8 1999—2009年42个主要国家银行系统资产的货币构成 (单位:%)

	1999	2000	2001	2002	2003	2004	2005	2006	2007	2008	2009
美元	42.1	44.3	46.1	42.9	40.2	39	41.3	40.8	38.1	39	38.6
欧元	28.2	28.2	29.1	34	37.8	39.4	37.4	38	38.7	38.8	39.2
日元	9.3	8.4	6.3	5.5	4.9	4.8	4.3	3.2	3.9	4.4	3.8
英镑	4.4	4.4	5.4	5.4	5.5	5.6	5.7	6.6	7.4	5.7	5.6
瑞士法郎	2.5	2.2	2.2	2.1	1.8	1.7	1.5	1.6	1.6	1.6	1.5
其他货币	4.6	4.5	4	4.1	4.3	4.4	4.8	5.4	5.8	5.6	6.3

资料来源:作者整理自BIS(http://www.bis.org),2009年的数据实际是截至2009年9月。

表1.9 2009年42个主要国家银行系统资产的本外币构成

	本币(十亿美元)	外币(十亿美元)	本币/外币(%)
美元	2 766.5	9 038.6	30.6
欧元	8 339.2	3 658.7	227.9
日元	615.8	552.2	111.5
英镑	783.9	939.7	83.4
瑞士法郎	108.2	345.1	31.3
其他货币	459.1	1 477	30.8

资料来源:作者整理自BIS(http://www.bis.org)。

表 1.10 和表 1.11 显示,美元和欧元是国际债券市场的两大主要计价货币,日元和其他货币地位相对较低。然而,欧元计价债券中有四分之三左右由欧元区居民发行,并由欧元区居民持有,在岸市场(居民与非居民间的市场)和离岸市场的份额很小。而即使是由非居民持有的欧元计价债券,也主要分布在非欧元区的欧盟国家和欧盟的邻国(ECB,2009)。相比之下,非居民持有的美元计价债券比例达到 27%,明显高于欧元计价债券 17.1% 的比例。而美元计价债券在离岸市场上的份额也明显高于欧元计价债券(ECB,2009)。

表 1.10 1999—2008 年国际债券余额的币种构成 (单位:%)

	1999	2000	2001	2002	2003	2004	2005	2006	2007	2008
美元	41.5	41.2	41.3	41.2	40.2	39.6	39.3	39.5	39.5	39.8
欧元	26.5	27.4	27.7	27.9	28.0	28.0	28.1	28.3	28.4	29.5
日元	19.1	19.1	19.2	18.6	18.5	18.1	17.8	16.4	14.8	14.2
其他	12.9	12.3	11.8	12.3	13.3	14.3	14.8	15.8	17.3	16.6

资料来源:ECB(http://www.ecb.int/stats)。

表 1.11 2009 年欧元计价债券在欧元区居民与非居民中的分布 (单位:%)

	居民持有	非居民持有	总计
居民发行	74.3	12.5	86.8
非居民发行	8.6	4.7	13.2
总计	82.9	17.1	100

资料来源:ECB(http://www.ecb.int/stats)。

表 1.12 和表 1.13 显示,在外汇及其衍生品市场上,美元都占有绝对优势,欧元其次。日元和英镑所占份额比较接近,在 10%—20% 之间,而瑞士法郎、加元、澳元等所占份额都在 10% 以下。

表 1.12 国际外汇市场日均交易量的币种构成 (单位:%)

	2001	2004	2007
美元	90.4	88.7	86.3
欧元	37.6	37.2	37
日元	22.7	20.3	16.5
英镑	13.2	16.9	15
瑞士法郎	6.06	6.07	6.78
加元	4.46	4.21	4.21
澳元	4.23	5.48	6.66
人民币	0.01	0.1	0.47

资料来源:作者整理自 BIS(http://www.bis.org)。

表 1.13　外汇衍生品场外市场余额的币种构成　　　　　（单位:%）

	1999	2000	2001	2002	2003	2004	2005	2006	2007	2008	2009
美元	44.7	44.9	46	44.7	43.8	43.9	41.9	41.9	41.7	42.4	41.8
欧元	16.3	19.1	19	21.1	20.7	20.3	20.5	19.9	19.4	21	21.2
日元	14.8	13.6	12.5	13	11.2	12.1	12.1	11.8	11.4	12.8	11.7
英镑	15.6	15.3	13.8	13.3	17.5	14.8	14.1	15.2	14.2	10.7	12.7
瑞士法郎	3.07	2.71	2.39	2.54	2.72	2.48	2.69	2.87	3.26	3.43	3.15
加元	2.26	1.99	1.77	1.9	2.08	2	2.2	2.2	2.14	1.77	1.78
澳元	1.27	1.24	0.81	1.13	1.67	1.86	2.1	1.87	1.98	1.54	1.78
其他	6.42	5.43	7.05	5.45	5.87	6.82	8.5	8.95	10.1	8.97	10.1

资料来源:作者整理自 BIS(http://www.bis.org)。

总之,按照计价资产的规模和范围,可将发挥资产计价与交易功能的国际货币大致划分为三类:第一类是美元,其在银行系统的资产中占有接近 40% 的份额,而在债券、外汇、外汇衍生品等金融市场上,则占有绝对的优势;同时,美元资产被美国之外的实体广泛持有。第二类是欧元,其在银行系统中的资产与美元接近,但在国际金融市场上的份额则明显低于美元;同时,欧元资产主要为欧元区内国家、非欧元区的欧盟国家以及欧盟的邻国所持有。第三类是日元、英镑、瑞士法郎、加元、澳元等,这些货币在银行系统和国际金融市场上的地位要远远低于美元和欧元,所占份额不大。其中,第三类还可以细分为两小类:第一类是日元和英镑,它们在国际金融市场上的份额一般为 10%—20%;第二类是瑞士法郎、加元和澳元等,它们在国际金融市场上的份额一般在 10% 以下。

三、官方外汇储备现状

表 1.14 反映,目前的国际储备货币可以大致分为三类:第一类是美元,占国际储备货币的份额为 60% 左右,且被除美国外的各国广泛持有;第二类是欧元,占国际储备货币的份额为 27% 左右;第三类是日元、英镑、瑞士法郎等,占国际储备货币的份额在 10% 以下。

表 1.14　1999—2009 年官方外汇储备资产的币种构成　　　（单位:%）

	1999	2000	2001	2002	2003	2004	2005	2006	2007	2008	2009
世界											
美元	71	71.1	71.5	67.1	65.9	65.9	66.9	65.5	64.1	64.2	61.6
欧元	17.9	18.3	19.2	23.8	25.2	24.8	24	25.1	26.3	26.4	27.7
日元	6.37	6.06	5.05	4.35	3.94	3.83	3.58	3.08	2.92	3.13	3.23
英镑	2.89	2.75	2.7	2.81	2.77	3.37	3.6	4.38	4.68	4.05	4.34
瑞士法郎	0.23	0.27	0.28	0.41	0.23	0.17	0.15	0.17	0.16	0.13	0.11
其他	1.6	1.49	1.28	1.55	1.97	1.88	1.72	1.8	1.84	2.07	2.92

（续表）

	1999	2000	2001	2002	2003	2004	2005	2006	2007	2008	2009
发达国家											
美元	70.4	70.3	71.1	67.3	67.8	67.8	69.7	68.6	66.5	68	65.4
欧元	17.5	17.7	18.3	22.4	22.5	22.3	20.7	21.6	23.5	22.5	24.5
日元	7.3	7.37	6.17	5.28	5.01	4.86	4.68	4.32	4.02	4.32	4.42
英镑	3.05	2.83	2.71	2.88	2.38	2.7	2.78	3.32	3.59	2.83	2.84
瑞士法郎	0.13	0.29	0.31	0.53	0.27	0.18	0.19	0.23	0.22	0.17	0.18
其他	1.67	1.49	1.39	1.59	2.09	2.13	1.9	1.95	2.15	2.26	2.69
新兴市场和发展中国家											
美元	72.7	73.3	72.5	66.6	61.9	62	62.1	61	61.6	60.3	57.5
欧元	19	19.7	21.3	26.9	31.1	30	29.7	30.1	29.2	30.6	31.4
日元	3.96	2.7	2.35	2.19	1.58	1.68	1.7	1.31	1.76	1.88	1.91
英镑	2.47	2.54	2.68	2.67	3.65	4.78	4.98	5.89	5.83	5.35	6.01
瑞士法郎	0.48	0.21	0.21	0.13	0.12	0.14	0.07	0.08	0.08	0.09	0.03
其他	1.41	1.5	1.02	1.46	1.7	1.35	1.43	1.58	1.51	1.88	3.19

注：这里的官方外汇储备指的是 IMF 统计中经报告的外汇储备（allocated reserves）。
资料来源：作者整理自 IMF（http://www.imf.org）。

四、国际货币体系的现状概括

按照使用的规模和范围，总结国际货币体系中的货币使用水平，可划分为五个层级，见表1.15：

表1.15　国际货币体系的层级划分

	贸易计价结算	资产计价结算	官方外汇储备
第一级：美元	大部分国际贸易都以美元结算；大宗商品一般都以美元计价结算；美元在没有美国参与的贸易中占有相当重要的地位	在银行系统的资产中占有接近40%的份额；在债券、外汇、外汇衍生品等金融市场上占有绝对的优势；美元资产被美国之外的实体广泛持有	占国际官方外汇储备资产的份额为60%左右，被各国广泛持有
第二级：欧元	在国际贸易中的结算份额低于美元，但明显高于日元和英镑；主要在欧盟内部贸易中使用	在银行系统中的资产份额与美国接近，但在国际金融市场上的份额明显低于美元；欧元资产主要为欧盟国家所持有	占国际官方外汇储备资产的份额为27%左右，且多为欧元区内部非欧元区的国家所持有（ECB，2009）

（续表）

	贸易计价结算	资产计价结算	官方外汇储备
第三级：日元和英镑	在国际贸易中的结算份额明显低于欧元；主要在有本币发行国参与的进出口贸易中一定程度地使用	在国际金融市场上的份额明显低于欧元，一般为10%—20%	占国际官方外汇储备资产的份额在10%以下
第四级：瑞士法郎、加元、澳元等	在国际贸易中的结算份额还要低于日元和英镑	在国际金融市场上的份额一般在10%以下，低于日元和英镑	占国际官方外汇储备资产的份额低于日元和英镑
第五级：国家货币	用于国内贸易计价和结算	用于国内金融资产计价和结算	—

目前，人民币正处于由第五级货币向第四级货币过渡的阶段。①

五、国际货币体系的发展趋势

观察国际金融资产与官方外汇储备的币种结构的变化，可以发现美元与欧元此消彼长的趋势：

- 1999年到2009年，42个主要国家的银行系统资产中，美元资产份额下降了3.5%，欧元资产份额上升了11%。到2009年9月，欧元资产的份额还略超过了美元资产。
- 1999年到2008年，国际债券市场余额中，美元份额下降了1.7%，欧元份额上升了3%。
- 2001年到2007年，国际外汇市场日均交易量中，美元份额下降了4.1%，欧元份额基本不变。
- 1999年到2009年，国际外汇衍生品场外市场余额中，美元份额下降了2.9%，欧元份额上升了4.9%。
- 1999年到2009年，官方外汇储备中，美元份额下降了9.4%，欧元份额上升了9.8%。在新兴市场和发展中国家的官方外汇储备中，美元份额下降了15.2%，欧元份额上升了12.4%。

一个基本的结论就是目前国际货币体系呈现多极化发展趋势。② 主权国家货币似乎不可避免地存在担负世界货币责任与维护自身国家利益之间的矛盾，2008年从美国爆发的全球金融危机似乎也印证了这一点，美元的霸权统治地位应该不会一直持续下去，国际货币体系注定呈现竞争多元化趋势。Chinn和Frankel（2008）的实证研究甚至认为，到2015年，欧元的储备货币份额即可超过美元。

---

① 我们将在本书第三章人民币国际化的现状中予以分析。
② 关于国际货币体系多极化的理论论述参见本书第六章储备货币分析与人民币国际化前景展望。

然而,在看到国际货币体系多极化趋势较为明显的同时,还必须看到以下几个事实。这些事实,对于我国正确定位人民币未来在国际货币体系中的位置以及做好应对风险的准备,有着很重要的意义:

- 美元地位虽然削弱,但仍然是世界头号国际货币,其地位远远超过欧元,更超过日元、英镑以及其他货币。
- 美元地位的削弱和欧元地位的上升是一个缓慢的过程,国际货币体系的变动确实存在货币惯性力量的影响。
- 欧元主要在欧盟使用。从使用范围上讲,欧元更像是区域化货币,其国际化程度较美元要逊色很多。而欧洲中央银行在欧元国际化问题上则持中立态度(ECB,1999),并不鼓励欧元大规模迅速国际化。[1]
- 近十年来,日本在推动日元国际化方面不遗余力。日本财政部于1999年专门成立研究小组,2001年、2002年和2003年连续发布报告,对日元国际化战略进行了深入反省并提出了一系列建议。日本也在积极倡导亚洲货币合作,以谋求日元在亚洲地区的主导权。但是,日元在国际金融市场和官方外汇储备中的地位却持续下降。究其原因,根本在于日本在国内条件准备不充分的情况下进行了日元国际化,使得日本在面对国际化带来的风险时应对乏力,导致日元价值不稳定,削弱了国际社会对日元的信心。[2] 因此,在推进本币国际化时,一定要与国内改革配套进行,要有强大的制度、市场和政策经验作支撑,否则很有可能南辕北辙、徒劳无功。

第三节 货币国际化与重要相关概念的关系

为了更准确地理解货币国际化,下面我们将它与几个相关概念进行区分。

一、货币国际化与资本账户开放

在分析二者关系之前,首先需要区分几个概念:资本账户开放(capital account liberalization)、资本管制、资本项目可兑换以及货币可兑换。资本账户开放与资本管制是相对的,资本账户开放即逐步放开资本项目下的各种管制的过程,譬如放松或者取消对跨境资本转移、直接投资、证券投资及其他投资等的管制。相对应地,资本管制即一国政府对与该国相关的国际资本的流动或外汇的进出加以管制(Gart,1994)。资本账户开放与资本项目可兑换又是不同的概念。王国刚(2003)提到,资本账户开放主要强调资本交易的放开,并不一定要求资本项目的汇兑自由。

---

[1] 关于欧元国际化,具体参见本书第二章国际化货币史借鉴及展望。
[2] 关于日元国际化,具体参见本书第二章国际化货币史借鉴及展望。

在资本的跨境运作中,与资本交易相关的外汇管制主要表现为:第一,对本外币兑换的管制;第二,对资本跨境流动的管制。所谓资本项目不可兑换,主要指货币当局对以上两方面进行管制。而随着资本账户开放的扩大和深入,跨境资本交易对实现资本项目可兑换的要求越来越高,资本管制的成本也越来越大,必将最终实现资本项目完全可兑换。而资本项目可兑换与货币可兑换的深度有着区别,资本项目可兑换只是允许居民有实际交易背景的外汇汇兑,但允许保留货币当局对交易的真实性审核,而货币完全可兑换则允许不必有任何实际交易背景的汇兑活动。

首先,资本账户开放是货币国际化的先决条件之一,很难想象一国在严重的资本管制之下,货币可以被他国居民所接受。Tavlas(1991)提到,对货币可兑换的限制导致了更高的交易成本,降低了货币的流动性,从而阻碍了一国货币的国际化运用。然而资本账户开放并不一定导致货币国际化,例如新加坡和中国香港地区的资本账户开放度相当高,但其货币新加坡元和港元的国际化程度却很低。

其次,尽管资本账户开放是货币国际化的先决条件之一,然而并不意味着只有通过资本项目完全可兑换才可以推进货币国际化。例如,货币在国际贸易中的使用,从理论上讲,只要能够对与贸易结算相关的资本流动进行开放,即可实现货币的国际贸易结算职能,而不一定要做到资本项目完全可兑换。从国际化货币史来看,资本账户开放到什么程度才可以推进国际化,也并无一致借鉴;换句话说,货币国际化对不同国家并无共同路径可循,对推进货币国际化的时机、路径等的选择需要依据不同国家的具体情况制定出适宜于本国、使本国受益的实际战略。

最后,货币完全可兑换与货币完全国际化也有一定的联系与区别。首先,货币的完全国际化,即成为美元那样的国际权重货币,必然需要货币完全可兑换来支撑。其次,如前所述,货币完全可兑换主要强调对与本国的跨境交易没有汇兑的限制,而根据货币国际化的定义,货币的完全国际化除了因为本国货币在国际市场上的应用导致跨境交易外,还包括第三国的使用。因此,货币的全世界范围的运用使一国货币原则上承担的责任变得重要。

二、货币国际化与汇率制度

货币国际化与汇率制度似乎没有必然的联系,无论是在布雷顿森林体系的固定汇率时期,还是在目前的浮动汇率制度下,都有国际化货币的存在。然而,不同汇率制度下国际化货币的数量却有着不同。例如,在布雷顿森林体系下,美元是国际交易市场上的主导货币,而随着布雷顿森林体系的崩溃,日元、马克等等也登上国际舞台,成为国际化货币之一。原因可能在于浮动汇率下,单纯持有一种货币计价的资产面临的汇率风险较高,假设外汇市场是有效的,那么为了分散风险,投资者更倾向于持有不同货币计价资产。其他汇率制度下,诸如货币局制度、钉住汇率制度等等,由于本国将外币作为自己的名义锚,故在促进外币国际化的同时也减少了本币在国际上的应用。

三、货币国际化与货币政策

一方面,一国货币政策的公信力是影响货币国际化的重要因素,例如德国从1975年以来央行一直致力于稳定货币价值的中期目标,从而降低了通货膨胀预期,进一步降低了投资的不确定性,为德国马克的国际化打下了坚实的基础(Tavlas,1991)。而欧元引入后,欧洲央行也一直致力于欧盟区的价格稳定,从而为欧元的国际化提供了基础(Christian,2009)。[①]

另一方面,普遍认为货币国际化使国内货币政策的操作变得复杂。例如,Kenen(2009)利用蒙代尔不可能三角模型分析了货币国际化对货币政策的影响;Cassola(2000)对欧元国际化对货币政策的可能影响进行了介绍,Kim和Young(2009)对韩元国际化对货币政策的影响进行了介绍,Gao和Yu(2009)根据Cassola(2000)来预期人民币国际化对货币政策的影响。然而,以上分析普遍存在"擦边球"之嫌,即混淆了资本账户开放对货币政策的影响和货币国际化对货币政策的影响。例如,Kenen(2009)利用蒙代尔不可能三角来分析货币国际化,即独立的货币政策、资本自由流动和固定汇率三者之间,只能择其二,随着一国资本账户的开放,如果该国保持汇率稳定,那么货币政策独立性必然降低,显然这并不是货币国际化的结果。正如Yung和Shin(2009)提到的,货币政策独立性的下降更是资本账户开放的结果,相比之下,货币国际化对货币政策影响的效果要小一些。

具体到货币国际化对货币政策的影响,首先在于货币国际化增加了居民以及非居民购买、销售本币计价的资产的范围(Kenen,2009),而降低了央行通过公开市场操作来影响国内利率或者国内货币供给的能力。例如前美联储主席格林斯潘在他的最后任期内曾提到长期利率太低是一个难题,而在他退休后,也提到美联储之所以没有成功使长期利率提高,很大程度上在于外国投资者对美国长期债券的需求(Greenspan,2007)。

其次,货币国际化会影响到货币政策的传导机制。一般来说,货币政策的传导机制主要包括利率、银行信贷、汇率和财富机制。其中,利率机制主要通过影响投资、消费来影响实体经济,同时又与汇率机制一起影响国际贸易和国际资本流动,进而影响货币政策的结果;银行则通过控制信贷来影响投资和消费;财富机制则主要影响消费。货币实现国际化后,发行国的货币政策会通过国际金融市场和外汇

[①] 有意思的是,欧洲央行的货币政策目标虽然为欧元国际化提供了坚实的基础,却并没有刻意推动欧元的国际化。关于该论述,我们将在本书第二章国际化货币史借鉴及展望中予以介绍。

市场传递到其他国家。一方面,外国央行会对本国的货币政策做出反应,进而对国际贸易和国际资本流动产生影响,本国货币政策的最终效果取决于相对政策的变化;另一方面,根据 Cassola(2000)对欧元的分析,货币国际化会加强货币政策的利率和银行信贷传导机制,使得本国的市场利率更快地向官方利率调整,银行竞争更激烈,同时经济对利率也更加敏感,但随着欧元在国际贸易中的使用,以欧元计价的商品价格受欧元汇率变化的影响会减弱,能更好地反映商品本身的相对价格变化,从而导致货币政策通过汇率对国际贸易的影响减弱。

从上面的分析可以看出,货币国际化虽然会影响货币政策的目标变量,如 Cassola(2000)中提到,由于第三国使用欧元替代本国货币、境外居民持有欧元存款以及国内微观金融机构贷款给境外借款人等现象的存在,使得作为欧洲央行货币政策基准之一的 M3 的稳定和计算受到影响,但这并不意味着本国在制定货币政策时应单独考虑货币国际化的影响。Eichengreen(2006)认为货币国际化对央行制定货币政策的影响有限。他认为当一国的货币政策对其他国家来说存在外部性时,可以通过某种方式使这种外部性内部化。同时,我们需要区分货币外部性(pecuniary externalities)和非货币外部性(nonpecuniary externalities)。对于前者,外国央行可以采取相应的措施,对冲其影响;而后者的影响则很难被全部对冲,或者对冲本身会引发不合意的结果,所以非货币外部性要求货币发行国在制定货币政策时将这些影响考虑在内。但货币发行国同样需要权衡相应的成本和收益:可靠、有效的央行政策要具有简单、直观、易于传达的特点,但如果制定货币政策时要考虑对其他国家的外溢效应以及外国对本国政策的反馈,货币政策就很难可靠且有效。同时,再加上很难区分上述两种外部性,因此货币发行国只有在特殊情况下才需在制定货币政策时考虑其外部性。

实际上,国际货币的发行国在制定货币政策时也很少直接考虑货币国际化的影响。美联储旨在实现最大化就业、价格稳定和长期的适度利率水平,以联邦基金利率为政策指标,主要监测的是国内经济状况,而美元的国际化则主要是通过影响国内经济指标来间接地体现在货币政策中,美联储也只有在极端情况下,如20世纪70年代的石油危机时,才会把货币政策的目标转向本国经济之外。相反地,面对自1982年后不断增加的经常项目逆差,美国则通过《广场协议》等国际间的货币政策协调,要求其他国家调整汇率来解决国内的经济问题。同样,欧洲央行旨在维持欧元区的价格稳定,认为欧元的国际化最终依赖于欧元本身的币值稳定,对欧元的国际化采取中立的态度。鉴于欧元的国际角色使得货币总量的统计更复杂,欧洲央行主要采取的措施是仔细分析货币总量的发展,在将货币总量作为通货膨胀或紧缩的衡量指标时,避免采取机械化的方式来纠正短期的偏离,在制定货币政策时更全面地考虑未来价格的变化(Duisenberg,1998)。

  因此,尽管货币国际化对货币政策的基准指标会有所影响,但发行国在制定货币政策时可以不必直接考虑货币国际化,而只需全面、准确地衡量相关的货币政策指标。只有在货币政策引发非货币外部性时,国际货币的发行国才需考虑货币国际化的影响。

第二章

国际化货币史借鉴及展望

本章导读

以史为鉴,此言不虚。人民币国际化的路怎么走,需要总结国际化货币的历史经验和教训,并根据本国实际制定相应策略。本章旨在对国际化货币史进行介绍,为人民币国际化提供借鉴。具体而言,我们按照英镑、美元、马克和欧元、日元的顺序分别对这些货币的历史进行介绍,并总结国际化货币的成功和失败之处,参照当前中国经济状况,予以简单评价。此外,我们还进一步对布雷顿森林体系予以介绍,比较当前全球经济失衡态势与布雷顿森林体系时期的异同。最后,根据国际化货币史对人民币国际化予以定位。

第一节 英镑国际化的借鉴

一、英镑国际化历史

(一)英国的崛起及英镑金本位制的确立

16世纪初期,英国仅仅是一个默默无闻的岛国,擅长海运的西班牙和荷兰先后称雄欧洲。16世纪80年代末,英国在与"海上霸主"西班牙的对决中胜出,世界历史被彻底改写。西班牙的殖民霸主地位伴同其赫赫有名的"无敌舰队"一同沉没,取而代之的是以海上抢掠起家、逐步进行经济扩张的大英帝国。

17、18世纪的英国本土发生着根本性的改变。"光荣革命"推翻了封建专制主义,"工业革命"首先在英国打响。资本主义制度的确立以及技术革新条件的成熟,使18世纪后的英国拥有着不可动摇的世界经济地位,而英镑也逐渐发展成为世界货币。

首先,英镑的国际化离不开英国的金本位制度改革。1816年,英国通过了《金本位制度法案》,从法律上承认了以黄金作为货币的本位来发行纸币。1821年,英国正式确立了金本位制,英镑成为英国的标准货币单位。而英镑区的形成则开始于英镑在英国殖民地的使用。直到1825年,英镑尚未在英国的任何殖民地上使用,各殖民地都还在使用本土货币,而1825年的英国财政部备忘录改变了这一切。该备忘录规定英国在殖民地驻扎部队的开支统一采用英镑,这体现了财政部意在加强管理,避免与本土货币兑换,也是英国金本位制改革后的又一项后续措施。1844年《银行法》的确立,标志着英国在法律上实现了完全的金本位制。

其次,英镑的国际化与英国作为当时世界上最大的贸易国息息相关。根据Eichengreen(2005),1860年,英国的进口占世界其他国家出口总量的30%,1890年这一比例为20%。它在工业品和服务的出口方面占有领先地位,也是进口食品和原材料的主要消费者。同时,外国供应商发现用英镑计价很有利于打开英国市场。在1860年到1914年间,大约60%的世界贸易是以英镑作为计价和结算货币。

同时,国际贸易的发展促进了英国国际金融业的发展。出于安全及便利性的考虑,很多海外贸易伙伴开始在英格兰银行建立账户。而大宗商品的进口和再出口促进了大宗商品交易在英国的发展,它们的现货价格和期货价格则都开始采用英镑定价。此外,英国金融机构还在其殖民地建立分支银行。这些银行的资产和负债由伦敦的英格兰银行所有,而英格兰银行充当了最后贷款人的角色,通过发行票据稳定各国间汇率。这一做法使英国在几十年间成功地进行了外汇储备管理及贴现操作,加上英国拥有维持英镑自由兑换为黄金的能力,英镑的稳定性让很多人认为它几乎没有贬值的可能性,英镑汇票广泛用于世界贸易,甚至成为他国货币的替代货币。由于英镑利率由伦敦操控,所以金本位实则就是英镑本位制,英镑代替黄金执行国际货币的职能,成为第一个具有计价单位、支付手段和储藏手段职能的国际化货币。

(二) 1914—1947年的英镑沉浮

第一次世界大战爆发,英国作为战胜国并没有获得过多好处。相反,世界格局的改变和战争带来的经济消耗,使英国在经济、军事上都丧失了霸主地位。一战期间,为应付军费开支,英国不得不暂时放弃金本位,政府通过增发国债和纸币来填补财政赤字。

一战后不久,英国再次陷入经济危机。英国政府为扶植英镑的国际货币地位,从1920年开始连续五年实行通货紧缩政策,直到1925年,英镑币值的金本位才达到战前水准。由于英镑存在高估现象,引起黄金的严重外流,英镑的货币信誉遭到质疑;美国经济大萧条使出口困难的英国雪上加霜,英国政府的财政赤字始终无法逆转,因此引发了1931年严重的英镑挤兑风潮,英镑金本位彻底瓦解。

第二次世界大战的爆发使放弃金本位的英国没有得到任何喘息的机会。美国通过对英国进行军火援助,逐渐成为英国最大的债权国,英镑对美元大幅贬值。在1944年布雷顿森林会议召开时,美国已经是世界上最大的债权国,拥有全球一半的经济总量和约60%的黄金,在国际金融系统中完全占据主导地位。布雷顿森林体系的确立,提升了美元作为国际货币的地位,从此开始了以美元与黄金挂钩、其他国家货币与美元挂钩的时代,英镑作为主要国际货币的时代一去不复返,但直到20世纪70年代早期,英镑仍然是一个重要的国际货币。

根据Cohen(1971),在国际贸易结算方面,英镑在一战前的数十年里所占比例达到了最高,高达60%多,然后这一比例缓慢下降,二战后不久,这一比例是50%。在20世纪50年代,对这一比例的估计比较不统一,但保守估计是在30%到40%之间。在20世纪60年代,这一比例从27%下降到了23%。而到1980年,英镑的比例则降到了世界贸易结算的6%(ECU Institute,1995)。

(三)1992年的英镑危机

1990年英国加入欧洲汇率机制(ERM),该机制要求成员国的货币必须钉住德国马克,并允许汇率在中心汇率上下一定的幅度内波动,幅度设定为2.5%。这一限制使市场参与者认为欧洲货币将会统一成单一货币,而弱势货币如英镑、里拉则会在不久的将来带来较高收益。因此,人们争相持有英国债权,这一行为为1992年的英镑危机埋下了伏笔。

1992年的英镑危机主要是因为以量子基金为代表的宏观策略对冲基金看到了英镑贬值的趋势,特别是当《华尔街日报》发表德国联邦银行总裁史勒辛格的讲话后,索罗斯等人更加确信欧洲货币机制的不稳定性将会通过汇率变动进行调整。据估计,量子基金共投入100亿美元资产放空英镑,买进德国马克。1992年9月13日,英镑对德国马克的汇率跌至1∶2.7836,已接近1∶2.775的低谷,投机者随之大量抛售英镑,吸入强势货币。为挽救英镑的命运,9月16日,英国连续两次提高利率,利率水平高达15%。次日,英国再也无法抵挡货币冲击,宣布英镑对德国马克贬值10%,并退出了欧洲汇率机制(ERM)。

1992年英镑危机后,英镑的国际货币地位进一步下降。特别是1999年欧元诞生后,英镑的地位远低于美元、欧元和日元。

二、英镑国际化原因分析

(一)国际贸易的飞速发展

工业革命使英国成为机械化大生产的发起国,而机械化大生产则为英国的国际贸易完成了资本积累。自1800年到1850年,英国出口价值增加了4倍。这一增长趋势一直延续到了1913年,当时的出口价值高达1850年的8倍之多(Tiberi,1958)。从1870年到一战以来,英国经常项目盈余占GDP的比重平均为3%,最高达到9%(王信,2009)。同时,英国是食物和原材料的主要消费国,为了将产品销售到英国,外国供应商倾向于选择英镑计价,因为这有利于开拓英国市场。因此,为了参与和英国的国际贸易,各国纷纷选择持有英镑。

（二）币值稳定

在金本位时代，各国货币的发行要以黄金为基础，短暂的偏离要通过黄金输送来调节。借由航运业带来的经济效应，英国黄金储备充盈，加上英国黄金兑换的便利性，为英格兰银行长期成功管理外汇和操控贴现率提供了坚实的基础，也赢得了外国投资者对英镑币值稳定的信心。正因为如此，外国投资者才愿意持有英镑，借贷者才可以使用英镑作为支付货币来偿还国际债务。据统计，在1899年，在已知的外汇储备货币分布中，英镑占比高达49.6%，处于主导地位（Lindert，1969）。

（三）金融业发达

国际贸易的飞速发展要求金融工具的创新，伦敦汇票业务以及与之配套的、复杂的金融中介系统应运而生，从而促进了英国金融业的发展，使伦敦成为国际金融中心。同时，英国金融机构在其殖民地建立的分支银行也确保英镑在整个英镑区的回流机制的畅通，而英镑的广泛使用又进一步提升了伦敦金融中心的国际地位。

（四）资本输出

英国资本输出为英镑国际化提供了不可或缺的帮助（Eichengreen，2003）。如上所述，英镑区的形成开始于英镑在英国广大殖民地的使用，而这主要是通过资本输出实现的。在1913年之前的50年间，英国持有的国外资产价值与其全部工商业资本存量相等（Cairnross，1953）。同时，欧洲以外的殖民地也是英镑国际化的主要地区。根据Lindert（1969），英镑在欧洲以外地区的私人和官方储备中占主导地位，而对于欧洲大陆和斯堪的纳维亚国家来说，德国马克和法国法郎的储备份额则更重要。

三、英镑国际化演变对人民币国际化进程的启示

（一）经济实力是基础，核心竞争力是关键

工业革命提升了英国商品的竞争力，使英国实现了巨大的贸易顺差，从而积累了巨额财富。而在英国商品遍布世界的同时，英镑也跻身为主要的国际货币，在全世界建立了英镑金本位制。因此，可以看出，对于货币的国际化来说，一国的经济实力是基础，而培养本国的核心竞争力则是关键。

中国自20世纪90年代以来，一直保持国际收支盈余。根据中国海关总署的统计数据，中国与其他国家的贸易余额已从1999年的292亿美元上升至2008年的2 955亿美元。随着对外贸易的扩张，中国逐步成为欧盟及美国、日本等国家的重要贸易伙伴，其国际地位与经济实力与日俱增。人民币也逐步成为国外投资者心中的"强势"货币，这为人民币走向国际化奠定了良好的基础。

但从中国经济结构基础来看，人民币离成为国际化货币还有一段距离。尽管人民币在周边国家广泛流通并作为交易货币使用，但相对于国际主要货币而言，其国际化水平仍然微不足道。目前，中国内地已与韩国、白俄罗斯、缅甸、中国香港等

国家与地区签署货币互换协议,以双方货币作为贸易结算货币。但这一行为的主要目的是减少美国次贷危机带来的汇率风险,与英镑国际化时期英国在对外贸易中占有绝对话语权有所差别。首先,中国出口产品在产业链中多处于低端水平,其贸易竞争力通过降低人力资源成本实现,而通过外包业务实现贸易增长的国家还有印度和越南,中国很难获得贸易定价权。其次,中国贸易对外依存度较高,使得中国经济缺乏自身增长点,国际经济环境,特别是欧盟、美国、日本等国经济对中国的影响较大。因此,中国在实现人民币国际化的进程中,应当着重自身经济发展,逐步提升产业结构,扩大内需,构建具有核心竞争力的贸易模式,而不仅仅是在出口"量"上的领先。

(二)完善的金融体系是前提

英镑走向国际化,除了英国国际经济地位的影响外,其金融制度的完善和金融监管的法制化也是不可或缺的前提条件。1720年英国南海公司案是世界首例炒股投机事件,它将英国股份公司的发展带入了歧途,也迫使英国用了100年的时间不断完善货币发行、监管制度。从《1844年银行法》的出现到二战后期《1979年银行法》的建立,英国政府在逐步改善僵硬的货币政策。时至今日,伦敦证券交易所仍处于领先地位,扮演着中心角色,目前,它运作着世界上最强的股票市场,其外国股票的交易超过其他任何证交所。这一地位除了因为伦敦交易所拥有几个世纪积累起来的强大声誉与经验以外,更多的是得益于其受全球尊重的既严格又灵活的法规体系。因此,即便英镑失去国际化货币地位已将近一个世纪,伦敦仍然可以享受到美元与欧元国际化产生的溢出效应,成为首屈一指的金融中心。从表2.1和表2.2中的数据可以看出,虽然在伦敦上市的外国企业少于纽约,但其在外国证券交易量上独占鳌头,此外,伦敦证券交易所在衍生品交易领域居全球首位。

表2.1 伦敦证券交易所与纽约证券交易所外国证券交易量比较

时间		伦敦	纽约
2002年	交易量(十亿美元)	2 100	702
	交易份额(%)	55.9	18.7
2003年1—4月	交易量(十亿美元)	442	209
	交易份额(%)	48.3	228
2004年	交易量(十亿美元)	2 229	976
	交易份额(%)	45	20
2005年1—5月	交易量(十亿美元)	991	476
	交易份额(%)	43	21
2006年	交易量(十亿美元)	3 295	1 829
	交易份额(%)	42	24

资料来源:IFSL(http://www.thecityuk.com)。

表 2.2　伦敦证券交易所与纽约证券交易所衍生品市场交易量比较

（单位：十亿美元）

年份	伦敦	纽约
2004	643	355
2001	275	135
1998	171	90
1995	74	53

注：本表为衍生品市场柜台交易四月份日交易量。
资料来源：IFSL(http://www.thecityuk.com)。

中国金融法律的不完善以及金融市场的不健全无疑给人民币国际化道路带来阻碍。法制完善既是金融市场健康发展的基础，也是国外投资者对人民币产生信心的源泉。首先，中国需要逐步开放资本账户，使得人民币自由兑换渠道畅通。此外，还要实现海外人民币投资，完善境外人民币债券市场的发展。目前，首批中国内地以外地区的人民币主权债券已于 2009 年 9 月 28 日在香港地区发行，发行规模达 60 亿元人民币。这一举动，将对开通人民币投资渠道、增加人民币作为其他国家外汇储备和加强香港金融中心地位起到至关重要的积极作用。香港地区作为重要的人民币离岸中心，也应进一步完善政策法规，使其金融市场的发展与人民币国际化道路同步进行，相得益彰，有效防止人民币国际化收益的外溢效应。

（三）货币惯性

二战结束以后，英镑虽然失去国际货币地位，但是在 20 世纪后期却出现货币升值、国际地位回升的现象。这一方面是英镑储备持有国并不是因为存在系统外部性带来的保留激励，而主要是因为共同财富拥有者及殖民地国家的忠诚性(Eichengreen,2003)而持有英镑。另一方面，英镑区成员国推迟换掉英镑作为外汇储备的原因是意识到此举将进一步恶化英国经济，从而影响它们的出口。

因此，建立经济利益共同体也将有利于推动人民币国际化。中国目前已与多国订立并实行货币互换协议，并且周边国家如缅甸等已将人民币视为可自由流通的交易货币之一。为推进人民币国际化，中国应增加与周边国家的贸易往来，促进以人民币作为结算货币的业务，使得人民币交易产生"惯性"。此外，促进以人民币结算的贸易往来，也有助于建立经济共同体、增加人民币币值稳定的外部力量。

第二节 美元国际化的借鉴

一、美元国际化概述

18世纪后期到19世纪初,英国引领了全球的工业化进程,其对外贸易迅速扩张,伦敦成为全球金融中心,英镑成为当时最为重要的国际货币。在第一次世界大战前,美国已经完成了工业革命,成为头号工业大国,但国际经济地位并不高,美元在国际贸易中还很少被使用。1913年,全球主要的35个国家中央银行持有的外汇储备中,英镑的份额占38%,而美元所占份额还不到5%(ECU Institute,1995);在1860年到1914年间,以英镑计价的国际贸易额占世界贸易总额的约60%(Eichengreen,2005)。

一战使美元成为一种强势货币(Cooper,1997)。战争中,英、法、德等几个主要欧洲国家的金本位制度都受到破坏,而美国由于远离战场,本土经济未受破坏,即使在1917年加入战争,也仍然保证了黄金的自由兑换,为战后实行金币本位制打下了基础。1914年美联储正式运作,为参战国提供大规模信贷以向美国购买战争物资,使得美国战时工业迅速发展。到了20世纪20年代,美国在全球贸易和对外信贷中的份额已远远超过一战之前,美元作为国际贸易中计价单位和支付手段的地位大大提升(Eichengreen,2005)。

一战之后的20世纪二三十年代,美国实行金币本位制,英国实行金块本位制,美国在国际货币体系中的地位迅速上升。尽管英国国力遭到战争的严重削弱,美元的稳定性和在国际上的信誉也已开始超过英镑,但英镑、美元和法郎仍然共享了主要国际储备货币的地位,英镑仍然居于首位。1928年,全球主要的35个国家中央银行持有的外汇储备中,美元的份额是19%,而英镑仍占40%以上(ECU Institute,1995)。到了1940年,以英镑为标的的国外流动性资产(foreign-owned liquid sterling assets)仍然是以美元为标的的资产的两倍(Frankel,1992)。

20世纪30年代发生的资本主义世界经济危机,对各国经济及国际金本位制造成严重打击,罗斯福总统在"新政"的实行中也放弃了金本位制,并于1934年将美元汇率贬值40%,以恢复和增强美国的出口竞争力。随着金本位的崩溃,美元作为国际储备和投资货币的地位在30年代初迅速下降。

二战前英镑地位有所回升,英镑区规模扩展到最大程度。而二战则彻底改变了世界经济政治格局,使主要国家力量对比发生了根本变化。德国、意大利、日本遭到毁灭性打击,英国、法国也受到重创,工业生产大幅缩减,外债高筑,黄金储备下降。而美国又通过提供融资和战争物资,大发了一笔战争横财,在制造业、对外贸易、对外投资和战后重建中都居于主导地位,黄金储备约占到资本主义世界黄金储备的59%，成为最大的债权国，为美元霸权的建立创造了重要条件。

1944年7月，国际货币金融会议正式通过了以"怀特计划"为基础的《布雷顿森林协定》，确立了以美元为中心的国际货币体系的运行机制。美元与黄金挂钩、其他货币与美元挂钩的"双挂钩"机制构成了布雷顿森林体系的核心内容，标志着美元初步获得了世界货币金融的霸主地位。

《布雷顿森林协定》实行后，英镑、法郎仍然是较为重要的区域性货币，英国仍然是世界金融中心，英镑仍是主要的世界性货币之一。直到20世纪50年代，美元才真正取代英镑，成为最主要的国际货币。在1949年的全球主要的35个国家中央银行持有的外汇储备中，英镑的储备份额仍占到57%，美元只占27%；而到了1957年，英镑占36%，美元已超过英镑，占49%；之后美元对英镑的强势逐年递增，到了1970年，美元占上述储备份额的77%，而英镑只占10%（ECU Institute，1995）。

20世纪五六十年代，由于美国内外经济形势的变化以及布雷顿森林体系本身的内在矛盾，美元危机频频爆发，并最终导致了该体系的瓦解。50年代后，美国实行扩张性经济政策，60年代又不断升级越南战争，扩大军费开支，虽然刺激了经济的增长，但国际收支赤字不断恶化，黄金储备锐减，同时国际经济力量的对比也出现了重大变化，苏联、日本、西欧六国组成的经济共同体经济发展迅速，同时又由于布雷顿森林制度存在内在的不稳定性，美元面临很大的贬值压力，霸权地位动摇。1961年成立的"黄金总汇"旨在联手主要的发达国家的央行把伦敦黄金价格控制在35.20美元/盎司，但随着法国率先违背约定大量购买黄金，该组织瓦解。严峻的美元危机迫使尼克松总统于1971年8月15日宣布实行"新经济政策"，包括：停止美元兑换黄金，美国规定的1盎司黄金等于35美元的官价失效，美国停止向各国政府或中央银行兑换黄金；征收10%的临时进口附加税。该政策的推行意味着美元与黄金脱钩，布雷顿森林体系的一大支柱倒塌。随后的一年多里，美元对黄金进行了两次贬值，到1973年3月，主要国家货币都与美元脱钩，实行单独浮动或联合浮动，布雷顿森林体系的第二大支柱——各国货币对美元的固定汇率制也倒塌。

布雷顿森林体系解体后，取而代之的是牙买加体系。该协定于1978年4月1日正式生效，主要内容包括：取消平价和中心汇率制度，允许成员国自由选择汇率制度；废除黄金官价，实行黄金非货币化；使"特别提款权"成为主要国际储备资产，加强国际货币基金组织对国际清偿能力的监督。

布雷顿森林体系解体后，以美元作为货币汇率基准的国家从1974年的65个减少到了1995年的23个，而且这23个国家的世界GDP份额还不到2%。许多国家实行了更为灵活和多样化的外汇储备制度，例如很多发展中国家和过渡型国家采取钉住一揽子国外货币（如特别提款权，SDR）的汇率制度，其中美元仍占最大的份额。自从1973年后主要发达国家采取浮动汇率政策，美元在国际官方外汇储备中的份额由 1975 年的 79% 下降到 1990 年的 56%,而德国马克和日元的份额则有明显上升。以美元结算的国际贸易额在 20 世纪 70 年代初下降后又有回升趋势,在 1980 年约占世界贸易额的 55%—56%,到 1987 年下降到 48%,直到 20 世纪 90 年代初这一份额保持稳定状态。

虽然美元的国际地位明显削弱,但仍然是最主要的国际货币。在各国的外汇储备中,美元仍占有最大的比重。到目前为止,美元仍是国际贸易中最主要的计价单位、交易中介和价值储藏手段。国际贸易中的石油、黄金等重要商品仍是以美元计价。各国政府和货币当局对外汇市场实施干预时,所使用的干预货币仍主要是美元。20 世纪 90 年代以后美元在各国官方外汇储备中的比重又有所回升,占到三分之二左右(鲁世巍,2006)。

1990—1991 年,美国经济在经历了为期 9 个月的衰退后,步入了长达 18 年的扩张期。然而,美国的经常账户赤字已经到了爆炸性扩大的程度(Eichengreen,2004),使美元资产的价值稳定性受到质疑;2008 年以美国为中心爆发的全球金融危机更使得美元作为国际货币的内在问题与矛盾重重凸显;欧元区、亚洲新兴国家势力的崛起也对美元的国际货币地位形成了挑战。

二、美元建立并维持国际货币地位的原因分析

(一)经济实力是根本原因

美国经济实力的强盛是美元得以建立并维持国际货币地位的根本原因,国内的经济规模与经济增长的稳定性和持续性都是维持对一国货币信心的重要因素。

从南北战争到一战之前,美国完成了资本主义工业化,成为世界工业大国,但在一战之前,美国的国际经济地位较弱,对外贸易和国内经济对国际市场的影响都很有限。两次世界大战使美国实现了向世界头号经济大国的转变。一战极大地刺激了国内外市场对美国产品的需求,美国的工农业迅速发展。到 20 世纪 20 年代后期,美国在钢铁、石油、汽车等领域已拥有绝对优势。在对外经济方面,美国在两次世界大战期间崛起为国际贸易和投资大国,1919 年美国以 125.62 亿美元海外净资产成为世界最大的对外投资国;1913 年至 1939 年,美国连续保持贸易顺差;1919 年,美国凭借拥有世界黄金储备 40% 的优势,成为当时世界上唯一保持金本位制的经济大国。二战之后,美国拥有了世界最大的工业生产、农业生产、对外贸易和投资体系,确定了在世界经济中的霸权地位,为美元成为国际货币打下了坚实的基础(鲁世巍,2006)。

从 20 世纪 60 年代末 70 年代初起,美国的扩张性政策和巨额军费开支使得财政赤字扩大、信贷扩张,通货膨胀愈演愈烈,同时欧洲、日本、苏联等国家逐渐从战争中恢复,经济增长势头良好,使得美国经济在世界经济中的比重下降,美元危机频频爆发。

20世纪90年代后美国经济发展出现了转机。从1991年3月到2001年,美国出现了历史上最长的经济扩张期,年均增长率3.4%,高于日本和欧洲。财政赤字大幅下降并从1998年起连续四年转为盈余,并再次成为世界出口第一、对外直接投资第一和吸收外资第一的大国。虽然高科技泡沫、"9.11"事件等引发了美国2001年的经济衰退,但到2003年第3季度,美国经济出现7.2%的强劲增长,进入了新一轮增长期,保持了在世界经济中的领先地位,美元也持续维持了最重要的国际货币地位。

(二)高度发达的金融市场

国际贸易的大量初级产品和资产需要用一种主要的国际货币标价,而该货币的选择则取决于发行国金融市场的广度和深度(Tavlas,1997)。一个高度发达的金融市场有助于促进国际资本的流动、本国货币的稳定性和开展融资的规模经济(McKinnon,1979)。在受到外部冲击的情况下,具有高度发达金融市场的国家比金融市场相对不发达的国家更容易吸收投资性资本冲击,维持实际汇率的稳定性。同质初级产品的有效定价需求需要建立一个世界性的商品交易所来记录全球的商品供需情况,而具有发达金融市场的国家则在建立该交易所方面具有比较优势,同时也有利于发展商品期货市场。

表2.3比较了美国和其他几个主要发达国家金融市场的数据,美国具有明显的主导地位。从市场上发行的本国债券看,该时期美国发行的债券额超过了其他六国的总额。从股票市场资本量来看,美国的股票市场资本约为其他六国股票市场资本之和。美国金融市场在深度和广度上的优势得益于其相对宽松的资本控制、对企业对客户需求快速应对的许可、人力资源的质量和提供融资服务的规模效益(Smith,1992)。

表2.3 主要发达国家金融市场若干指标(1995—1996)

	资本市场		股票市场		平均日交易额(十亿美元)
	国内债券发行总额(十亿美元)	国际债券发行总额(十亿美元)	市场资本总量(十亿美元)	市场资本占GDP比重(%)	
美国	10 914.8	369.9	5 654.8	78.0	12.2(TSV)
日本	4 979.8	222.3	3 545.3	76.0	3.6(TSV)
德国	1 898.3	128.5	577.4	23.9	2.4(REV)
法国	1 278.3	190.2	500.0	31.8	2.9(REV)
意大利	1 572.3	66.0	209.5	18.8	0.3(TSV)
英国	600.6	290.6	1346.6	123.8	4.6(REV)
加拿大	509.4	179.2	366.3	64.3	0.6(TSV)

注:债券、中期票据、商业票据、国库券及其他短期票据使用1996年3月数据;国际债券和欧元票据使用1996年6月数据;股票市场使用1995年数据。

资料来源:Tavlas(1997)。

(三) 强大的战略规划和外交能力

美国具有超强的战略研究和外交能力,二战爆发后《租借法案》的执行、"怀特计划"的制定、布雷顿森林体系建立后"马歇尔计划"的推行等都极大地推进了美国对于欧洲及其他国家经济的渗透、掠夺和控制,扩大了美元的影响力。①

(四) 经济体规模、对外依存度、贸易份额和商品多样性

一国经济的规模和开放度对该国货币的国际化有着重要影响,一个 GDP 比重大、对外依存度相对较低的经济体能够较有效地应对国际压力(Bergsten,1975)。美国是世界上最大的经济体,其 GDP 占世界 GDP 的比重在 1980 年、1990 年和 1996 年分别为 23.8%、25.7% 和 25.3%,远远超过日本和欧洲国家,而它的对外贸易额在 GDP 中的比重又相对较低,在上述三个年份中分别为 20.2%、20.1% 和 23.6%,远低于主要的欧洲国家(如图 2.1 所示)。

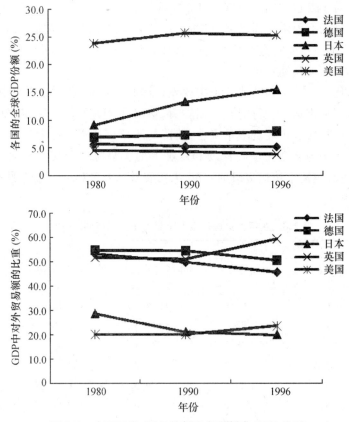

图 2.1 主要国家 GDP 份额及贸易额占 GDP 比重

资料来源:IMF International Financial Statistics, World Economic Outlook database。

---

① 参见本章第五节具体论述。

一个国家在国际贸易中所占的比重越大,其货币就能越广泛地被使用,该货币在国际上作为计价单位和交易媒介的作用就越容易发挥(Page,1981)。1980年到1996年的数据表明,美国的商品和服务的出口额连续占到世界总出口额的10%以上,明显高于日本和主要的欧洲国家(如图2.2所示)。

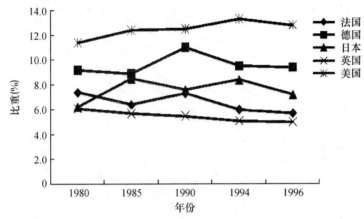

图2.2 主要国家出口额占全球出口额的比重

资料来源:World Economic Outlook database。

出口商品的多样化程度高,对该国货币的国际化也有积极作用(Tavlas,1997)。图2.3使用Lorenz曲线分别显示了1993年和1995年美国、日本和德国出口商品的多样化程度,曲线越接近45°斜对角线,则表明商品多样化程度越高。图2.3中美、日、德三国的Lorenz曲线表明,美国的出口商品多样化程度要明显高于德国和日本。

(五)低通胀、汇率稳定和政治稳定

一国货币成为国际货币的一个必要条件是发行国相对较低的通货膨胀和通胀率波动程度(Tavlas,1991)。因为作为国际贸易的计价单位、交易媒介和贮藏手段,其价值必须具备足够的稳定性,该货币才能获得国际信誉和信心。一国的通胀率越高、通胀率波动越大,使得该国货币贬值风险越大,汇率也越不稳定,使用该国货币交易面临的风险也越大(Magee和Rao,1980)。图2.4显示了1970年到1996年间美国、日本和主要欧洲国家的通胀水平和波动情况,美国居于中等水平,总体表现相对较好。

此外,发行国的政治稳定也有利于保证货币价值稳定,有利于提高该国货币在国际上的信誉。

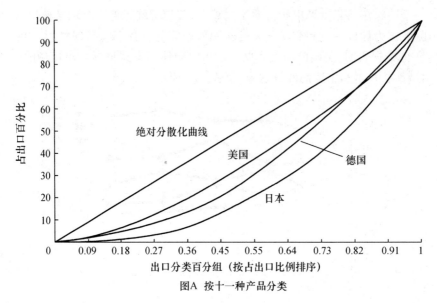

图A 按十一种产品分类

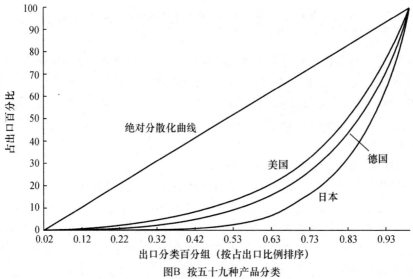

图B 按五十九种产品分类

图 2.3　美国、日本和德国的 Lorenz 曲线

注：图 A 为 1993 年曲线，图 B 为 1995 年曲线。Lorenz 曲线分别显示了 1993 年和 1995 年美国、日本和德国出口商品的多样化程度，曲线越接近 45°斜对角线，则表明商品多样化程度越高。

资料来源：Tavlas, George S. (1997)。

第二章 国际化货币史借鉴及展望

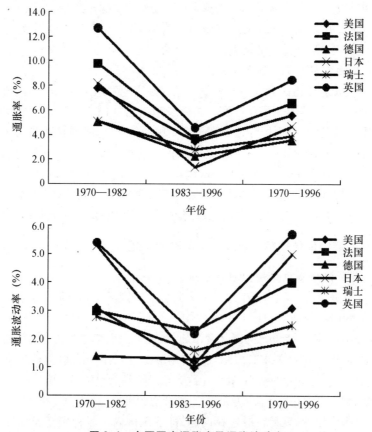

图 2.4 主要国家通胀率及通胀波动率
资料来源：IMF International Financial Statistics。

（六）货币使用的规模经济和惯性

国际货币具有某种自然垄断的性质。一种货币如已占据主要国际货币地位，就拥有规模经济、网络效果及公众长期形成的货币使用习惯（惯性）等优势。假如个别国家或群体想放弃使用该货币，转而使用其他货币，则必须首先说服其他的交易者也做出同样的改变，这样就会引起"转换成本"。货币使用的规模经济和转换成本是美元能够维持国际货币地位的一个重要原因，也是二战后尽管英国国力大不如前，而英镑仍能持续主导货币市场的重要原因（Tavlas，1998）。

当前新兴的亚洲和拉丁美洲国家为实施出口导向经济增长战略，对本国汇率进行了一定程度的控制，产生了大量的贸易顺差和以美元为标的的外汇储备。这些外汇储备虽然回报率很低，却是这些国家对外投资、干预外汇市场、应对外部风险的重要手段。假如美元的国际地位下降，引发其大量抛售和大幅贬值，这些国家的外汇储备也将随之大幅贬值，并引发新的经济危机。再者，美元的贬值引起这些国家本币相对升值,将不利于其对美国的出口,严重影响出口导向型经济增长政策的效果。因此,尽管美国当前的经济影响力有所下降,美元资产仍作为主要的外汇储备被大量持有,美元仍然是最重要的国际货币。

(七) 其他国家对货币国际化的控制

二战后美元能成为国际货币的另一个原因是其他发达国家对于本国货币国际化的长期控制。当时,其他一些具备发行国际货币潜力的国家并不鼓励本国货币的国际化。例如,德国认为货币国际化不利于控制国内的通胀,日本认为货币国际化与其直接信贷体系(systems of directed credit)相冲突,法国也认为货币国际化引起的资本自由流动会降低货币价值的稳定性。这些观点使得这些国家在战后维持了较长时期严格的资本控制,同时也减小了其证券市场的流动性,使得美元维持了比较长期的国际货币霸主地位。直到20世纪90年代,大部分控制才逐步解除(Eichengreen,2005)。

三、美元继续保持国际货币地位所面临的问题

(一) 当前国际货币体制的内在矛盾

美元作为美国的主权货币,同时又是最主要的国际货币,这一货币体系本身具有难以解决的内在矛盾。

首先,美国想要维持美元的国际货币地位,使美元继续作为各国愿意接受并持有的国际储备资产,就不能要求其国际收支持续顺差;而美国国际收支长期处于逆差,又必然动摇其他各国对美元的信心,最终导致美元国际货币地位的下降。美元过多,会引起世界通货膨胀,美元信誉下降;美元过少,则会引起世界通货紧缩,世界经济萎缩。

其次,美国的汇率政策目标选择问题,即注重国内市场稳定还是国际货币体系稳定。如是前者,可以通过汇率政策变动促进国内市场稳定和经济发展;如是后者,则必须维持美元汇价不变,以维护国际货币体系的稳定。这使美国的汇率政策选择处于两难境地(鲁世巍,2006)。

(二) 亚洲区域经济政策调整的可能性

与二战后的欧洲国家相比,当前亚洲国家经济发展水平和经济政策目标差异都比较大,也缺乏推动一体化的机构组织,增大了亚洲区域实施统一经济政策的难度。虽然持有大量的美元资产有利于维护亚洲区域的整体利益,但对于单个的国家,在面对美元贬值压力时仍希望尽早抛出美元以减少资产缩水,这可能导致这一区域性卡特尔的解体和美元国际地位的衰落(Eichengreen,2004)。

与此同时,亚洲及其他新兴市场国家将逐步调整出口导向的经济增长模式,推动内需,促进经济结构多样化,这可能使它们逐步放松汇率管制,引起美元的贬值和地位的下降。

(三) 美国国内经济形势的变化

美国持续的财政赤字和经常账户赤字、连年的低储蓄率使得国外央行和投资

者对美元资产的价值信心下降,美元面临贬值压力。2008年爆发的世界金融危机使以美元为标的的多种资产的安全性受到广泛质疑,加速了美元危机的到来。图2.5和图2.6显示美国经常账户赤字严重和储蓄率持续处于低水平。

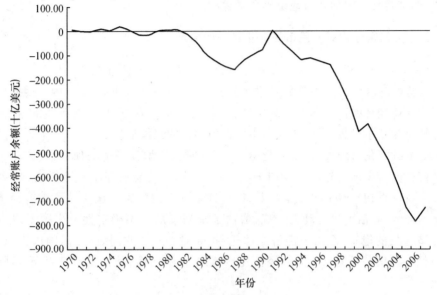

图 2.5　美国经常账户余额

资料来源:IMF International Financial Statistics。

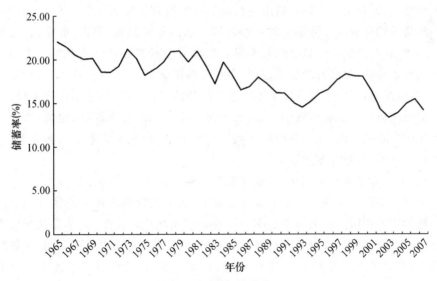

图 2.6　美国储蓄率

资料来源:IMF International Financial Statistics。

（四）其他货币的挑战

欧元区势力的发展、亚洲国家对发行区域性货币的探索、特别提款权成为超级货币的提议、中国等新兴国家的国际经济地位及随之而来的货币体系地位的日益提高，都对美元的国际货币地位提出了挑战。

四、美元国际化对人民币国际化进程的启示

（一）增强经济实力，扩大对外贸易的同时减小贸易依存度

强势的综合经济实力是美元建立和维持国际货币地位的根本原因。因此中国要努力保持经济的稳定和可持续发展，走新型工业化道路，发展创新经济，把比较优势转化为竞争优势，进一步提高中国在国际上的经济地位。

要继续深化对外贸易，融入全球化，但同时也要增强经济的独立性，减小对外贸易依存度。中国实施出口导向的经济政策，对外贸易依存度不断提高，自2004年以来就一直在60%以上，远高于美国、日本等发达国家。这会导致中国经济易受全球经济、政治形势变动的干扰，增加了未来发展的不确定性。中国要逐步调整经济增长的模式，在融入经济全球化、扩大对外贸易的同时，提高国内需求，逐步降低对外贸易依存度，保证经济持续发展的稳定性，从而推动人民币国际化进程。

（二）大力发展金融市场

高度发达的金融市场和金融中心将使一个国家和地区成为国际金融市场的核心和枢纽，它不仅是一个国家货币进行国际兑换和调节的重要载体和渠道，同时也是一国货币转化成国际清偿力的重要机制。从国际经验看，英镑、美元、日元能充当国际货币，与其依托伦敦、纽约、东京三大国际金融中心是分不开的。中国的金融市场起步较晚，虽然发展较快，但仍存在市场规模小、广度与深度不够、金融工具单一、金融法规不健全、监管体制不完善等问题，阻碍了人民币的国际化进程。

应当注重国内金融市场的发展，加大金融市场的广度和深度，包括：推动上海国际金融中心的建设，完善其金融市场的国际化功能；发展资本市场和金融工具，增加市场规模，加强体制建设等。

（三）完善汇率形成机制，实现人民币自由兑换

国际货币的汇率基本上是由市场形成的，美元的浮动汇率是其实现独立的计价功能的重要原因。而人民币汇率还没有形成市场决定机制，汇率受制于官方的目标汇率，缺乏弹性，难以体现均衡的汇率水平。要稳步推进人民币汇率制度的改革，逐步建立起基本稳定且自由浮动的汇率政策，既能够保证人民币计价资产价值的稳定，符合价值储藏功能的要求，又使其能够独立地承担国际市场计价和交易的功能。

成为国际货币的另一项必要条件是可实现完全可自由兑换。实现人民币可自由兑换有助于提高人民币的国际地位,增加对外投资,扩大经济规模和国家影响力,但同时也可能引起难以控制的金融动荡。目前人民币较为谨慎的自由兑换政策虽然能够防范金融风险,但也会延缓人民币的国际化进程。因此需要逐步推进人民币基本可兑换:放开对长期资本输入输出的限制,对商业银行的外汇业务实行自由化,实现人民币在国内和对外可兑换,最终实现资本账户的基本开放。

(四)加强人民币区域性功能,形成货币使用的"惯性"

美元、英镑之所以在经济影响力有所下降的情况下仍能较长时期地维持其国际货币地位,一个重要原因就是国际货币使用形成的"惯性"。

目前,人民币作为亚洲区域化货币已现雏形,包括:作为结算货币,人民币已在部分周边国家和地区流通,开展贸易结算功能;作为投资货币,已允许部分境外金融机构在内地发行人民币计价债券,在香港地区也发行了一定规模的人民币离岸债券;作为储备货币,菲律宾、马来西亚、白俄罗斯已将人民币纳入储备资产予以持有。

国际货币的形成是一个长期的过程,因此需要从区域化着手,扩大人民币的使用规模,逐步形成人民币在国际上使用的"惯性"。例如:和与中国形成贸易逆差的发展中国家开展贸易时,积极尝试用人民币结算;加强与周边国家和地区的金融合作,与周边国家和地区的银行建立人民币同业拆借关系,实行银行之间短期资金的借贷;加强香港离岸人民币清算体系的建设完善,进一步探索和发展境外人民币清算业务,将香港建成首个人民币离岸中心;增加人民币对外投资和海外贷款,促进他国对人民币的使用等。

(五)关注人民币国际化进程中的成本问题

美元之所以能够维持其国际货币地位,其中一个原因是二战后其他发达国家对于货币国际化的抵制。因为本币的跨国持有会增加资本流动和汇率浮动,不利于维持汇率的稳定,也加大了金融市场的风险。这也正是人民币国际化进程中要考虑的成本问题。要将人民币国际化与资本账户开放、国内金融市场发展及汇率、利率的市场化稳步结合起来,循序渐进地推进人民币国际化进程。

第三节 马克和欧元国际化的借鉴

1948年,作为德国货币改革的一部分,马克开始发行。到20世纪70年代之前,它作为国际货币的地位几乎可以忽略,国际货币基金组织直到1972年才首次将马克加入官方储备货币的统计之列。而到1990年之后,从下面的各项国际化指标中均可看出马克已成为仅次于美元的第二大国际货币:在官方国际储备货币方面，马克于1987年超过欧洲货币单位后一直位列第二，仅次于美元（如图2.7所示）；在国际资产方面，1995年马克在国际资产上的份额达到了15.5%，仅低于美元的37.9%；从全球外汇交易量上看，马克占37%，仅低于美元的87%，位居第二（如图2.8所示）；在国际贸易中，马克的国际化水平相对较低，1992年仅占15.3%，远低于美元的47.6%，但仍然高于其他货币（见表2.4）。

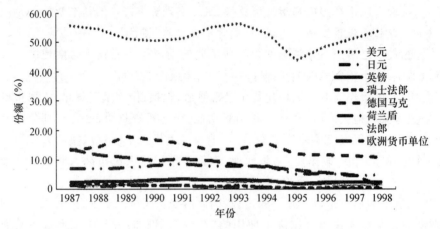

图2.7　主要货币在世界官方外汇储备中的份额

资料来源：1987—1994年的数据来自世界货币基金组织的历年年报，1995年及以后的数据来自世界货币基金组织的COFER数据库。

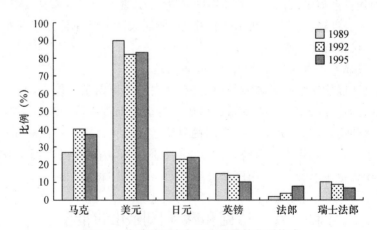

图2.8　全球外汇市场总交易量的货币构成

注：因为每次交易要有双方参加，所以总和为200%。
资料来源：Frenkel和Goldstein(1999)。

表 2.4 世界主要货币在国际贸易中计价的份额　　　（单位:%）

	1980 年		1985 年		1992 年	
	份额	国际化比例	份额	国际化比例	份额	国际化比例
美元	56.4	4.5	52.0	3.9	47.6	3.6
马克	13.6	1.4	13.2	1.4	15.3	1.4
法郎	6.2	0.9	5.5	1.0	6.3	1.0
英镑	6.5	1.1	5.4	1.1	5.7	1.0
里拉	2.2	0.5	3.3	0.8	3.4	0.7
荷兰盾	2.6	0.7	2.8	0.9	2.8	0.8
日元	2.1	0.3	4.7	0.6	4.8	0.6

注:其中国际化比例是指世界上以一种货币作为计价货币的出口贸易总额与该货币发行国的出口贸易额之比。

资料来源:1980 年和 1985 年的数据来自 Soko(2006);1992 年的数据来自 Frenkel 和 Goldstein(1999)。

一、马克国际化的经验总结

(一)区域合作导致区域性国际货币的产生

马克的国际化进程与欧洲实现货币一体化的过程密不可分。自 20 世纪 60 年代末开始,因为国际资本流动的不稳定性,美元与马克的汇率波动很大,但欧洲此时仍然依赖美元进行外汇结算,因此欧洲外汇市场比较动荡。于是从 20 世纪 70 年代开始,随着布雷顿森林体系的崩溃,欧洲开始寻求摆脱美元在欧洲国际结算中的统治地位。1979 年 3 月,欧洲货币体系(EMS)成立,它主要的任务是:(1)定义包括一篮子货币的欧洲货币单位(ECU);(2)建立以实现汇率稳定为目的的汇率机制,规定成员国以 ECU 为基准,并保证任何两个成员国之间的汇率波动不得超过 2.25%。由于马克在控制通货膨胀方面的可信度,它逐渐成为欧洲货币体系的中心货币,其他各国开始把对马克的汇率波动作为干预的基准,到 1990 年,马克逐渐成为欧洲的区域性国际货币。

一般来说,国际货币主要有三项基本职能,即交易媒介、计价单位和价值存储。下面我们将结合这三项职能,分析区域性货币合作对马克国际化的促进作用。

交易货币职能的实现主要依赖于货币的外汇交易成本。在 EMS 内,由于马克是实际上的名义钉住货币,与其他成员国货币间的汇率波动较小,而美元则在 1985 年《广场协议》后大幅贬值,这些都降低了马克相对于美元在欧洲货币体系内部的交易费用。从表 2.5 的汇率波动率中可以看出,德国马克名义汇率的波动远小于美元、英镑和日元,同时也要略小于同是 EMS 国家的法国和意大利。

表 2.5 主要货币的汇率波动率 （单位:%）

时间	法国	德国	意大利	日本	瑞士	英国	美国
1975—1979	1.2	1.1	1.8	2.2	1.8	1.9	1.3
1980—1984	1.1	1.0	0.7	2.2	1.6	1.8	2.0
1985—1988	0.7	0.7	0.7	2.1	1.2	2.1	2.2
1980—1988	0.9	0.9	0.7	2.2	1.4	1.9	2.2
1975—1988	1.1	1.0	1.2	2.2	1.6	1.9	2.0

注:其中汇率的波动率是由名义 MERM(多边汇率模式)汇率的月度标准差计算得出的。
资料来源:Tavlas(1990)。

随着交易费用的降低,从 1989 年到 1992 年,马克在外汇市场上的交易量增加了 87%,而同期美元只增加了 11%,日元仅增加了 1%。在银行间现汇市场上,马克增加到了 77%,与美元的份额相当。同时,随着越来越多的外汇交易商采用马克作为交易货币,马克在外汇市场上的流动性逐渐加强,从而吸引了欧洲之外的银行参与交易,如日本银行从 1989 年起开始交易马克,从而加速了马克的国际化进程。从表 2.6 可以看出,到了 20 世纪 80 年代,主要外汇交易市场上马克相对美元的交易份额已比较稳定。

表 2.6 主要外汇交易市场交易量的货币构成(占美元交易份额的比重)（单位:%）

	纽约				伦敦		东京	
	1980 年 3 月	1983 年 4 月	1986 年 3 月	1989 年 4 月	1986 年 3 月	1989 年 4 月	1986 年 3 月	1989 年 4 月
马克	31.8	32.5	34.2	32.9	28	22	10.4	9.7
日元	10.2	22	23	25.2	14	25	77	72.1
英镑	22.7	16.6	18.6	14.6	30	27	3	4.3
瑞士法郎	10.1	12.2	9.7	11.8	9	10	5.6	4.4
加拿大元	12.2	7.5	5.2	4	2	2	—	
法郎	6.9	4.4	3.6	3.2	4	4	0.2	
其他	6.1	4.6	5.8	8.3	10	11	3.3	3.2

资料来源:Tavlas(1990)。

随着马克成为 EMS 的中心货币,它也自然地成为各国主要的干预和储备货币,担负起了官方价值存储的功能。从表 2.7 可以看出,在 1986 年到 1987 年间,马克首次超过美元成为 EMS 各国的主要干预货币。同时,在 1988 年欧洲议会上,欧盟政府决定到 1990 年实现在核心国家之间、到 1992 年或 1994 年实现在边缘国家之间资本的自由转移,用以完成内部市场的统一。这就导致了 1987 年后离岸市场上以美元计价的证券逐渐减少,而以欧洲本土货币计价的证券则逐年增加,而欧洲投资者则是市场的主要参与者。根据德国央行的统计,在 1986 年到 1990 年期间,欧共体 12 国参与了德国证券市场 71% 的购买额和 74% 的卖出额。至此,马克成为欧洲外汇市场上主要的交易货币。

表 2.7 EMS 外汇干预所使用的货币分布 （单位:%）

	1979—1982	1983—1985	1986—1987
美元	71.5	53.7	26.3
EMS 货币	27.2	43.5	71.7
其中:			
马克	23.7	39.4	59.0
其他	1.3	2.8	2.0

资料来源:Tavlas (1990)。

但在国际贸易的计价单位方面,马克的国际化比较有限,这在表 2.8 中可以看出。马克主要限于在德国的进出口贸易,其中在出口贸易中的计价份额在逐渐下降,而在进口贸易中的份额在 20 世纪 80 年代和 90 年代呈现上升的趋势。造成马克在国际贸易中份额有限的一个重要原因是 EMS 中主要国家如法国、意大利和荷兰等主要采用自己的货币计价。

表 2.8 马克在德国进出口贸易中的份额 （单位:%）

年份	出口	进口
1980	82.5	43.0
1981	82.2	43.0
1982	83.2	44.6
1983	82.6	46.1
1984	79.4	47.0
1985	79.5	47.8
1986	81.5	51.7
1987	81.5	52.7
1990	77.0	54.3
1991	77.5	55.4
1992	77.3	55.9
1993	74.3	54.1
1994	76.7	53.2

资料来源:德国央行(http://www.bundesbank.de)。

(二)德国央行把价格稳定作为货币政策的最高目标,使币值有长期稳定的预期

由于曾经经历过两次严重的通货膨胀,即 1922—1923 年的恶性通货膨胀和 1948 年货币改革前的通货膨胀,德国对治理通货膨胀的态度十分坚决。德国央行

(Bundesbank)自1955年成立之日起就把维护价格稳定作为其首要目标。同时,为了保障这个目标的实现,德国央行有很高的独立性。首先,德国基本法,特别是1992年修改后的第88条明确规定德国央行是独立的;其次,1957年颁布的德国央行法令则在制度架构上保证了央行的独立性,其中规定德国央行在执行法令所规定的权力时不接受联邦政府的指令。

现实中,正如德国央行所追求的一样,与其他国家相比,德国的通货膨胀一直处于比较低的水平,这从表2.9中可以看出。德国央行在反通货膨胀方面的声誉也是EMS的其他各国愿意以马克作为其名义钉住货币的主要原因。

表2.9 主要国家的通货膨胀率及其波动率 （单位:%）

时间	法国	德国	意大利	日本	瑞士	英国	美国
平均通货膨胀率							
1970—1974	8.1	6.2	10.1	11.5	7.9	10.4	6.2
1975—1979	10.2	4.2	15.9	7.5	2.9	15.7	8.1
1970—1979	9.2	5.1	13.3	9.3	5.1	13.3	7.2
1980—1984	11.2	4.5	16.6	3.9	4.4	9.6	7.5
1985—1988	4.4	1.2	7.1	1.1	2.1	4.7	3.5
1980—1988	7.8	2.9	12.0	2.6	3.3	7.4	5.6
1970—1988	8.5	4.0	12.6	5.9	4.2	10.4	6.4
通货膨胀的波动率							
1970—1974	3.4	0.9	6.0	7.4	1.6	3.5	3.1
1975—1979	1.2	1.2	3.5	3.3	2.4	5.8	2.2
1970—1979	2.6	1.5	5.6	5.9	3.2	5.6	2.8
1980—1984	2.4	1.5	3.8	2.2	1.6	5.2	3.9
1985—1988	2.1	1.1	2.5	1.0	1.0	1.2	1.0
1980—1988	4.3	2.3	6.0	2.3	1.9	4.7	3.7
1970—1988	3.6	2.2	5.8	5.8	2.8	5.9	3.4

注:以上数据由消费者价格指数计算得出,通货膨胀的波动率衡量的是相应时期内季度数据的标准差。
资料来源:Tavlas(1990)。

(三)德国自身的经济实力有利于马克国际化

马克的国际化与德国自身的经济实力也密切相关。20世纪60年代,德国GDP曾一度达到世界第二,1968年开始落后于日本,但一直位列世界第三,GDP总额稳定在美国的30%左右(如图2.9所示)。在国际贸易方面,从20世纪50年代起,德国就超过了日本,一直是世界第二大贸易体(如图2.10所示)。在出口的产品构成方面,德国有近一半的出口为多样化的制造品(主要是指机器和运输设备)

（见表2.10）。根据已有的货币国际化理论，在多样化制造品的国际贸易中多使用出口国的货币计价和结算，这也有利于马克的国际化。

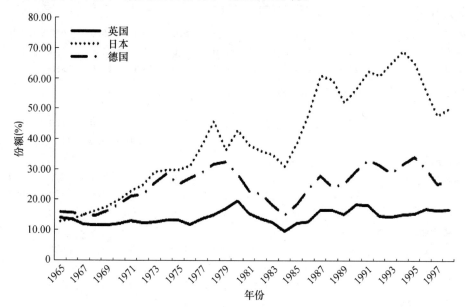

图2.9 主要国家GDP占美国GDP的份额
资料来源：国际货币基金组织的IFS数据库。

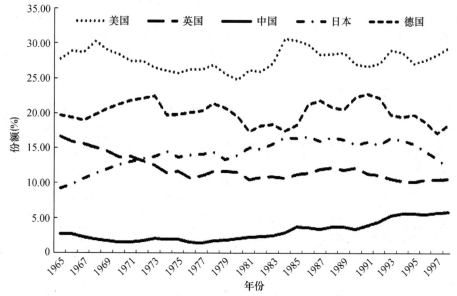

图2.10 主要国家贸易额占世界贸易额的份额
资料来源：国际货币基金组织的IFS数据库。

表 2.10　德国、日本和美国出口中各类产品的份额　　　　（单位:%）

	1980	1981	1982	1983	1984	1985	1986	1987	1988
饮料和烟草									
德国	5.0	6.0	6.0	6.0	6.0	6.0	6.0	6.0	6.0
日本	1.0	1.0	1.0	1.0	1.0	1.0	1.0	1.0	1.0
美国	15.0	16.0	16.0	16.0	16.0	14.0	14.0	15.0	14.0
原材料									
德国	3.0	3.0	3.0	3.0	3.0	3.0	3.0	3.0	3.0
日本	2.0	1.0	2.0	1.0	1.0	1.0	1.0	1.0	1.0
美国	12.0	11.0	12.0	12.0	12.0	11.0	12.0	11.0	10.0
矿物燃料									
德国	3.0	3.0	3.0	3.0	3.0	3.0	2.0	2.0	2.0
日本	0.0	0.0	0.0	0.0	0.0	0.0	1.0	1.0	0.0
美国	4.0	5.0	6.0	6.0	5.0	6.0	7.0	5.0	5.0
动植物油									
德国	0.0	1.0	1.0	0.0	1.0	1.0	1.0	0.0	0.0
日本	0.0	0.0	0.0	0.0	0.0	0.0	0.0	0.0	0.0
美国	1.0	1.0	1.0	1.0	1.0	1.0	1.0	1.0	1.0
化学物及相关产品									
德国	13.0	13.0	13.0	15.0	15.0	14.0	14.0	13.0	12.0
日本	5.0	4.0	5.0	5.0	5.0	5.0	5.0	5.0	5.0
美国	10.0	10.0	10.0	11.0	11.0	11.0	12.0	11.0	10.0
制造品									
德国	19.0	18.0	18.0	18.0	19.0	19.0	18.0	18.0	17.0
日本	22.0	20.0	21.0	20.0	18.0	17.0	15.0	14.0	13.0
美国	10.0	9.0	8.0	7.0	7.0	7.0	7.0	7.0	8.0
机器和运输设备									
德国	45.0	44.0	45.0	44.0	43.0	43.0	45.0	47.0	48.0
日本	60.0	62.0	61.0	63.0	66.0	66.0	69.0	70.0	71.0
美国	39.0	41.0	39.0	40.0	41.0	42.0	42.0	43.0	46.0
其他制造品									
德国	12.0	11.0	10.0	11.0	11.0	11.0	11.0	11.0	12.0
日本	10.0	10.0	9.0	9.0	9.0	9.0	9.0	8.0	8.0
美国	9.0	8.0	8.0	7.0	7.0	7.0	7.0	7.0	7.0

资料来源:Tavlas(1990)。

二、马克国际化的主要教训

（一）德国官方过于注重价格稳定和对信贷总量的控制力，在推动货币国际化方面不积极

据 Frenkel 和 Goldstein（1999）分析，由于德国官方把维护国内稳定作为首要目标，特别是央行要控制信贷总量来反通货膨胀，他们担心马克的国际化使用以及伴随的资本市场发展和鼓励性监管措施会使这个目标的实施成本过高。在 20 世纪 60 年代末到 70 年代初，固定汇率下过度的资本流入印证了这种担心，德国官方用了很长时间才消除这些资本的影响，而同样的问题在 1992—1993 年 EMS 的汇率机制危机时又在欧洲内部发生。在此期间，德国还担心欧洲市场以马克计价资产的增加会冲销国内紧缩的信贷；没有准备金要求的短期资产的增加会减少税基，且使货币需求不可预期；短期政府债券的供给增加也会增加紧缩货币政策实施的难度（因为它会增加政府自身的借贷成本）；同时，如果新的高风险的金融工具和金融行为很容易被批准，货币机构可能会被迫进行大规模的预防货币稀释措施（这可能会与以价格稳定为中心的货币政策相矛盾）。因此，一直以来，马克的国际化使用被视为金融稳定的副产品，而不被作为一项政策目标。

（二）德国的金融市场不够发达

从表 2.11 中金融市场的绝对规模和占 GDP 的比例可以看出，德国金融市场远落后于美国，特别是在与货币国际化紧密相关的短期证券方面甚至还落后于日本。而在交易量方面，英国和美国居首，德国证券的流动性相对较差，甚至还低于法国和加拿大（如图 2.11 所示）。

表 2.11 1994 年德国、美国和日本的资本市场规模

	交易量（十亿美元）	占 GDP 的份额（%）
短期资本市场		
德国	323.1	16.8
美国	2 314.9	34.4
日本	1 041.1	22.1
中长期资本市场		
德国	1 852.4	96.3
美国	8 427.6	125.2
日本	4 227.3	91.9

资料来源：Frenkel 和 Goldstein（1999）。

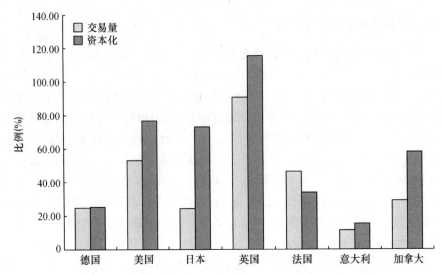

图 2.11　1994 年主要股票市场的交易量和资本化（占 GDP 的比例）
资料来源：Frenkel 和 Goldstein(1999)。

德国金融市场之所以不发达，主要是因为政府对金融市场的严格控制。首先，在资本的自由流动方面，在 20 世纪 50 年代，随着德国经常项目的盈余和外汇储备的增加，对资本流出的管制有所放松，但对资本流入的管制则一直比较严格，这方面最集中地体现为 1968 年德国央行与德国银行之间签订的"君子协议"。该协议是有关国外马克债券的发行，鉴于这些债券自 20 世纪 60 年代末开始不断增加，而德国资本市场比较狭小，这些债券的大量发行将对德国市场产生负面影响。因此该协议规定，只有德国银行才能牵头发行马克计价的债券，且发行的数量要由中央资本市场委员会批准。另外，政府还规定，只能发行传统的固定利率的债券，创新的金融工具则被严禁发行。这些规定影响了德国银行的竞争能力，且鼓励了旨在规避管制的创新。直到 20 世纪 80 年代中期，德国央行才发现面对市场上对马克计价资产的需求，很难抑制相关的市场操作，于是对国外马克债券发行的控制才逐渐被废除。从表 2.12 中可以看出，德国央行对资本流入的控制最初比较严格，后来随着对马克资产的需求增加，不得不放松对资本流入的控制。

表 2.12　1970—1989 年间德国控制资本流入的措施

时间	措施
1971 年 5 月	"美元危机"初期，重新规定向非居民销售国内货币市场票据、国内银行向国外存款支付利息都要获得批准
1972 年 3 月	引入在国外借款时的现金存款要求，现金存款比例最初是 40%，起征额是 200 万马克

（续表）

时间	措施
1972年6月	要求非居民向居民购买国内债券时要获得批准
1972年7月	将现金存款比例提高到50%，且将起征额减少到50万马克
1973年1月	将现金存款的起征额减少到5万马克
1973年2月	将非居民购买国内债券的审批要求扩大到股票，且要求居民到国外借款需要获得批准
1973年6月	要求向非居民分配国内债权时需要获得审批
1974年2月	将现金存款的起征额提高到10万马克，且将现金存款比例减少到20%。只有向非居民销售债券的期限低于4年时才需要获得审批，居民在国外借款不需要获得审批
1974年9月	取消了现金存款的要求和向非居民分配国内债券时审批的要求
1975年9月	取消了国内银行向非居民支付存款利息时审批的要求，并进一步放松了对非居民购买国内债券时审批的要求
1980年3月	允许向非居民分配官方借款的票据，购买期限高于2年的国内债券一般都会被批准
1980年11月	购买期限高于2年的国内债券一般都会被批准
1981年3月	非居民购买任何国内债券和货币市场票据一般都会被批准
1981年8月	取消现有的对非居民购买国内债券和货币市场票据的审批限制
1984年12月	通过取消向非居民征收的国内债券利息税的法令，有效期回溯到1984年8月
1985年5月	自1985年5月1日起，外资所有的国内银行允许牵头发行国外马克债券（要求德国银行在该外国银行的国家享有类似的特权）
1985年5月	德国央行允许在资本市场上发行零息债券、浮动利率票据和掉期相关的债券
1986年5月	允许外资银行加入扩大的联邦债券联盟。废除针对非居民的大多数外币债券所要求的储备
1989年7月	德国央行允许将公开发行和公开配售的最低期限全面减少到2年

资料来源：Tavlas(1990)。

其次，德国还规定马克证券必须在德国发行，在二级市场上进行债券和股票交易必须交纳交易税，同时德国在衍生品方面也相对比较落后，所有这些都导致了德国金融市场的宽度和深度不足，从而影响了马克的国际化。

三、欧元国际化的现状

1999年，欧元开始发行，马克则逐渐淡出了历史舞台。基于欧元区12国货币已有的国际化基础，特别是马克相对较高的国际化水平，欧元从诞生之日起就实现了较高的国际化水平，并保持和发展了马克所拥有的世界第二大国际货币的地位，这从下面的各项国际化指标中可以看出。

首先,从国际债券市场来看(如图 2.12 所示),欧元的比例目前在 30% 左右,仅低于美元,但要明显高于之前马克在国际债券市场的比例。一般来说,广义的国际债券可以分为四种情况:由国内居民发行且由国内居民持有、由国内居民发行但由非居民持有、由非居民发行但由国内居民持有和由非居民发行且由非居民持有。从图 2.13 可以看出,以欧元计价的国际债券多由国内居民发行和持有,非居民在发行和持有以欧元计价的国际债券中的比例都要低于美元。

其次,从国际贷款市场来看(如图 2.14 所示),欧元的份额一直稳定在 20% 左右,美元的份额受金融危机的影响略有下降,但在 50% 以上。同样,国际贷款也可以根据借款人和贷款人居住地的不同而划分为不同的种类,只有当借款人和贷款人都不居住在某种货币的使用区时,跨境贷款才是真正意义上的国际贷款,而欧元在其中所占的比例仅为 17.6%。

另外,在国际存款方面(如图 2.15 所示),欧元的份额略有下降,但真正意义上的国际存款份额有所上升;美元的份额在欧元产生初期有所下降,但后来有所回升;日元的份额则相对比较平稳。

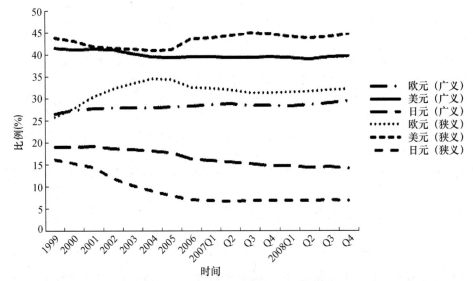

图 2.12　已发行国际债券中主要货币的比例

注:其中广义的国际债券是指包括国内发行的、所有以某种货币计价的债券,而狭义的国际债券则仅包括非居民所发行的、以某种货币计价的债券。以上比例的计算基于 2008 年第四季度的汇率。

数据来源:欧洲央行(2009)(http://www.ecb.int)。

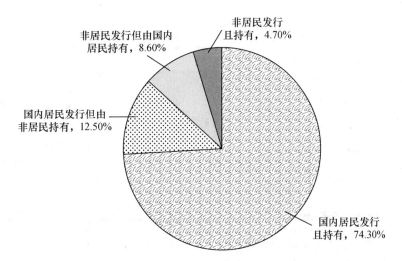

图 2.13　2008 年中期以欧元计价的债券按照发行者和持有者的居住地分类
数据来源：欧洲央行（http://www.ecb.int）和国际结算银行（http://www.bis.org）。

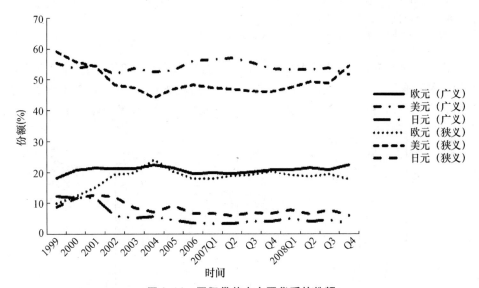

图 2.14　国际贷款中主要货币的份额
注：其中狭义跨境贷款的借款人和贷款人均在某种货币的使用区之外。以上比例的计算基于 2008 年第四季度的汇率。
数据来源：欧洲央行（2009）（http://www.ecb.int）。

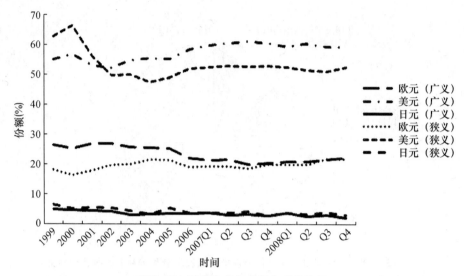

图 2.15 国际存款中主要货币的份额

注:其中狭义国际存款的存款人和银行均在某种货币的使用区之外。以上比例的计算基于 2008 年第四季度的汇率。

数据来源:欧洲央行(2009)(http://www.ecb.int)。

在外汇交易方面(如图 2.16 所示),欧元的份额稳定在 37% 左右,而美元和日元的份额则有所下降。在场外外汇衍生品市场方面(如图 2.17 所示),欧元的份额开始有所上升,后稳定在 40% 左右,而美元、日元和英镑的份额则有下降的趋势。

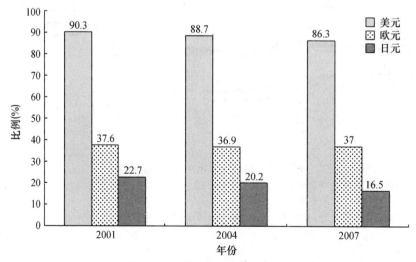

图 2.16 主要货币在传统外汇交易市场的交易量中的比例

注:其中百分比是以该年四月份的日均值为基准计算而来。

数据来源:欧洲央行(2008)(http://www.ecb.int)。

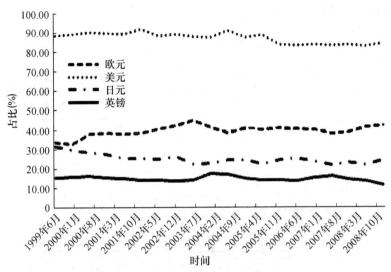

图 2.17 场外外汇衍生品中主要货币占比

数据来源：国际结算银行（http://www.bis.org）。

在国际贸易方面（如图 2.18 所示），欧元在计价单位和结算货币上的比例都有了很大的提升。在世界贸易中，欧元的占比从 18.2% 上升至 28.9%，其中在欧元区和其他欧盟国家中的增长比较明显，而在其他国家中的增长相对较小。

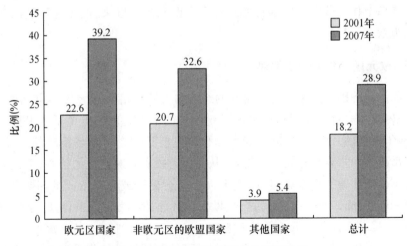

图 2.18 欧元在国际贸易中的使用比例

数据来源：欧洲央行（2009）（http://www.ecb.int）。

在世界官方外汇储备方面（如图 2.19 所示），欧元从产生之日起，其份额就超过了马克，并且呈逐年增加的趋势，而对应的美元份额则在大幅度降低，日元和英镑的份额相对较低且比较稳定。同时,目前世界上有几十个国家通过一定的汇率机制与欧元挂钩。

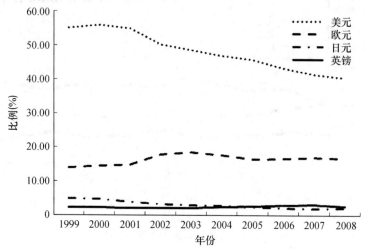

图 2.19 主要货币在世界官方外汇储备中的比例

数据来源:COFER。

在国际化的经验方面,欧元与马克相似,两者都得益于区域合作、长期币值的稳定和区域内坚实的经济实力。欧洲央行是以德国央行为模型建立的,它同样把维持价格稳定作为欧洲央行的首要目标。自欧元流通以来,欧元区较低的通货膨胀率也为欧洲央行赢得了声誉。

四、欧元国际化的主要教训

目前欧元的国际化水平与其自身的经济实力还不相符,更无法与美元相抗衡,与德国马克一样,这与欧洲央行对国际化所持的中立态度不无关系。根据欧洲央行1999年8月的月度公告,欧元的国际化将主要是一个由市场推动的过程,欧洲央行货币政策的主要目标是价格稳定,从而保持投资者对欧元的信心,而欧元的国际化将不会被作为一个政策目标,欧洲央行不会促进或阻碍欧元的国际化(European Central Bank,1999)。除此之外,欧元国际化的阻力主要来自以下两个方面:

(一)统一的区域性货币政策与各国不同的经济状况之间的矛盾

放弃本国货币使用欧元,由欧洲央行负责执行区域性的货币政策,这意味着欧元区国家也放弃了使用货币政策调节本国经济的权力。同时,《马斯特里赫特条约》中还规定对加入欧洲经济与货币联盟的国家的政府预算赤字和公共债务总量作数量上的限制,这就意味着欧元区国家在失去了货币政策这个宏观工具的同时,财政政策也受到了一定的限制。但欧洲各国的经济发展并不趋同,而各国政府所能进行的宏观调控又受到限制,这就使得欧元区经济的长期发展形势不明朗,这也是为什么欧元刚发行时币值相对美元有所下降,而后来币值的上升在一定程度上反映了美元本身的贬值(如图2.20所示)。

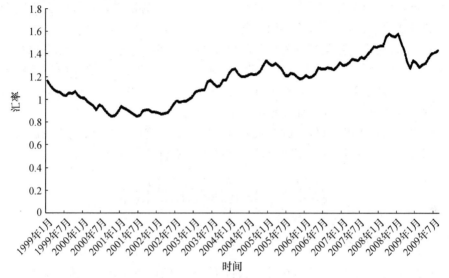

图 2.20　欧元兑美元的汇率

数据来源:欧洲央行(http://www.ecb.int)。

(二)区域合作在政治上滞后,在国际上发出的声音不统一,导致货币权力与经济实力不符

根据Cohen & Subacchi(2008),货币权力包括自主性和影响力,即能够保证操作自主性的权力和影响事件或结果的能力。目前欧洲央行在实施货币政策时赢得了足够的自主性,但在对外的影响力方面则重视不够,且由于欧洲区域合作在政治上的合作相对滞后,在国际组织中各国都只为自己的经济利益考虑,导致大家各执一词,无法真正代表欧洲经济与货币联盟发出统一声音。

五、马克和欧元国际化对人民币国际化进程的启示

首先,人民币国际化要依赖于人民币币值的稳定,从而要求央行具有更大的独立性。马克之所以成为EMS的名义钉住货币,欧元之所以自产生以来就拥有稳固的国际化地位,都与德国央行和欧洲央行维护价格稳定的宗旨密不可分,而该宗旨则保证了央行在执行货币政策时拥有足够的独立性。在中国,央行则是在国务院的领导下工作,且在实施货币政策前需要获得国务院的批准,这就决定了央行不可能把价格稳定作为货币政策的首要目标。

其次,人民币国际化需要中国金融市场的进一步发展,这不仅包括放松金融管

制,更包括促进金融市场在深度和宽度上的扩展。德国的经验告诉我们,如果政府在金融方面的管制比较严格,金融市场就不能获得自由发展,从而会阻碍货币的国际化。另一方面,在资本全球化的今天,特别是随着金融市场的不断创新,政府管制也不可能达到预期的效果。同时,政府在金融方面的税率设定等也会阻碍金融市场的发展,从而不利于货币的国际化。

最后,人民币国际化需要依托于区域合作,央行应对人民币国际化采取积极态度。马克和欧元在很大程度上实现的是区域性的国际化,即主要在欧洲范围内使用,这直接得益于欧洲货币体系方面的区域合作。面对当前多元化的国际货币体系,人民币国际化离不开与亚洲地区其他国家和拉丁美洲等发展中国家的合作,这就需要央行的积极推动,但同时要吸取欧洲实行统一货币的教训,鉴于亚洲国家经济发展方面的不一致,目前不应寻求与这些国家实行统一的货币。

第四节　日元国际化的借鉴

一、日元国际化历史概述

第二次世界大战后,日本在美国扶持下,依靠朝鲜战争刺激,引进欧美发达国家先进技术,并且执行合理的产业政策和外贸政策,实现了从 1955 年到 1972 年的年均实际 9.3% 的高速经济增长,创下"日本奇迹"。而随着 20 世纪 70 年代布雷顿森林体系的解体,钉住美元制度的终结使日元出现升值压力,日本政府采取扩大内需的政策以吸收日元升值带来的负面影响,也同时给本国经济带来通货膨胀压力,1973 年第一次石油危机的爆发给严重依赖石油的日本经济带来沉重打击,经济低迷的同时伴有物价飞涨的迹象,1974 年日本实际经济增长为 -5%,这是战后日本首次出现经济负增长,标志着日本结束二十多年的高速增长,进入低速增长的阶段。

面对通货膨胀和经济低迷的双重压力,日本政府采取抑制通货膨胀的措施,以稳定物价,从而逐步走出经济谷底,并且进一步调整产业结构,开发节能技术,成功抵御了 1978 年第二次石油危机的冲击。

20 世纪 70 年代以来,日本对外贸易顺差持续扩大,而对美国的巨额贸易顺差更导致美日之间贸易摩擦升级。迫于美国的政治压力,1985 年日本签署《广场协议》,日元自由浮动,导致日元大幅升值,热钱持续流入,经济出现泡沫。而由于日本自身的终身雇佣制度和主银行制度无法为进一步实行产业升级提供金融、技术等方面的支持,导致日本没有很好地抓住日元升值的契机进行产业结构升级。随着泡沫的破灭,日元进而贬值,日本经济陷入了长达十多年的经济低迷和停滞。

日元的上述历史如图 2.21 所示。

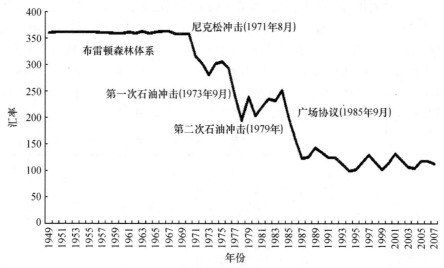

图 2.21 日美汇率变化趋势(1949—2007)

数据来源:IFS 数据库。

从 1964 年开始,日本根据国际货币基金组织协议第八条款(Article VIII of the IMF Articles of Agreement)开始货币兑换开放的步伐。20 世纪 70 年代初期,出于对日元国际化导致货币政策操控难度加大,以及资本流动导致国内经济不稳定的担忧,日本加强对国内货币和资本市场的监管以保持货币稳定,并管制跨境资本交易以稳定汇率(Frankel, 1984; Tavlas 和 Ozeki, 1992)。然而,从 20 世纪 70 年代中期开始,日本开始国内金融自由化改革并放开资本账户,1980 年《外汇和外贸控制法》(the Foreign Exchange and Foreign Trade Control Law)的修改标志着日本基本上放开了资本账户。表 2.13 列出了日本资本账户开放的顺序和措施。

表 2.13 日本资本账户开放顺序

年份	措施
1964	采取国际货币基金组织协议第八条款
1966	放宽货币兑换限制
1970	资本账户开放,放松外资银行进入限制,进一步放宽货币兑换限制
1971	向浮动汇率过渡
1973	采取浮动汇率体系
1980	基本放开所有资本管制

资料来源:日本央行(http://www.boj.or.jp)。

而随着资本账户的开放,从 20 世纪 80 年代开始,日本也积极致力于日元的国际化,建立日元区(Yen Bloc)的呼声也越来越高。1984 年,在日美之间贸易不平衡导致摩擦日益激化的背景下,日本和美国政府共同组建了"日美委员会",就日本资本市场自由化、日元国际化,以及国外机构进驻日本金融资本市场等问题达成一致意见,发表《日元—美元委员会报告书》,同时日本财政部发布了题为"金融自由化和日元国际化的现状和前景"(the Current State of and Prospects for Financial Liberalization and Yen Internationalization)的报告,并采取各种措施促进国内货币资本市场发展以提高日元的国际化使用。具体措施见表2.14。

表2.14　日元国际化措施(1983—1989)

年份	措施
1983	允许短期欧洲日元贷款给非居民
1984	允许本国居民发行欧洲日元债券;完全货币兑换
1985	开放中长期欧洲日元贷款给非居民
1986	允许外国银行发行欧洲日元债券;创立东京离岸市场
1987	放开非居民发行欧洲日元票据
1989	放开居民欧洲日元贷款

资料来源:Tavlas 和 Ozeki(1992)。

进入20世纪90年代,由于经济低迷的持续存在,日元并未执行进一步的国际化措施,而80年代尽管执行了一系列措施,但由于自身金融体系广度和深度不足,日元国际化进展也不尽如人意,因此,日本进而转到金融市场改革上来。1997年,外汇管理委员会向财政部提交关于恢复日本东京国际金融中心地位的报告,并进一步放松外汇交易限制,非金融机构可以直接在外汇市场上进行交易而不需要通过授权银行的介入。1998年日本财政部发布中期报告,指出日本金融市场在以下方面存在不足:(1)政府债券缺乏深度;(2)长期政府债券缺乏流动性,限制了其作为对冲风险工具的使用;(3)资本所得和利息税收入影响资本流动,使外国投资者不愿进入市场;(4)交易系统缺乏效率。

1999年,为了进一步促进日元国际化使用,日本财政部成立了一个研究小组,专门对日元国际化的战略实施进行分析研究,并于2001年、2002年和2003年发布研究报告,将日元国际化的重点转到分析日元国际化进展不顺的原因上来。2001年报告指出,日元国际化没有进展在于投资者对日本经济缺乏信心,为了促进日元国际化使用,有必要重塑日本经济和国内金融体系,开放日本市场,提高日元使用的便利性。2002年报告进一步指出日元在国际贸易结算上使用不足的原因,并在2003年提出一系列建议(MOF,2003a,2003b)。此间,日元国际化战略也发生了转变,特别是东南亚金融危机的发生,使日本看到东亚美元本位的弊端,积极寻求亚洲货币合作,以图通过日元区域化达到国际化的目的。2000年,在日本政府的积极倡导下,东南亚国家与中日韩三国签订协议,旨在稳定亚洲金融经济。然而,日本在东南亚金融危机中表现出的放任贬值措施,加剧了人们对日本经济的不信任,加上中国经济的崛起,使得日元的国际化战略并未见起色。

综上所述,日元国际化历程分为以下几个阶段:(1) 日本在 20 世纪 60 年代和 70 年代出于日元国际化可能使本国经济受到冲击,货币政策操作受限的考虑,对日元国际化持谨慎态度;(2) 80 年代在日美贸易摩擦加剧、本国经济日渐强大的背景下,日本积极实施日元国际化战略,并且在一定程度上实现了日元的国际化使用;(3) 90 年代,日本进入"失去的十年"时期,经济停滞,而此时日元的国际化使用也呈现下降趋势,日本吸取 80 年代的教训,转到注重自身金融市场改革上来;(4) 90 年代末期到现在,日本重提日元国际化战略,由单纯的推动转移到注重自身经济金融建设,以及谋求亚洲货币合作上来。

二、日元国际化失败的原因分析

一定程度上,日本的国际化政策确实促进了日元的国际化,但效果却不显著。(1) 就贸易结算而言,如图 2.22、图 2.23 所示,日元出口结算份额从 1970 年的不足 1% 上升到 20 世纪 80 年代的 40% 的水平,进口商品日元结算份额也达到 15% 到 20% 左右,然而总体而言,日元的国际贸易结算比例是有限的。这表现在美元在日本国际贸易结算中仍然居统治地位,日本出口中美元结算达到 50% 以上的水平,进口达到 60% 以上。而同期的其他工业化国家德国、法国以及英国,在本国出口中本币结算达到 60% 以上,进口则达到 50% 以上。(2) 从外汇交易规模来看,日元份额变化不大,近年来基本维持 20% 左右的水平,低于美元和欧元的使用规模。(3) 就投资货币来看,日元自 90 年代以来呈现下降趋势,日元在欧洲债券市场的份额从 1990 年的 13% 急剧下跌至 2002 年的 4% 左右;(4) 从储备货币角度看,日元在 90 年代达到 5% 左右的水平,而近年来却一直呈下降趋势。[①]

究其原因,有以下几点:(1) 日本欠发达的货币和资本市场不能为日本贸易使用日元结算进行融资,表现为诸如 20 世纪 90 年代落后的清算系统,过高的证券交易税等导致的过高的交易成本等等(Kiyotaka Sato, 1999);(2) 单一的贸易结构,在进口中,原油和原材料比重达到 30%,而原材料产品按照美元计价,出口中对美国贸易依存度很高,而日本出口到美国的商品 80% 以上是用美元结算(Sato, 1999);(3) 本国出口商在贸易中有"随行就市"(pricing-to-market, PTM)的行为,宁愿用美元计价以使商品价格稳定,也不愿用本币日元作为结算货币来规避汇率风险(Kiyotaka Sato, 1999);(4) 忽视邻近亚洲国家的支持和合作。由于历史原因以及日本在亚洲金融危机中放任日元大幅贬值的不负责任做法,使日本在 20 世纪 90 年代末本世纪初试图建立以日元为中心的亚洲货币区的想法得不到亚洲国家

---

① 参见本书第一章关于国际货币体系现状的分析。

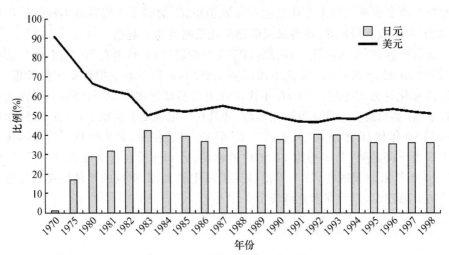

图 2.22 日本出口货币结算比例

数据来源:作者整理自 Sato, Kiyotaka(1999)。

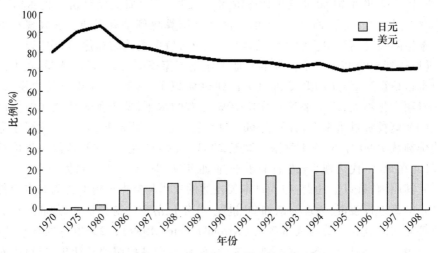

图 2.23 日本进口货币结算比例

数据来源:作者整理自 Sato, Kiyotaka(1999)。

和地区的积极响应(Takagi, 2009);(5)缺乏成为权重国际化货币的经济基础和深度金融市场。货币国际化的过程一定程度上是本国经济金融发展的结果,在本国金融市场并不足以支撑货币国际化的情况下,以单纯的官方政策推动货币的国际化是不可能成功的(Takagi, 2009)。

然而,也需看到,日本从 20 世纪 80 年代以来推动国际化的措施也促进了本国的资本账户开放,使日本融入金融自由化进程加快,而日本作为债权国也发挥了

"世界银行"的作用,充当了类似 1945—1980 年的美国以及 19 世纪的英国的角色,借入短期资本,贷出长期资本,从而促进了日元的国际化使用(Frankel,1989;Tavlas and Oeki,1992)。

此外,日元的国际化战略也受到国际政治经济环境的影响。20 世纪 80 年代,日美贸易不平衡加剧,摩擦加大,"日美委员会"即在此背景下成立,旨在通过日元升值解决日美之间的贸易不平衡以及开放日本资本市场。在这场角逐中,国际政治舞台上大国的强权地位表现得淋漓尽致。我们首先来看美国认为日元币值低估的理由:(1)国际投资者没有被日本经济所吸引;(2)日元也没有吸引国际化使用。按照以上理由,如果日元币值被低估,应当会吸引国际投资者才对,而如果没有吸引投资者,应当说日元价值是合理的,这显然存在矛盾,难怪 Frankel(1984)将美国对日元升值的态度称之为"有问题的经济逻辑"(questionable economic logic)。而 Takita(2006)也提到"日美委员会"是在很复杂的政治背景下成立的,首先 1983 年 11 月,美国总统里根访问日本,将"日美委员会"的工作提升到政治高度,接下来日本首相中曾根关照日本财政官员积极与美国达成协议。据称,日本财政部原意是先进一步开放国内金融市场,然后再开放欧洲日元市场,然而迫于美国压力,只得开放国内市场与国际市场同时进行。到 1985 年,在美国斡旋下《广场协议》的签订使日元大幅升值,外汇市场波动剧烈,资本市场泡沫累积,进入了十年的萧条期。

可以看出,日元国际化一定程度上是在美国的强权政治干预下的政策推动的结果,而美国强迫日元升值的理由就在于日美贸易不平衡的存在。然而根据 McKinnon 和 Ohno(1997)的研究,简单的贸易结构模型并不适用于金融开放的大国经济,日美之间的贸易不平衡更多的应该是两国储蓄率的差异导致的,即日本高储蓄率之下消费动力不足,而美国低储蓄率下的高消费正可以吸收日本的过剩产能。日元升值不仅不能帮助日美解决贸易不平衡,反而由于日元急剧升值导致日本面临高通货膨胀压力,这就是著名的麦金农东南亚国家"高储蓄两难"。

三、日元国际化对人民币国际化进程的启示

中国近十年的经济条件诸如 GDP 份额、贸易份额、经济结构、储蓄率、经济增长、贸易结构等各方面都与日本 20 世纪 80 年代日元国际化时的情形有相似之处,如图 2.24、图 2.25 所示,我们将日本 20 世纪 70 年代到 80 年代的经济条件与中国从 1988 年到 2007 年的经济条件进行对比,可以看到中国与日本的储蓄率都较高,同时中国与 20 世纪七八十年代的日本一样,经济规模和贸易规模都达到了一定的世界权重。基于经济基本面的类似,日元国际化可以给予人民币国际化充分借鉴。为了避免走日元国际化的老路,中国应当吸取日元国际化的教训,稳步推进资本账户开放,加强国内金融市场建设,不过早浮动人民币汇率,同时积极寻求亚洲国家合作,充分利用香港的国际金融中心地位,使人民币国际化稳步、有序地进行。

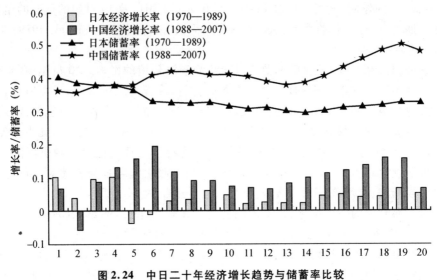

图 2.24 中日二十年经济增长趋势与储蓄率比较

数据来源：IFS 数据库。

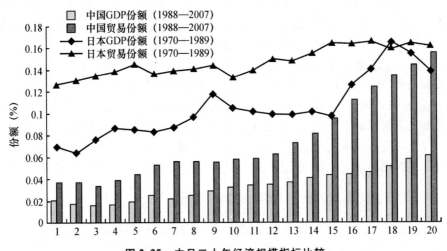

图 2.25 中日二十年经济规模指标比较

数据来源：IFS 数据库。

（一）人民币国际化应当与国内金融市场改革稳步结合

吸取日元国际化的教训，在 20 世纪 80 年代和 90 年代，正是由于国内金融市场广度和深度不足，债券市场流动性不够，以及交易税过高等因素导致日元的国际化使用程度较低。中国目前金融市场的发展水平似乎还不如当年的日本，短期债券较少，缺乏深度二级市场，法律监管框架缺失等等，因此贸然推进人民币国际化极有可能使国内金融市场受到投机性冲击，经济面临崩溃。

（二）稳步推进资本账户开放和人民币汇率浮动

日元国际化一个很重要的教训是日元过早的浮动使日元资产的吸引力下降，而本国的进出口企业也出于稳定交易份额的考虑不愿用日元进行结算。更严重的是在美国压力下日元的大幅升值使本国面临通货膨胀压力，从而使日本进入长达数十年的经济滞胀时期。

目前中国也正处于高储蓄率、中美贸易顺差、人民币升值预期之下，经济背景与 20 世纪 80 年代的日本所处的环境非常相似，一旦中国在美国压力下贸然开放资本账户、实行人民币汇率浮动，极有可能使热钱大量流入，导致国内经济泡沫。而随着泡沫的积累，进一步使经济低迷，资本流入流出的大幅波动可能会使中国重走日本当年的老路。

麦金农提出解决东南亚国家"高储蓄两难"的方法是东南亚国家的美元化，即把美元作为驻锚实现汇率稳定。麦金农的方案似乎忽视了一个很重要的前提，即美元币值稳定以及美国经济持续强劲，否则钉住美元只会带来更大的不确定性。从 2008 年金融危机可以看到，美国经济出现问题，美国的旨在刺激经济的政策使美元流动性泛滥，导致全球经济受到损失。因此，要从根本上解决"高储蓄两难"关键在于中国自身的经济结构转型，同时稳步推进人民币国际化，缓解外汇储备压力，最终实现人民币汇率自由浮动。

（三）注重经济结构转型与经济增长持续的结合

日本之所以出现 20 世纪 90 年代的滞胀，一方面是因为日元的过早浮动引起通货膨胀压力，另一方面，日本自身也没有抓住日元升值的有利时机进行产业结构升级和经济结构转型以吸收资本的冲击。80 年代，日本国内劳动力成本已经大幅上升，日本企业加快了向东南亚国家和拉美国家的海外投资步伐，使这些国家和地区电子产业发展迅速，此时日本应当抓住契机，促进新兴产业的发展。然而日本自身的主银行制度和终身雇佣制度无法为新兴产业的崛起提供金融、技术的支持，从而使经济陷入泡沫（潘英丽，2009）。而经济的低迷不能为日元国际化提供良好的经济基础，从而使日元国际化后继乏力。

尽管中国经历了近二十年的高速增长，然而经济增长是否能够持续仍然是个问题。中国目前仍然是出口导向型增长模式，劳动密集型产业仍然为经济增长做出很大贡献，同时也解决了很多农村人口的就业，如果贸然转型，很可能导致一段很长时间的阵痛，并且人口失业压力很大。而经济增长的下降会削弱人民币国际化的经济基础，使人民币国际化后继乏力。可以预期中国只有在未来很长一段时间内仍然维持出口导向的经济增长模式，才能持续现在的经济增长。而在这种增长模式下，中美贸易摩擦会一直存在，国力的差异注定人民币国际化会持续受到发达国家的阻挠。但这并不意味着人民币国际化没有出路，中国目前与东南亚国家以及拉美国家的贸易关系亦很紧密，因此人民币国际化可以将这些国家和地区作为突破口。

第五节　布雷顿森林体系、新布雷顿森林体系与全球不平衡

一、两次世界大战和布雷顿森林体系的建立

（一）两次世界大战：美元霸权的崛起

第一次世界大战前，美国已经完成了工业革命，成为头号工业大国，但国际经济地位并不高，美元在国际贸易中还很少被使用。两次世界大战为美元确立其国际霸权货币地位创造了条件。战争期间，美国远离战场，本土经济未受破坏，并且通过为参战国提供大规模的贷款和战争物资，发展为世界头号经济大国，在工农业生产、对外贸易、国际投资和金融体系等多方面在国际上都具有绝对优势和地位，也成为世界最大的债权国。

1923年，欧洲盟国欠美国的债务达280亿美元，德国对同盟国的战争赔款债务更高达600亿美元。而美国对盟国债务的清偿采取十分强硬的态度，从而使欧洲陷入了通货紧缩状态。美国于1922年恢复的《佩恩-奥尔德里奇法案》（Payne-Aldrich Act of 1999）以提高关税的手段堵死了欧洲通过向美国出口更多货物来清偿一战债务的途径。欧洲唯一的选择是向美国私人部门融资借新债来还旧债（潘英丽，2009）。但随着这一资金链的断裂，美联储放松银根，伴随而来的是美国股市的泡沫、英国清偿危机导致的英镑挤兑、欧洲汇率体系的混乱、全球贸易关税和竞争性的贬值，结果引发了全球通货紧缩，国际贸易崩溃。

二战爆发后，美国制定出战争物资的租借制度，为参战国提供租借援助，但条件是受援国在战后多边贸易重建中进行合作的承诺，其主要内容是要求受援国消除国际商业中所有形式的歧视性待遇，削减关税和其他贸易壁垒；在敌对状态结束后，盟国必须以现金支付美国提供的各种资源。这使得英国和其他盟国再一次成为美国的债务人。

一战期间，英、法、德等国都对黄金的兑换进行了控制，只有美国即使在1917年加入战争后也保持了黄金的自由兑换，为战后实行金本位制打下了基础。一战后的几年，美国得到大量黄金，从20世纪30年代中期到40年代中期，美国黄金储备占世界的份额由约35%上升到70%，美国成为唯一的货币可直接兑换黄金，并且不限制黄金输出的国家，这为美元国际地位的确立提供了坚实后盾。

英国作为原先的世界货币体系的霸权国家，虽然赢得了战争的胜利，但国力遭到严重削弱，且对美国负债累累，无论是经济实力还是政治地位都明显走向衰弱。

（二）怀特计划和凯恩斯计划

二战后，美国面临战时工业的产能过剩和转型压力，美国经济需要出口拉动，因此需要实行自由贸易和保持汇率稳定；而英国需要大规模的外部融资来偿还债

务,应付国际收支赤字,同时也希望能够用调整汇率来减缓就业的压力。1943年,美英两国政府从本国利益出发,设计新的国际货币秩序,分别提出了"怀特计划"和"凯恩斯计划"。

两个计划有一些共同点,例如都只着重解决经常项目的不平衡问题;都只着重发达国家的资金需要问题,而忽视发展中国家的资金需要问题;探求汇率的稳定,防止汇率的竞争性下跌(鲁世巍,2006)。但二者在一些重大问题上却有着显著的差异。

怀特计划的主要内容有:(1) 建立一个50亿美元(44国出资的实际份额是88亿美元)的国际稳定基金,由会员国按规定的份额缴纳;基金货币("尤尼它",Unita)与美元和黄金挂钩,会员国货币都要与尤尼它保持固定平价,不经"基金"会员国四分之三的投票权通过,会员国货币不得贬值;(2) 取消外汇管制、双边结算和复汇率等歧视性措施;(3) 建立一个致力于战后重建的复兴银行,调节国际收支,为会员国提供短期信贷,以解决国际收支逆差(潘英丽,2009)。该计划的目的是建立一个稳定的国际货币制度,恢复金本位制,防止国际汇率的破坏性波动及货币和信贷体制的崩溃,确立美元在国际货币体系中的统治地位;确保国际贸易的恢复;提供救援和经济重建的资本;限制各国国内经济政策与国际收支逆差,以免美国对外负担过重。

英国考虑到本国黄金缺乏和国际收支逆差,强调透支原则,反对以黄金作为主要储备货币,谋求建立国际清算制度,以减少对黄金和外汇的需求,并免受拥有巨额黄金储备的美国的支配。凯恩斯计划的内容主要包括:(1) 建立国际货币联盟,会员国央行在"同盟"开立往来账户,由国际清算银行对各国的国际贸易的顺差和逆差进行清算和记录,成员国央行可用本币进行买卖以应付亏空和盈余,这些盈余放在清算银行中以银行货币"班柯"(bancor)的形式保存。(2) 顺差国将盈余存入账户,逆差国可按规定的份额向"同盟"申请透支或提存;债权国承担主要的政策调节功能,顺差国应当被强制性地花掉顺差额(这也是该计划的核心);对贸易顺差和逆差的国家施加压力清算账户,对各国账户中透支或盈余的部分都征收利息,并允许该国货币进行一定程度的贬值或升值。(3) 可以用黄金购买班柯,但不能用班柯兑换黄金,旨在让黄金逐渐退出货币体系。

不难看出,这两个计划反映了英美经济地位的变化和两国争夺世界货币霸权地位的斗争。

(三) 布雷顿森林体系的建立

布雷顿森林体系的建立是英美两国在国际货币金融领域斗争和妥协的结果,但主要反映了美国的战略意图:

1. 美国坚持稳定的货币政策,而英国提倡货币行动的自由化(monetary freedom of action)。妥协的结果是以黄金作为货币的终极"锚",汇率固定但平价可以调整,因而提供了一种稳定的汇率安排,同时避免了金本位下的完全刚性;各国仍有宏观经济的自主权,其各自的价格水平和就业目标可不与共同的名义锚或价格规则挂钩;美国承诺以 35 美元/盎司的价格兑换黄金,但这种兑换仅限于各国央行,而在所有私人交易中废止黄金的通货用途。

2. 美国提倡钉住单一货币的汇率制度,以促进国际贸易恢复,而英国则提倡汇率可调整以维持内部平衡。妥协的结果是实行所谓的"可调整的钉住汇率"(adjustable peg),规定汇率(至少在原则上)在某些情况下是可以调整的;短期内,汇率波动不得超过平价水平的 1%;长期内,经过 IMF 同意后,可以单边调整汇率平价。

3. 美国提倡货币可自由兑换,而英国则坚持资本的控制,妥协的结果是经常账户下的支付,货币可兑换;通过长期的资本管制抑制投机性货币攻击(Eichengreen,2004;McKinnon,1993)。

此外,布雷顿森林协议的主要内容还包括:国际交易中对称性使用本国货币,包括同 IMF 进行的交易;运用本国外汇储备以及 IMF 的信贷应对短期性国际收支失衡;通过国内冲销政策应对外汇市场干预给国内货币供给带来的冲击等(McKinnon,1993)。

以怀特计划为基础的布雷顿森林体系的建立为美国对外扩张、美元霸权地位的确立和巩固提供了有利条件:第一,美国通过发行美元获取大量的国际铸币税,并以创造美元派生存款的方式大量发放对外贷款或海外投资,进行对外金融和经济扩张,获得高额利润。第二,美国通过印制美元对外直接支付,获取国外大量商品和劳务,弥补各种资金支出,通过美元贷款、对外投资和援助,对其他国家进行经济渗透和控制。第三,随着通货膨胀的加深,美元内外价值背离,实际压低了黄金价格而抬高了美元价格,使美国能用币值高估的美元对外攫取大量的资源和财富。第四,其他国家货币与美元保持固定汇率,为美国的商品出口和资本输出提供了有利条件(鲁世巍,2006)。最后,股份出资的方式帮助美元仅以不到 30 亿美元的出资在 IMF 和世界银行享有了 27% 的投票权和否决权。

二、布雷顿森林体系的崩溃

战后到 20 世纪 60 年代初布雷顿森林体系运行相对平稳,对国际贸易和投资发挥了积极作用。布雷顿森林体系开始运行以后的几年,美国从自身经济和政治利益出发,提供了一项恢复欧洲经济发展的长期计划,即"马歇尔计划",实施援助和军事开支措施,并鼓励私人资本对外直接投资,以鼓励美元外流,帮助欧洲实现经济复兴,也扩大了美元在国际经济中的影响。但该体系有着与生俱来的内在不稳定性,即美元同时作为美国的主权货币和最主要的国际货币所引发的美国货币政策选择上的矛盾。

20世纪60年代后,美国实行凯恩斯主义的扩张性经济政策,私人部门不断加大海外工业投资,同时不断升级越南战争,扩大军费开支,刺激经济增长;二战后美国的第三次科技革命迅猛发展,提高了劳动生产率,促进了经济的繁荣;但同时在布雷顿森林体系时代,美国大多数时间都派有军队驻守全球五大洲,担当"世界警察"的角色;这一时期其他大国发展得更快,特别是苏联的经济实力迅速增强。国际经济力量的对比变化加上美国巨额的国际支出使美国从最大债权国转向了最大的政府间债务人。50年代起美国的国际收支由大量顺差转为逆差并逐年攀升,财政赤字扩大、信贷扩张为70年代的通货膨胀埋下了祸根。

二战后,随着参战国逐渐从战争中复原,经济发展迅速,国际贸易也得到有效恢复,世界经济进入扩张阶段,各国急需更多的国际储备来应付国际收支和应对国际风险。由于资本项目的管制,增加国际储备的方式只有两种:一是黄金,一是美元。许多国家为使储备结构多样化,将部分美元兑换成黄金,在储备体系中加入了更多黄金。这使黄金在全球的分布由20世纪40年代美国70%的巨额持有转向逐渐分散。随着美国的黄金储备与对外负债比值的下降,国际上对美元兑换黄金的信用度产生了怀疑。到了1959年,美国的国外美元负债已超过其黄金储备额;1965年,美国对国外央行的负债超过了其黄金储备额。美元价值受到质疑,黄金市价上涨,对央行形成套利机会,美元面临贬值压力。

私人投资者预计到美元的贬值,但不能直接兑换黄金,只能将资本投入美国以外货币较为强势国家的金融市场,对这些国家造成了通胀压力。但由于这些国家国内资本市场的管制,并不能通过售出国债来完全冲销资本流入,唯一应对通胀的办法是重估本币币值(如德国、荷兰在1961年所采取的措施),但这又会破坏它们出口导向型的经济,而且再次重估的预期会吸引更多的热钱,引发进一步的通胀。这些国家的央行面临两难困境,持有美元储备很可能会因美元贬值而导致资产缩水,而假如用美元兑换黄金,则会加深美元贬值预期,使本国经济增长和储备资产价值受到冲击(Eichengreen,2004)。

这种困境导致了1961年"黄金总汇"(Gold Pool)的诞生,美国倡导并与英国、法国、德国、意大利、荷兰、比利时、瑞典一起建立黄金总汇,联合干预伦敦黄金市场,把该市场的黄金市价控制在35.20美元/盎司。尽管保持美元价值稳定有利于欧洲国家的整体利益,但美国滥发货币引起的国际性通货膨胀引发了这些国家的强烈不满,美元的贬值预期也对成员国各自的利益造成了威胁。法国首先大量购买黄金而退出黄金总汇,1968年黄金总汇因美国黄金持有量即将耗尽而解散。

1970年美欧在货币和贸易问题上的摩擦进一步升级,美国私人资本的对欧投资加大了国际收支赤字,而美国政府却要求盈余国家通过从美国的进口来抵消其资本输出的规模。对美元贬值的预期导致的甩卖美元和欧洲市场的热钱流入加深了对欧洲国家经济增长和货币金融稳定的冲击。1971年8月15日,尼克松总统关闭"黄金窗口",使美元价值与黄金脱钩,布雷顿森林体系的一大支柱倒塌。1973年3月,主要国家货币都与美元脱钩,实行单独浮动或联合浮动,布雷顿森林体系的第二大支柱——各国货币对美元的固定汇率制也倒塌。

三、布雷顿森林体系的借鉴

1. 经济实力和地位是取得国际货币地位的根本原因。布雷顿森林体系是美英两国二战后在制定国际货币金融体系问题上博弈的结果,而该体系主要反映了美国的战略意图,其根本原因是美国当时的经济实力和在国际上的经济地位已远远超过英国。因此,今天的人民币要想取得国际货币的地位,也需要进一步加强中国的经济实力和国际影响力。

2. 强大的战略规划和外交是取得国际货币地位的保证。美国具有超强的战略研究和外交能力,在二战爆发之初,美国就推出《租借法案》,在为参战国提供援助的同时,把主要目标投向了如何在英国和受援国的战后多边贸易重建中攫取经济利益。20世纪40年代初,美国就积极策划建立一个以美元为中心的国际货币体系。布雷顿森林体系建立后,美国凭借强大的经济实力,打击和削弱对手,挤压英镑势力范围,并利用布雷顿森林体系的有力条件,加紧对其他国家的经济渗透、掠夺和扩张;通过"马歇尔计划",以帮助欧洲国家发展为名,通过贷款和援助,对它们进行经济控制和渗透,进一步扩大美元的影响。人民币国际化是一个长期的过程,也需要一个长期可行的战略规划来推进。例如:首先扩大人民币在亚洲区域的影响;加大人民币海外投资;为发展中国家提供一定的经济援助等。此外,还应辅以切实有力的外交手段,逐步扩大人民币的国际影响力。

3. 黄金储备在建立国际货币地位中的作用。布雷顿森林体系的建立和崩溃在较大程度上受美元相对黄金价值认定的影响:该体系的建立和当时美元的巨额黄金储备是分不开的,强势的黄金储备加强了美元的信誉;而该体系的崩溃也源于美国的黄金流失、负债上升导致的两者比例日益减小,黄金储备不足以抵偿对外负债,引发了美元信誉危机。历史上每一次发生美元危机、严重的通货膨胀,往往伴随着黄金价格的上扬。这些都说明,黄金的稀缺性和财富价值是受到广泛认同的,黄金储备通常反映一个国家的实力,黄金仍然会是单一世界货币的重要基础。

4. 资本市场管制、单一储备结构和经济增长模式导致了相对于美元的被动局面。20世纪60年代,在美元出现信誉危机的情况下,国际热钱流入欧洲国家的金融市场,而这些国家由于资本管制而无法对热钱资本完全冲销,加之以美元为主的外汇储备体系和出口导向型的经济增长模式使之在持有美元和抛售美元的抉择间陷入困境。当今的中国也面临类似的问题。因此,需要结合汇率、利率制度的完善，稳步推进资本市场的开放，逐步调整外汇储备结构和经济增长模式，使中国经济具有更强的对抗外部冲击和风险的能力，经济发展更具有可持续性。

四、新布雷顿森林体系、全球经济不平衡与货币竞争

尽管布雷顿森林体系的崩溃对美元的货币地位造成一定冲击，然而，美国的经济基本面和金融市场的广度和深度情况仍然是全球最好的；而其他主要经济体即日本和德国分别在20世纪70年代和80年代对本国货币国际化的不鼓励态度也成就了美元的持续霸权统治地位；90年代末欧元的引进对美元造成一定冲击；进入21世纪，全球金融危机的发生使人们对全球货币体系给予了更多思考。

目前的全球经济结构正如布雷顿森林体系一样，东南亚国家、拉美国家就如战后的日本以及欧洲国家，依赖出口带动本国经济增长，而美国作为全球最大的经济体，扮演"世界消费者"的角色，吸收来自其他国家的进口；在资本账户上表现为，东亚国家以及拉美国家持有美国政府债券作为外汇储备来稳定本国汇率，而这也使美国金融市场规模扩大，深度增加，从而可以低利率获得融资，这就是布雷顿森林体系时期法国所抱怨的美国享有的"超级特权"（Eichengreen，2008）。

布雷顿森林体系持续了20年时间，而如果参照图2.26将美国从1991年开始的新一轮外贸逆差作为起点，到2008年全球金融危机为止，也大体是20年的时间。全球的经济不平衡造就了不平衡国家间的微妙博弈关系，贸易顺差国家作为债权国持有美国政府债券以稳定汇率，即借钱给美国，让美国消费本国的产品，而美国贸易逆差的长期存在使其强烈要求债权国放开汇率，以解决贸易不平衡。然而，国与国之间贸易不平衡的存在似乎更应该是两国储蓄率结构、劳动力成本等因素导致的，单纯的浮动汇率对解决贸易不平衡问题作用不大；即使债权国可以放开汇率，问题的解决也不可能一蹴而就。大规模的汇率浮动对贸易顺差国家而言，长期存在的贸易升值预期极易导致热钱的流入，对本国经济产生冲击；对美国这个贸易逆差大国而言，也极易因为他国大规模减持美元政府债券而导致美元贬值，引发美元危机。因此，解决全球经济结构不平衡不能急于求成，需要不同国家在基于共同利益的基础上深度合作，各国央行和政府需要逐渐减持美元政府债券，逐步放开对本国汇率的限制。

在全球经济不平衡的背景下，国际货币体系会如何发展？2008年的全球金融危机再一次证明，由单一主权国家货币行使世界货币责任是有其内在缺陷的。1999年欧元的引入也对美元有一定的挑战[①]，因此长期来看，国际货币体系极有可能呈现此消彼长的多元化发展趋势。但短期内似乎很难有其他货币撼动美元的统

[①] 参见本书第一章关于国际货币体系现状的分析。

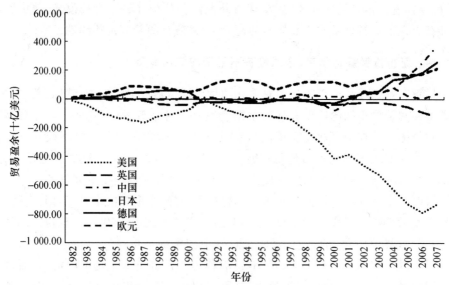

图 2.26 主要经济国家贸易盈余(1982—2007)
数据来源:IFS 数据库。

治地位,因为美国在金融危机中受到重创的同时,其他国家的日子也没有好到哪里去,相比之下,恐怕美国的经济和金融条件仍然是世界上最好的。从表 2.15 可以看到,美国的金融发展指数在 2008 年仍然是最高的,其次为英国、德国、日本等。进一步地,即使在全球金融危机时期,美国政府债券仍然是投资者的选择偏好之一。从图 2.27 可以看到,在 2008 年下半年雷曼兄弟公司倒闭的"黑暗时期",美国政府债券利率均呈下降趋势,如果说短期债券利率的下降还与投资者对流动性不足的极度恐惧有关,而不一定反映投资者的美国政府债券信任偏好,那么中长期债券利率的下降趋势则在一定程度上反映了投资者对美国市场和经济的信任态度。

表 2.15 2008 年主要国家和地区金融发展指数得分和排名

总体评价			制度环境		
国家/地区	排名	分数	国家/地区	排名	分数
美国	1	5.85	中国香港	2	6.24
英国	2	5.83	英国	5	6.09
德国	3	5.28	德国	6	6.08
日本	4	5.28	美国	12	5.98
法国	6	5.25	日本	14	5.88
中国香港	8	5.23	法国	16	5.83
中国内地	24	4.09	中国内地	46	3.33

第二章 国际化货币史借鉴及展望

(续表)

商务环境			金融稳定性		
国家/地区	排名	分数	国家/地区	排名	分数
中国香港	4	5.65	德国	6	5.77
德国	10	5.41	日本	8	5.71
英国	11	5.34	美国	10	5.51
美国	12	5.32	中国香港	17	5.19
法国	15	5.2	中国内地	19	5.17
日本	16	5.17	法国	20	5.17
中国内地	35	4.07	英国	23	4.97

银行			非银行		
国家/地区	排名	分数	国家/地区	排名	分数
美国	1	5.8	英国	1	6.55
英国	3	5.51	美国	2	6.05
中国香港	5	5.2	法国	3	5.29
中国内地	7	4.97	日本	4	4.5
日本	8	4.92	德国	7	4.12
德国	9	4.85	中国香港	13	3.54
法国	14	4.55	中国内地	15	3.3

金融市场			规模、深度以及开放度		
国家/地区	排名	分数	国家/地区	排名	分数
美国	1	6.15	中国香港	3	6.62
英国	2	5.87	英国	4	6.48
法国	4	5.07	美国	8	6.15
日本	5	5.03	德国	9	5.84
德国	7	4.87	日本	10	5.72
中国香港	11	4.16	法国	11	5.66
中国内地	30	2.66	中国内地	24	5.14

注:金融发展指数由世界经济论坛首次发布,总体评价包括制度环境、商务环境、金融稳定性、银行、非银行、金融市场、规模、深度以及开放度等7个指标,每个指标最高值为7,最低值为1。

数据来源:The Financial Development Report 2008(http://www.weforum.org/issues/financial-development)。

最后,人民币在全球经济不平衡背景和长期国际化货币竞争的大趋势下如何国际化?首先,应当说全球经济不平衡为人民币国际化提供了契机,正是单极的美元体系在全球经济不平衡背景下不能担当世界货币的责任,才使人民币有成为国际化货币的机遇。其次,从中短期来看,由于目前中国尚不具备深度的金融市场、

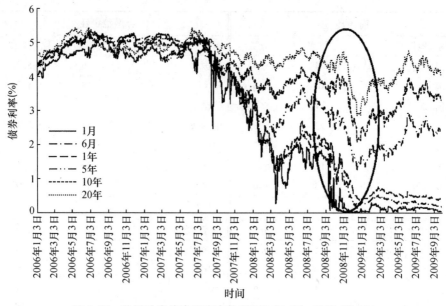

图 2.27 美国政府债券利率走势(2006.01.03—2009.09.28)
数据来源:美联储网站。

浮动的汇率制度,以及开放的资本市场(见表 2.16),都决定了人民币国际化是一个长期过程,要想挑战美元地位为时尚早。最后,当今国际经济政治环境也使人民币不可能迅速担当起权重世界货币的责任。纵观国际化货币史,一国货币的国际化除了与该国本身经济条件相关外,还与其所处的国际环境有一定关系(见表 2.17):英镑通过金本位制以及英国殖民地国家的"忠诚"维持了其在 19 世纪的统治地位,而由于两次世界大战带来的英国经济衰退使英镑国际货币地位下降;相应地,两次世界大战却成就了美元的国际化发展,二战后其更是通过布雷顿森林体系制度安排取得霸权地位,布雷顿森林体系解体后,日本和德国对本国货币国际化的不鼓励态度使得美元仍能在浮动汇率体制下维持霸权地位;日元和马克由于已国际化的美元的竞争的存在,不能取得权重货币地位,日本更是迫于美国压力使日元过早浮动而导致本国进入经济停滞阶段,不能为日元国际化提供良好的经济基础;而欧元的国际化归功于欧盟国家间长达数十年的相互合作与协调。当今世界经济环境下,任何货币似乎都不可能再像英镑和美元那样具有极为有利的国际政治经济环境,迅速成为国际化权重货币,而正是已经国际化货币的"惰性"的存在,使得人民币国际化必然是一个长期的过程。综合考虑当今世界经济环境和中国目前的经济条件,人民币国际化进程在中短期的定位应该是从国际货币体系中"分一杯羹"。

表 2.16　国际化决定因素与中国现状

决定因素	中国现状
经济规模	经济增长是否能持续？经济结构转型与人口失业压力的冲突
金融市场的广度和深度	监管体制仍不完善,信息披露不健全,资本市场规模不够大,市场深度不够
资本账户开放	实现一定程度的长期资本流动,短期资本仍未开放
汇率	2005年汇率改革以来汇率自由浮动力度加大,但很大程度上仍然钉住美元;且由于持续双顺差的存在,存在升值预期
货币政策	利率仍未实现市场化

表 2.17　已国际化货币初期国际环境与当今国际环境比较

国际化货币	国际化初期环境
英镑	金本位,各国经济逐渐开放
美元	二次世界大战,英镑衰退,金本位
日元	日美贸易摩擦,浮动汇率,美元国际化统治地位
德国马克	浮动汇率,国际资本流动增加,美元国际化统治地位
欧元	欧盟国家长期合作与协调,欧洲货币体系,美元国际化统治地位
人民币	全球经济不平衡,全球金融危机,美元国际化统治地位

第二篇
人民币国际化

第三章

人民币国际化

第三章

人民币国际化的现状分析*

本章导读

第一篇(第一章和第二章)我们主要分析了国际化货币的历史和现状,旨在为人民币国际化定位。本章我们主要根据货币国际化的内涵和外延探讨人民币的国际化使用现状,总结当前人民币国际化所处的阶段和特点,并联系当前资本账户开放程度,探讨资本账户开放对人民币国际化的支撑。

早在20世纪90年代,我国与不少邻国就已开始在边境贸易中使用人民币进行结算,人民币就已开始走出国门。但人民币国际化成为理论界和实务界的热门话题,却是在最近几年。2008年9月金融危机全面爆发并迅速蔓延,反映出当前国际货币体系的内在缺陷和系统性风险后,国际上要求改革现行货币体系的呼声不断高涨。比如,中国央行行长周小川主张充分发挥特别提款权(SDR)的作用,为创造一种与主权国家脱钩、能够长期保持币值稳定的国际储备货币而努力(周小川,2009);俄罗斯总理梅德韦杰夫主张在上海合作组织框架内采用像欧洲货币单位那样的某种结算单位;国内外不少著名学者主张在SDR的篮子货币中加入人民币。在这样的背景下,国内要求加快推动人民币国际化进程的呼声也日益高涨。金融危机爆发后,我国与六个国家和地区的货币当局签署了总额达6 500亿元人民币的双边本币互换协议;2009年7月我国正式启动了跨境贸易人民币结算试点工作。许多人认为,这两大举措标志着我国在人民币国际化方面迈开了实质性步伐(巴曙松,2009;曹红辉,2009)。有人甚至认为2009年是人民币国际化元年(巴曙松和吴博,2009)。

参照本书第一章对货币国际化定义的论述,我们采用Chinn和Frankel(2005)的框架对人民币国际化现状加以概括,见表3.1:

---

* 本章前四部分内容源自杨长湧的《人民币国际化的现状及相关问题分析》一文,已发表于《宏观经济管理》2010年第6期。经作者同意,有修改。

表 3.1 人民币承担国际货币职能现状

	政府部门	私人部门
价值储藏	菲律宾和柬埔寨的储备货币之一	缅甸、老挝等国家与中国接壤的边境地区,人民币已大规模取代本币,这些地区在一定程度上已经人民币化
交易媒介	在《清迈倡议》框架下与日本、韩国、菲律宾等三国签订双边本币互换协议; 金融危机爆发后与韩国、马来西亚、印度尼西亚、白俄罗斯、阿根廷和中国香港地区签订双边本币互换协议	跨境贸易人民币结算; 边境贸易结算; 香港人民币存款和贷款; 内地在香港地区发行人民币国债、商业银行和政策银行债券; 亚洲债券基金第二期(ABF2)项下在香港地区发行人民币政府债券; 在香港地区发行人民币股票
计价单位	印度储备银行2005年宣布调整汇率指数,将人民币纳入一篮子货币中	跨境贸易、边境贸易以及香港人民币资产的计价货币

资料来源:作者整理自 Gao 和 Yu(2009)、孟昊(2006)。

一、人民币在我国与邻国的贸易中大量使用,在周边国家大量流通

迄今为止,我国已与越南、蒙古、老挝、尼泊尔、俄罗斯、吉尔吉斯斯坦、朝鲜和哈萨克斯坦等八个国家的中央银行签署了有关边境贸易本币结算的协定。人民币在我国与邻国的贸易中大量使用,在不少国家的流通量也越来越大(见表3.2)。国家外汇管理局云南省分局的统计数字也显示,人民币在云南边境贸易中,已经成为普遍受欢迎的货币。2006年、2007年,云南省边贸人民币结算占比已经达到91%左右(高艳平,2009)。

表 3.2 人民币在我国与邻国贸易中的使用情况及在当地的流通状况

国家	人民币在贸易中的使用情况和在当地的流通状况
朝鲜	朝鲜出口贸易中的7.5%用人民币结算;据估计,人民币在朝鲜边境的流出额和流入额分别为3.07亿和3.2亿元左右;人民币在朝鲜被称为"第二美元"
蒙古	我国与蒙古的边贸结算只用人民币;2006年,中蒙边境人民币结算量为34.8亿元,占辖区边境贸易结算总量的46.29%;蒙古境内流通的货币50%是人民币,在与中国接壤的省区这一比例更高达80%—90%;据测算,我国每年流入蒙古的人民币约为13亿元,在蒙古的人民币存量约为8亿元
越南	人民币已成为中越贸易结算首选货币。2004年,人民币现金留在越南的达64亿元,约占境外人民币总滞留量的30%左右
缅甸	在缅甸边境地区,贸易结算基本使用人民币,有"小美元"之称;在缅甸北部掸邦第四特区首府小勐拉,人民币已取代缅币成为主要流通货币

第三章 人民币国际化的现状分析

(续表)

国家	人民币在贸易中的使用情况和在当地的流通状况
老挝	在老挝东北三省人民币可完全替代本币流通,甚至深入老挝腹地
柬埔寨	人民币广泛作为贸易结算货币并作为国家的储备货币之一

资料来源:作者整理自孟昊(2006)、高艳平(2009)。

二、跨境贸易人民币结算试点启动

2008年的金融危机全面爆发后,我国对外贸易面临严峻的挑战。在这种形势下,2008年12月,国务院常务会议决定对广东、长三角地区与港澳地区的货物贸易以及广西、云南与东盟的货物贸易进行人民币结算试点。2009年4月8日,国务院常务会议决定在上海、广州、深圳、珠海、东莞等五市首先进行跨境贸易人民币结算试点。2009年7月2日,中国人民银行、财政部、商务部、海关总署、国税总局、银监会联合发布《跨境贸易人民币结算试点管理办法》。首批参加跨境贸易人民币结算的试点企业有365家(上海92家、广州88家、深圳91家、珠海38家、东莞56家)。2010年3月6日,商务部宣布将扩大人民币跨境贸易结算试点范围。

三、人民币在金融资产领域发挥计价交易的职能

表3.3和表3.4显示,2004年至今,香港人民币存款余额在不断增长中,而且增长速度远高于同期的港币存款和外币存款(2006年除外)。这在一定程度上反映了留在香港的人民币在迅猛增长。

表3.3 香港金融机构人民币存款状况 (单位:百万元人民币)

时间	活期及储蓄存款	定期存款	总计
2004年	5 417	6 710	12 127
2005年	10 620	11 966	22 586
2006年	12 228	11 175	23 403
2007年	22 539	10 861	33 400
2008年	38 118	17 942	56 060
2009年	40 662	22 056	62 718
2010年1月	41 227	22 723	63 950

资料来源:香港金融管理局网站(http://www.info.gov.hk)。

表 3.4　香港各类货币存款增长情况　　　　　（单位:%）

时间	人民币存款	港币存款	外币存款	香港所有存款
2004 年	—	—	—	—
2005 年	86.2	5.7	4.8	5.2
2006 年	3.6	20.5	13	17
2007 年	42.7	19.7	27.6	23.4
2008 年	67.8	-1.3	8.3	3.3
2009 年	11.9	11.2	-0.6	5.3
2010 年 1 月	1.96	-1.1	-0.4	-0.8

资料来源:作者整理自香港金融管理局网站(http://www.info.gov.hk)。

目前,人民币国际债券市场取得了一定的发展,主要包括:内地在香港地区发行人民币国债和银行债;外资银行在内地银行间债券市场发行人民币债券;以及外资银行在香港地区发行人民币债券。见表 3.5。

表 3.5　人民币国际债券市场发展状况

时间	发行者	发行地	发行金额	期限	票面年利率	特点
2007.6—7	国家开发银行	香港	50 亿元	2 年	3%	在香港发行人民币债券的首家政策性银行
2007.8	中国进出口银行	香港	20 亿元	零售 2 年 机构 3 年	零售 3.05% 机构 3.2%	进出口银行首笔人民币债券
2007.9	中国银行	香港	30 亿元	零售 2 年 机构 3 年	零售 3.15% 机构 3.35%	在香港发行人民币债券的首家内地商业银行
2008.7	交通银行	香港	30 亿元	2 年	3.5%	—
2008.9	中国建设银行	香港	30 亿元	2 年	3.24%	—
2009.6	渣打银行(中国)	内地	35 亿元	—	—	宣布启动在内地银行间债券市场发行人民币债券的相关工作,成为在内地发行人民币债券的首家外资银行
2009.6	东亚银行(中国)	香港	10 亿元	2 年	2.8%	—
2009.8	汇丰银行(中国)	香港	10 亿元	2 年	2.6%	在香港发行人民币债券的首家港资银行

(续表)

时间	发行者	发行地	发行金额	期限	票面年利率	特点
2009.7	国家开发银行股份有限公司	香港	不低于10亿元	2年	2.45%	"国开行"改制后在香港发行的首支人民币债券
2009.9	中央政府	香港	60亿元	2年 3年 5年	2.25% 2.7% 3.3%	在香港发行的首支人民币国债

四、人民币国际化在政府层面的体现

除了贸易和金融领域外,人民币国际化在政府层面的体现主要是我国政府与若干国外政府签署了一系列本币互换协议。这种协议可分为两类:一类是在《清迈倡议》框架下与日本、韩国和菲律宾签署的本币互换协议;另一类是金融危机爆发后与韩国、马来西亚等六个国家和地区的货币当局签署的总额6500亿人民币的本币互换协议。见表3.6和表3.7。

表3.6 《清迈倡议》框架下中国签订的货币互换协议

签署国家(地区)	签署日期	单向/双向	互换货币	互换规模	备注
中国—泰国	2001.12	单向	美元/泰铢	20亿美元	2004.12到期
中国—日本	2002.3	双向	人民币/日元	60亿美元	2007.9续签
中国—韩国	2002.6	双向	人民币/韩元	20亿美元	—
中国—马来西亚	2002.10	单向	美元/林吉特	15亿美元	—
中国—菲律宾	2003.8	单向	人民币/比索	20亿美元	2007.8修订
中国—印度尼西亚	2003.12	单向	美元/印尼盾	10亿美元	2006.10签修订稿,互换规模扩大至40亿美元

资料来源:中国人民银行(http://www.pbc.gov.cn)、日本银行(http://www.boj.or.jp/en)。

表3.7 2008年金融危机以后中国签订的货币互换协议

签署国家(地区)	签署日期	互换规模	有效期	备注
中国—韩国	2008.12.12	1800亿人民币/38万亿韩元	3年	经双方同意可展期
中国—中国香港	2009.1.20	2000亿人民币/2270亿港元	3年	经双方同意可展期
中国—马来西亚	2009.2.8	800亿人民币/400亿林吉特	3年	经双方同意可展期
中国—白俄罗斯	2009.3.11	200亿人民币/8万亿白俄罗斯卢布	3年	经双方同意可展期
中国—印度尼西亚	2009.3.23	1000亿人民币/175万亿印尼卢比	3年	经双方同意可展期
中国—阿根廷	2009.4.2	700亿人民币/380亿阿根廷比索	3年	经双方同意可展期
总计	—	6500亿人民币	—	—

资料来源:中国人民银行(http://www.pbc.gov.cn)。

五、人民币国际化所处的阶段和特点

人民币刚刚越出国界,还处于周边化的阶段。在贸易计价结算领域,人民币主要在边境贸易、我国与周边一些小国的贸易以及跨境贸易人民币结算试点城市和企业中使用,规模很小,范围也很有限。在金融资产计价交易领域,主要是香港在开展人民币业务,但香港的人民币存贷款、人民币债券市场都还处于开始发育阶段,规模很小。在储备货币领域,人民币仅被周边少数几个小国接受为储备货币,还未被国际社会大规模接受。因此,从国际货币的层级来看,人民币还处于第五级国家货币向第四级货币的过渡阶段。[1]

如果冷静观察人民币国际化问题的话,不难发现,人民币国际化具有以下两个特点:

1. 人民币国际化实践色彩浓,而理论色彩淡。在美元主导、浮动汇率为主的牙买加体系下,一种货币如何顺利实现国际化,并没有成熟的理论支撑。欧元的诞生及其在国际货币体系中地位的不断上升,虽说一定程度上得益于最优货币区理论的指导,但在更大程度上是德国马克的成功实践直接影响的结果。而日元在外部压力下加速推进的国际化,则更缺乏理论的支撑,留下更多的也是失败的教训。目前,人民币国际化面临的国内国际环境,与欧元、日元又有很大的不同。因此,人民币要实现国际化,现成的理论无法提供充分的指导,依然是一个"摸着石头过河"的实践问题。

2. 人民币国际化前瞻色彩浓,而经验色彩淡。美元国际化的经验不可复制[2];马克、日元、欧元国际化的经验只能在一定程度上为人民币提供借鉴。而人民币国际化进程目前刚刚起步,经验很少。因此,人民币国际化下一步往哪里走,怎么走,很大程度上是一个前瞻性的试验性的问题,可供吸取的经验有限。

六、人民币国际化与资本账户开放

如前所述,资本账户开放是人民币国际化的先决条件之一,然而人民币国际化进程并不一定要在资本账户完全开放时才去推进,中国完全可以在适当的资本账户管制之下推进人民币的不完全国际化,从而获得国际化的部分收益。2009年初以来的中国贸易结算试点的运行就是在风险可控的前提下,将人民币作为贸易结算货币为企业节省了兑换成本,降低汇率风险,增加了本国商业银行的汇兑业务,提高金融机构的竞争力。而在人民币升值预期之下,人民币作为贸易结算货币也

---

[1] 国际化货币等级划分参见本书第一章关于国际货币体系现状的概括。
[2] 参见本书第二章关于国际化货币史的分析。

为贸易伙伴提供了一种避险选择。

（一）中国资本账户开放回顾

如表 3.8 所示,自从 1978 年改革开放以来,中国基本按照 IMF 制定的先经常账户、后资本账户,先长期资本、后短期资本,先直接投资、后证券投资的思路循序渐近地取消资本管制。而一定的资本管制也使中国金融体系在不完善的情况下免受国外投机资本的冲击,成功抵御 1997 年亚洲金融危机的冲击并在 2007 年一定程度上阻止了国外热钱的流入。然而,随着中国对外开放程度的提高,资本账户管制的成本也越来越高,管制效率越来越低。自从 2005 年以来,贸易和投资的双顺差导致外汇储备的巨额积累增长迅速(如图 3.1 所示),而为了避免货币供给的增长,央行采取发行票据、公开市场操作等措施来进行冲销,尽管很大程度上成功地抵御了外汇积累带来的通胀压力,但冲销操作不可持续,并且冲销成本也较高。据悉截至 2009 年 6 月末,中国外汇储备已经突破 2 万亿美元,创下历史高点,高额外汇储备随时面临价值缩水的风险,更为重要的是,外汇储备的积累大部分以持有美国政府债券的形式存在,使中国对美国依赖性严重。因此长期来看,放松资本管制、逐步实现汇率浮动以降低外汇储备压力是必然趋势。

表 3.8 中国资本管制的放松过程

阶段	基本思路及措施
1978—1997 年	经常账户开放以及资本账户部分开放;鼓励资本流入,限制资本外流;鼓励直接投资,限制间接投资 开放 FDI(1978);开放对外直接投资(1979);控制外债规模以限制债务资本流入;允许本国机构发行外币债券(1982);发行 B 股(1991);允许本国机构在国外发行股票(1993);开放经常项目下的汇兑限制(1996)
1998—2000 年	受亚洲金融危机影响,加强资本外流限制 引入进口电子偿付确认系统(1998);加强经常账户相关偿付的外汇购买文件证明要求(1998—2002);限制对外直接投资的外汇购买(1998—2001);限制外部债务偿付的外汇购买(1998—2001);打击非法资本外流
2001 年至今	加入 WTO,双顺差导致外汇储备高额积累;双向跨境资本流动机制逐渐形成 规范跨境兼并收购以及对外直接投资(2004);取消对外直接投资的汇兑限制(2007);引入 QFII(2003)以及 QDII(2005);允许国际机构在国内发行人民币计价债券(2004);允许内地机构在香港地区发行人民币计价债券(2005);放松国内机构对相应外国机构的外部借贷的管制(2004);加强外国资本对本国市场的投资(2006);引入进口电子偿付确认系统(2008)

资料来源:作者整理自 Guan 和 Tao (2008)。

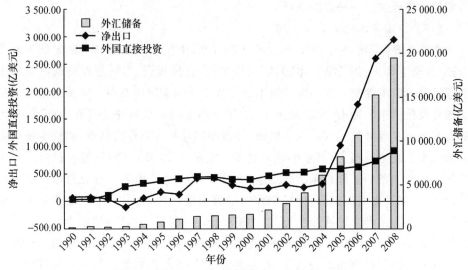

图 3.1　净出口、外国直接投资与中国外汇储备

数据来源：国家外汇管理局网站；国家统计局网站。

（二）当前资本账户开放度对人民币国际化的支撑

如表 3.9 所示，目前中国人民币兑换的开放程度其实并不低，真正不允许的只是货币市场和集体证券投资以及衍生品和其他金融工具等短期资本流动项目，而长期资本项目诸如股票市场、债券市场，直接投资等等均很大程度上实现了资本的双向流动。而股票、债券市场的资本跨国流动完全可以支撑一定程度的人民币国际化使用。另外，即使资本账户开放度还不能完全满足人民币成为国际货币的需要，但中国相比其他国家还有一个优势就是香港国际金融中心，在中国内地不能做的投资活动完全可以在香港进行试验，只要风险可控。比较有代表性的就是目前正在推进的人民币对外贸易结算。一方面，中国政府与贸易伙伴积极签订双边货币互换协议，为贸易结算提供条款性融资保障；另一方面，中国建立人民币结算试点，开展人民币结算清算业务，而香港人民币存款业务的开放和允许部分金融机构在香港发行人民币计价债券也为境外进出口商获得人民币资金提供了融资支持。

然而不得不提的是境外实体愿意持有人民币，最根本的是需要人民币具有投资价值和储藏价值。因此一个关键的问题是如何处理好境外人民币资金的回流机制，为境外人民币投资开拓渠道。目前来看，不外乎两种选择：一是通过 QFII 机制为境外人民币提供国内投资渠道；二是充分利用香港成熟稳健的金融体制，加快香港人民币离岸金融中心建设，完善香港人民币政府债券的发行，增加人民币政府债券的种类，提高金融市场的广度和深度，以满足储备资产的流动性要求，进一步地，可以考虑港股以人民币作价，以吸收境外人民币资金。

表 3.9　中国资本账户的开放情况

		流入	流出
股票市场	非居民	购买 B 股和有限制的购买 QFIIs	卖 B 股或汇出 QFIIs
	居民	在境外卖 B,H,N 和 S 股	QDIIs
债券和其他债务市场	非居民	QFIIs	在财政部、中国人民银行、国家开发银行和改革委员会的允许下,国际开发机构可获准发行人民币债券
	居民	在得到国家外汇管理局批准之前,盈余应该汇出	满足评级要求并得到保监会和国家外汇管理局允许的国内保险公司,证券公司和合格的国内银行可以购买外国债券
货币市场	非居民	QFIIs	不允许
	居民	一年期以下债券和获得外汇管理局批准的商业票据	授权实体(保险公司,债券公司和合格的国内银行)
集体投资证券	非居民	QFIIs 投资国内封闭式和开放式基金	不允许
	居民	提前需得到国务院以及外汇管理局的批准	只允许授权团体
衍生品和其他金融工具	非居民	不允许	不允许
	居民	执行前需复审资格,并限制开放式外汇头寸	符合保监会以风险对冲为目的的银行机构。没有得到地方金融业务机构核准的非金融机构,而是通过外国外汇管理局批准的金融机构
直接投资		自由的汇入汇款兑换成人民币	受国家外汇管理局审查的对外投资外汇资产

资料来源:作者整理自 Gao 和 Yu(2009)。

笔者认为,就第一种方式来看,尽管一定程度上可以吸收部分资金,但考虑中国尚不健全的金融体制,贸然放开会对国内金融市场产生冲击,因此 QFII 机制限额应该会持续存在,导致投资储备资产吸引力有限;相比之下,中国的"一国两制"政策使香港作为国际金融中心可以成为人民币国际化的试验田,好处有四:一是为境外人民币资金提供回流渠道;二是利用香港成熟健全的金融体制可以更好地处理人民币离岸业务;三是在香港和内地之间建立防火墙,控制跨境资本流动规模,可以在资本账户开放不大的情况下实现人民币的国际化部分使用,即在使内地市场免于投机冲击的情况下获得部分人民币国际化的收益;四是不必担心人民币国际化的收益外溢。Kenen(2009)提到美国在 1963 年出台的旨在限制资本外流的利息平衡税法案使美元债券的发行和交易都在伦敦而不是纽约进行,从而降低了美国金融机构的份额。类似地,欧元区成立后,欧元跨境业务大部分也在伦敦而不是在欧元区内的法兰克福。相比之下,"一国两制"政策下,香港本身就是中国的一部分,而不必担心收益外溢。在港经营人民币离岸业务可以使本国金融机构充分享受人民币国际化带来的好处。①

---

① 关于香港在人民币国际化中的作用,我们将在第八章专门讨论。

第四章

人民币国际化的成本与收益分析

本章导读

人民币国际化对中国有什么好处或者说我们为什么要推进人民币国际化,这个问题要从人民币国际化的成本收益去分析。对收益来说,本章从三个角度,即从本国企业、本国金融机构以及整个国家的战略角度来分析;对成本来说,本章强调成本的可能性以及具体到人民币的成本,说明只要做法得当,有些成本可以规避或者降低,从而提出人民币国际化真正要关注的成本。

第一节 货币国际化的收益

一般来说,货币国际化的收益主要体现在企业、金融机构和战略角度三个方面,下面我们将分别进行讨论。

一、企业

人民币国际化后,(1)进出口企业可以用人民币进行计价和结算,能够有效地降低汇率风险和减少利用外币结算带来的成本;(2)人民币国际化还意味着外国投资者会把人民币证券作为资产配置的一部分,增加了人民币资产的持有范围,提高了市场流动性,使得中国企业能够以更低的融资成本拥有更多的融资渠道,从而降低企业的资金成本,也就是解决了企业的货币错配问题;(3)同时,人民币国际化还有利于中国企业对外进行人民币投资,避免使用外币投资的流动性限制,更多地从经济全球化中获益。

对于企业来说,人民币国际化所带来的贸易结算收益是最直接也是最容易预期的方面,另外两个方面对人民币国际化的程度要求更高,同时因为要受到其他众多因素的影响而具有不可预测性,因此我们将主要讨论人民币国际化的贸易结算收益。

(一) 人民币国际化为进出口企业带来的贸易结算收益

在理论方面,货币国际化能使出口企业规避汇率风险,即如果一国出口以本币来结算,从而不必考虑由于使用外币而面临汇率贬值带来的风险,然而研究表明,货币国际化是否可以真正规避汇率风险还要取决于贸易双方的谈判力量(bargaining power)、贸易对象、商品种类、外汇市场的发展程度以及合同条款等因素。

在国际贸易当中,关于贸易币种的选择主要有以下几种现象:(1) 发达国家之间的贸易倾向于以出口商货币来定价,即 Grassman Law;(2) 产品差异化程度越高,产品生产时滞越长,越倾向于以出口商货币来定价;(3) 发达国家与不发达国家之间的贸易倾向于以发达国家货币来定价;(4) 大宗商品或者原油等同质产品一般由若干主要货币来定价。

对现象1的理论解释在于出口商具有先发优势或者垄断力量,因而在决定贸易结算比重选择时更具有谈判能力(bargaining power)(McKinnon, 1979; Viaene 和 Vries, 1992; Page, 1977)。对现象2, McKinnon (1979) 认为生产者出口商品时会综合考虑两种风险:汇率风险(currency risk)和需求不确定性(demand uncertainty),其中需求不确定性取决于市场的竞争程度。如果产品差异化较大,即出口企业具有垄断力量,从而面临的需求不确定性小,会更有动机来规避汇率风险。对现象3,由于发达国家拥有高等技术,生产的商品或服务一般为多样化产品,从而具有垄断力量,所面临的需求不确定性较小,而另一方面,发展中国家产品出口单一,面临竞争较大,需求不确定性大,从而出口的谈判力量较弱。最后,大宗商品或者原油等同质产品一般由若干主要货币来定价,定价货币的选择主要取决于货币发行国的经济体需求和供给规模,以及大宗商品市场的效率和流动性。McKinnon (1979) 认为这可以避免由不同货币定价同质产品而引起的套利机会。

以上分析表明一国出口企业并不一定获得贸易定价权,从而不一定得到规避风险的收益。而且,国际贸易中定价货币一方也并不一定真正可以规避汇率风险,就如税收负担可以转嫁一样,国际贸易的定价也由双方的谈判力量(bargaining power)决定,占主导力量的一方完全可以通过定价优势将通过外汇市场规避风险的成本转嫁到谈判力量弱的一方,而不管结算货币是哪一种。

此外,国际贸易的结算货币选择还往往牵涉到第三方货币,这主要与外汇市场的发展程度有关。Hans Genberg (2009) 提到双方贸易之所以用第三方货币作为媒介货币(vehicle money)在于交易成本的降低,即由于第三方货币存在更有效的外汇市场,从而使利用第三方货币结算的成本低于贸易双方任何一国货币的交易成本。因此,促进一国外汇交易市场的发展,降低外汇交易成本,可以促使本国贸易结算方式的转变,提高本币的在国际贸易中的运用。

最后,贸易偿付币种的偏好还与合同条款有关(Kenen, 2009)。如果签订合约时间与实际偿付时间的间隔较短,外汇波动风险可以通过远期合约轻易地对冲掉,或对冲成本较低,则出口商的本币偏好不明显,而一旦间隔时间较长,如订购产品,则对冲汇率风险的成本较高,从而使本币偏好明显。

自 2009 年以来,中国在珠三角等地建立贸易结算试点,以促进人民币在贸易结算中的使用,降低企业的汇率风险和汇兑成本,为金融机构增加结算清算业务,并为贸易伙伴提供偿付选择。对于人民币国际化能够带来的贸易结算收益,我们将在分析贸易结构与方式、贸易伙伴和大宗商品市场的基础上进行估算。

1. 贸易结构与方式

表 4.1 显示,从 1981 年到 2008 年,一般贸易比例呈现先降低后增加的走势,加工贸易则正好相反,90 年代达到最高比例,近年比例又有所下降,其他贸易比例则整体呈现上升趋势。从贸易方式来看,我国进出口中加工贸易仍然占有相当的比重,出口中加工贸易可以占到 50% 的水平,而加工贸易方式之下,产品多为加工装配或者协作生产,技术含量有限,主动权在委托生产一方,因此,人民币在加工贸易方式下定价权力取得比较困难。

表 4.1 按贸易方式分货物进出口比例

年份	一般贸易		加工贸易		其他贸易	
	出口	进口	出口	进口	出口	进口
1981—1985	0.92	0.90	0.08	0.09	0.00	0.01
1986—1990	0.66	0.63	0.32	0.27	0.02	0.10
1991—1995	0.50	0.36	0.48	0.40	0.03	0.24
1996—2000	0.42	0.36	0.56	0.45	0.03	0.19
2001—2005	0.41	0.44	0.55	0.40	0.03	0.16
2006—2008	0.45	0.46	0.50	0.37	0.05	0.17

数据来源:作者整理自国家统计局网站。

表 4.2 显示,出口商品中工业制成品占到 95% 的份额,而进口中初级产品在 2008 年达到 32%。可以看到,我国出口产品技术含量提高,有利于人民币在出口贸易中提高结算比例,而进口产品中初级产品的增加也有利于提升进口商的谈判力量,使用人民币进行计价和结算。

表 4.2 按产品性质分货物进出口比例

出口	2004	2005	2006	2007	2008
初级产品	0.07	0.06	0.05	0.05	0.05
工业制成品	0.93	0.94	0.95	0.95	0.95
进口	2004	2005	2006	2007	2008
初级产品	0.21	0.22	0.24	0.25	0.32
工业制成品	0.79	0.78	0.76	0.75	0.68

数据来源:作者整理自国家统计局网站。

由表 4.3 可以发现,2008 年出口商品主要为电器机械及设备、发电设备、钢铁、化工产品等,其中钢铁、化工产品、车辆、燃料等的出口增长都超过 20%;在进口商品中,原材料如矿物燃料和石油、矿石、铜及制品的比例则很高。

表 4.3　2008 年中国进出口前十大商品比较

2008 年十大出口商品			2008 年十大进口商品		
商品描述	交易量（10 亿美元）	变化(%)*	商品描述	交易量（10 亿美元）	变化(%)*
电气机械及设备	342	13.9	电气机械及设备	266.5	3.8
发电设备	268.6	17.5	矿物燃料和石油	169.1	61.1
服装	113	4	发电设备	138.9	11.8
钢铁	101.8	32.9	矿石,矿渣和粉煤灰	86.4	59.9
光学和医疗设备	43.4	17	光学和医疗设备	77.7	11.7
家具	42.8	19	塑料及制品	48.9	7.8
无机和有机化工产品	42.4	39.9	无机和有机化工产品	48.5	8.3
车辆(不包括铁路)	39.3	23.5	钢铁	35.1	12.9
玩具和游戏	32.7	20.6	车辆(不包括铁路)	26.9	21.7
矿物燃料和石油	31.6	52	铜及制品	26.1	-3.9

注:* 变化百分比基于 2007 年。
数据来源:中华人民共和国海关总署,中国海关统计。

总之,随着出口产品的多样化和技术含量的增加,出口商的谈判能力会进一步增强,有利于出口商使用人民币来规避风险,锁定利润①;在进口结构上,中国对原材料以及初级产品的需求进一步加大,增加了人民币参与这些商品市场定价的可能性。

2. 贸易伙伴分析

如上所述,中国贸易结构的变化为人民币贸易结算提供了一定的基础,出口产品的多样化和对大宗商品需求的增加会增加人民币结算的谈判能力,然而人民币要想在国际贸易中得到普遍使用,还取决于贸易双方国力的对比。

从贸易伙伴来看,出口伙伴中,美国、日本、德国等发达国家仍然是中国的主要出口方向,而从国家商务部了解到,2008 年欧盟为中国第一大出口地区,其次为美国和日本,根据发达国家和不发达国家之间贸易主要由发达国家一方货币作为结算货币的理论,中国目前很难在上述国家和地区利用人民币进行贸易结算。然而,也须看到中国与东南亚国家的贸易量也在日渐上升,2008 年东盟国家从中国的进

---

① 值得一提的是,中国对机械以及运输设备的出口很大一部分是加工贸易,即可能是对机械设备的组装,这当然会降低出口商的谈判能力,但限于数据缺失,尚未对此进行分析。

口额(2 311.2亿美元)仅次于日本(2 667.9亿美元),居中国出口伙伴第四位,而中国内地对其他邻近国家或地区如俄罗斯、韩国、中国香港地区、中国台湾地区等地的出口份额也处于前十的地位(见表4.4),这为人民币在这些国家或地区的使用增加了可能性。

表4.4 2008年中国内地进出口的前十大伙伴比较

排名	十大出口伙伴			十大进口伙伴		
	国家/地区	交易量(十亿美元)	变化(%)*	国家/地区	交易量(十亿美元)	变化(%)*
1	美国	333.7	10.5	日本	150.7	12.5
2	日本	266.8	13	韩国	112.2	8.1
3	中国香港地区	203.7	3.3	中国台湾地区	103.3	2.3
4	韩国	186.1	16.2	美国	81.4	17.4
5	中国台湾地区	129.2	3.8	德国	55.8	23
6	德国	115	22.2	澳大利亚	37.4	44.8
7	澳大利亚	59.7	36.1	马来西亚	32	11.8
8	俄罗斯	56.8	18	沙特阿拉伯	31	76.6
9	马来西亚	53.5	15.2	巴西	29.7	62.2
10	新加坡	52.4	10.5	泰国	25.6	13.2

注:* 变化百分比基于2007年。
数据来源:中华人民共和国海关总署,中国海关统计。

表4.5反映了中国与东南亚国家以及蒙古和韩国的贸易状况,在国力对比上,中国整体实力应当说已经强于这些国家,而紧密的贸易往来为人民币在周边国家使用提供了条件,也符合人民币国际化的战略。客观上讲,人民币国际化在国际市场上有所使用,不外乎三种战略:战略一,增加人民币资产的吸引力,以成为国外居民好的投资标的为突破口,进一步扩大使用规模;战略二,加大本国对外投资,增加人民币的使用规模和流动性,从而为他国所接受;战略三,类似于美国战后马歇尔计划以及20世纪80年代日本通过对东南亚国家贷款实现一定的本币海外使用,增加人民币海外贷款,以促进人民币国际化使用。对贸易逆差国,即对中国资本净输入的国家,适合采用战略一,如果解决好境外人民币投资渠道问题,可以实现人民币的境外使用增加。对贸易顺差国,适合采用战略二和战略三[①],通过加大对外投资以及人民币海外贷款使贸易方持有人民币,再以人民币购买中国产品,从而实现人民币贸易结算。

---

① 关于人民币国际化的战略问题,我们将在本书第五章人民币国际化路线图中详细展开。

表 4.5　中国与亚洲邻国的贸易顺差（2005—2009）　　（单位：亿美元）

	2005	2006	2007	2008	2009
蒙古	-2.22	-7.14	-6.64	-6.25	-2.81
韩国	5.82	7.65	8.09	12.72	12.95
东盟	-196.28	-182.12	-142.3	-28.32	-4.17
文莱	-1.55	-1.16	-1.29	0.41	-1.42
缅甸	6.61	9.55	13.15	13.31	16.15
柬埔寨	5.09	6.63	8.31	10.56	8.7
印尼	-0.86	-1.56	2.02	28.62	10.57
老挝	0.78	1.19	0.79	1.21	0.09
马来西亚	-94.89	-100.38	-110.17	-107.19	-126.99
菲律宾	-81.82	-119.36	-156.17	-104.24	-33.62
新加坡	1.16	55.16	121.15	121.65	122.7
泰国	-61.71	-81.98	-106.91	-100.42	-115.9
越南	30.93	49.79	86.84	107.79	115.54

数据来源：作者整理自商务部网站（http://wms.mofcom.gov.cn）。

3. 大宗商品市场分析

随着中国经济的快速增长，对大宗商品的需求量越来越大，除了前面提到的原材料需要进口外，中国也需大量进口其他商品，如初级农产品等。从表 4.6、表 4.7 中可以看到，中国的棉花、橡胶、大豆的进口量超过了美国，金属原材料铝、铜、铁矿石、铅、镍、锌的进口已居世界首位，且成为了仅次于美国的第二大石油进口国。

表 4.6　中美 2008 年初级产品进口额　　（单位：千美元）

	棉花	小麦	大米	玉米	橡胶	大豆
中国	3 493 144	7 330	183 398	12 452	7 373 228	21 824 172
美国	5 394	1 092 810	589 042	415 698	4 284 171	193 046

注：表中进口额均取实际进口额，实际进口额中美国的进口额中扣除美国的再出口份额，中国的进口额中加入中国的再进口份额。

数据来源：UN Data, Commodity Trade Statistics Database。

表 4.7　中美 2008 年矿石以及原油进口额　　（单位：千美元）

	铝矿石	铜矿石	铁矿石	铅矿石	镍矿石	锌矿石	原油
中国	1 653 227	10 416 010	59 284 054	1 669 511	2 097 079	1 157 088	159 062 790
美国	664 165	89 829	1 046 961	10	87	77 078	453 118 885

注：表中进口额均取实际进口额，实际进口额中美国的进口额中扣除美国的再出口份额，中国的进口额中加入中国的再进口份额。

数据来源：UN Data, Commodity Trade Statistics Database。

尽管中国目前对大宗商品的需求巨大,但由于中国没有大宗商品的定价权,不得不被动接受价格波动带来的损失,尤其是 2008 年金融危机发生以后,大宗商品价格波动异常剧烈(如图 4.1 所示),这对中国的大宗商品进口极为不利。

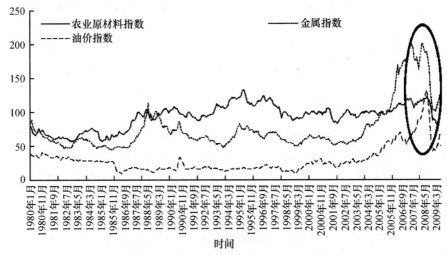

图 4.1　主要大宗商品的指数走势(月度)

数据来源:IMF(http://www.imf.org/external/data.htm)。

注:油价指数为 Oil: Dubai, medium, Fateh 32 API, fob Dubai。

要摆脱这种窘境,一是参股海外上游生产企业,取得大宗商品生产权和供给权,然而目前中国入股海外资源企业的路并不顺利,另外就是投资国际期货市场,规避风险,然而复杂的期权操作国内企业尚不能完全掌握。

由于大宗商品的定价与货币发行国大宗商品市场的效率和流动性密不可分,美国正是因为拥有全世界最具深度、最具流动性和最具效率的商品期货市场,才能吸引全世界的投资者参与用美元定价的大宗商品交易。反观中国,由于目前资本账户尚存在一定管制,国际买家和卖家并不能自由进入中国市场,这显然不能吸引投资者使用人民币定价大宗商品。因此大宗商品的定价一定程度上也是人民币国际化的一部分,长期来看,人民币要想取得大宗商品的定价权,必须逐步放松资本项目管制,取消境外投资者参与中国期货市场的限制,变局部性市场为全球市场。此外,大宗商品的绝对占优需求也为人民币国际化战略提供了新的可供选择思路,即人民币与一篮子商品挂钩。与商品挂钩后可以使央行对货币的干预降到最低,保证币值的稳定。更为重要的是,与商品挂钩,可以解决目前货币体系中不可兑换纸币(fiat money)的根本缺陷,即所谓的"特里芬难题"①。具体到人民币,可以成功

---

① 关于"特里芬难题"的争论,我们将在本章第二节成本部分介绍。

实现人民币浮动,并成为其他国家的稳定锚,实现国际化。然而,与一篮子商品挂钩是否具有可操作性仍要进一步讨论。

4. 人民币国际化带来的贸易结算收益

根据以上的分析,目前人民币贸易结算收益主要集中在与东南亚各国的国际贸易上,用人民币进行大宗商品定价尚有很长的路要走,因此,我们下面将主要基于中国与东南亚的进出口额估算人民币贸易结算的收益。需要说明的是,尽管现有理论都强调货币国际化能帮助出口企业规避汇率风险和节省汇兑成本,即降低外汇贬值风险和节省由外币兑换为人民币的成本,而实际上对进口企业来说,同样也可以节省由人民币兑换为外币的成本。

我们假设:(1) 中国与东南亚的进出口原来用第三方货币美元来结算;(2) 在进出口价格中不包含兑换成本的转嫁因素(即进口企业和相应出口企业的兑换成本均为买入价和卖出价价差的一半);(3) 除了兑换价差外不包含其他汇兑手续费用;(4) 签订合约与实际偿付时间间隔为 30 天;(5) 进出口企业并未使用远期外汇合约进行对冲风险的操作。

参照 CEIC 数据库 2007 年到 2009 年中国与东盟国家外贸数据,中国向东盟平均每年出口 104 923.7 百万美元,平均每年进口 110 571.6 百万美元,而 2007 年到 2009 年人民币相对美元平均每年升值 4.18%,汇兑成本参照目前的外汇牌价即 100 美元兑换为人民币损失 1.37 元人民币。对出口而言,节省成本为:104 923.7 × 4.18%/12 + 104 923.7 × 1.37/100 = 1 441.1 百万元人民币,而进口节省汇兑成本 110 571.6 × 1.37/100 = 1 514.8 百万元人民币。而根据 Emage Company 发布的报告,中国 2009 年有 7.9 万家进出口企业,则平均到每家企业可以节省 3.7 万元的汇兑成本和外汇风险成本。

(二) 人民币国际化为企业节省的融资成本

国际化货币的一项重要功能是价值存储,即其他国家的政府和私人会把本国证券作为一项金融资产,配置在官方储备或私人的资产组合中。随着外国对本国金融资产需求的增加,本国政府和私人部门不仅能够在国际市场上发行大量的证券进行融资,且融资成本会大幅降低。从图 4.2 可以看出,美国国际债券的发行量远超过日本和中国,而且这一差距在迅速扩大,虽然对日本债券的需求量与日本经济的衰退不无关系。同时,随着本国金融机构海外业务的拓展,本国金融机构将能更好地服务于本国企业,扩大本国企业的融资范围,降低融资成本,提高融资效率。此外,第三方国家对本国货币的使用也会扩大本币外汇交易市场规模,从而增加本币流动性,降低外汇交易成本,进一步促进对外贸易的发展。

另外,发展中国家的金融市场不完全,本国货币一般不能用于国际借贷,而本国的金融部门也不愿长期贷款,这就使得本国企业在融资时存在着两难:如果从外

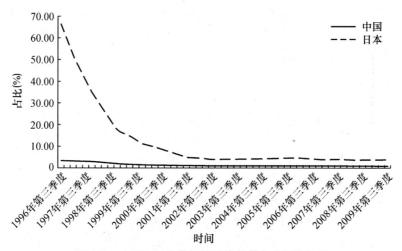

图4.2 中国和日本的国际债券数量占美国的比例
数据来源：JEDH（Joint BIS-IMF-OECD-WB External Debt Hub）database，World Bank website。

国借贷，就会出现货币不匹配问题，如果从国内借贷，则会出现"借短用长"的期限不匹配问题，这被称为"原罪"（Hausmann，Panizza 和 Stein，2000；Eichengreen 和 Hausmann，1999）。而一国货币国际化后，可以在国际债券市场上以本币进行融资，从而解决货币错配问题①。

对于中国来说，人民币国际化会扩大企业融资范围，降低融资成本。考虑到中国目前信贷结构扭曲，中小企业贷款难的问题，人民币国际化使企业有更多的融资选择，人民币资产流动性的增加和金融市场效率的提高使中小企业可以在国际市场上融资，有利于改善目前的信贷结构。

关于人民币国际化为企业节省的融资成本，以 2009 年 8 月金融机构的贷款总额 407 487.07 亿元为例，假设利率整体下降 0.01%，企业将少付近 41 亿元的融资成本；同时，假设中国国际债券的数量从 2009 年第一季度占美国国际债券的 0.43% 增加到目前日本的水平 3.61%，中国政府和企业可新增融资 1 600 亿美元（目前中国国际债券仅 218.4 亿美元），这将大大降低企业的融资门槛，对中国经济发展将有不可估量的推动作用。

（三）人民币国际化帮助企业"走出去"所带来的收益

在人民币实现国际化后，中国企业可以用人民币到海外投资，实现企业的"走出去"战略，融入经济全球化。首先，鉴于中国对原材料、初级农产品等大宗商品需求的不断上升，企业可以用更有吸引力的价格对相关资源企业进行兼并和收购，或

---

① 在货币非国际化下，一般通过外汇远期合约或者货币互换合约来规避汇率风险，然而并没有一个具有充分流动性的远期合约或者货币互换市场（Hans Genberg，2009），因此此种方式的效力有限。

者以更低的资金成本在资源丰富的国家投资建厂,而不必考虑用外币投资时的汇率风险。其次,中国企业可以通过对外投资开拓国际市场,而国际化的人民币会因为其稳定的币值,增加企业投资对外国的吸引力。

二、金融机构

人民币国际化的直接结果是本国金融机构业务范围的扩大,金融机构的利润会因此增加;其次,金融机构在海外的竞争力也将因为范围经济的存在和央行作为最后贷款人提供流动性保护而提高;同时,人民币海外需求增加也会促进金融工具的创新以及人民币衍生品市场的发展;最后,人民币国际化有利于加速上海国际金融中心市场的建设,推动香港作为人民币离岸金融中心的发展,促进中国金融市场的自由化。

(一) 人民币国际化将扩大金融机构业务范围

本币的国际化需求会为本国金融机构提供更多本币的海外业务机会,同时本国金融机构的本币计价资产或者负债可以不必考虑汇率风险,因此对经营本币业务具有相对优势;而金融机构业务的拓展和进一步导致利润的增加也会降低本国企业融资成本,并且扩大本国企业可选择融资的范围(Kenen,2009)。Chinn 和 Frankel (2005)提到由于本国金融机构对本国货币的业务相比外国银行具有比较优势[①],从而使本国金融机构的本币海外业务拓展成为现实。

人民币国际化后,银行将为进出口企业进行人民币贸易提供结算服务,为境外进口商提供人民币融资支持,在扩大商业银行业务范围的同时,还可以增加本国金融机构的海外业务。例如,美国商业银行的国外分支机构每年能带来超过200亿美元的利息收入,从图4.3中可以看出,1984年它曾达到国内机构贷款利息收入的23%,之后随着国内贷款的增加,这一比例有所下降,近年来稳定在10%左右。

(二) 人民币国际化能提升金融机构的国际竞争力

货币国际化在给本国银行带来新业务的同时,由于范围经济的存在,还能提高本国商业银行的国际竞争力;同时由于金融机构不同业务间的互补性,可以提高金融机构的经营效率,进而提高整个金融市场的广度和深度,增加人民币资产的流动性。另一方面,货币国际化后,本国央行作为金融机构的最后贷款人,可以提供流动性保护,降低本国金融机构的外汇风险,从而在一定程度上增加本国商业银行在国际市场上的本币业务竞争力。设想一国商业银行在国际市场上经营信贷业务,若本国货币在国际市场上没有被广泛使用,本国银行则只能经营外币业务,而本国央行并不能提供外币流动性,势必使本国商业银行面临外币流动性风险,从而降低本国商业银行在国际市场上的竞争力。但如果本国货币实现了国际化,本国央行

---

① 我们认为本国金融机构经营本币海外业务至少有两方面的优势:一是不必考虑汇率风险;二是本国央行可以提供最后贷款人救助(lender of last resort)。

图 4.3　美国银行国外分支机构的贷款利息收入占国内分支机构的贷款利息收入的比例
数据来源：美国联邦存款保险公司(http://www.fdic.gov)。

便能为商业银行提供最后贷款人的保护。目前，中国商业银行在海外的业务有限，截至 2008 年底，5 家大型商业银行在境外共有 78 家一级经营性机构，另外还收购或参股 5 家境外机构，但这些机构主要是为在国外的中国人提供金融服务，规模化效应不明显；反观美国，截至 2008 年底，共有 16 家美国商业银行在境外建立了 624 家支行、640 个办事处，年度净收入高达 2.2 亿美元。在人民币国际化后，银行可以提供多种服务，从而能更好地分散风险，且有了央行的流动性保护，中国银行在世界上将更有竞争力。

其次，人民币国际化能够减少商业银行面临的汇率风险。目前，由于我国商业银行的外币资产普遍大于外币负债，人民币升值在给商业银行带来交易风险的同时，还会带来会计报表折算风险。如表 4.8 所示，以四大国有商业银行为例，这两种风险高达数十亿之巨。

表 4.8　四大国有商业银行所面临的汇率风险　　（单位：亿元人民币）

	美元敞口		汇兑损益		外币报表折算差额	
	2007 年 12 月末	2008 年 6 月末	2007 年 上半年	2008 年 上半年	2007 年 12 月末	2008 年 6 月末
中行	5 631	4 884	-100.85	-75.34	-89.05	-134.98
工行	3 420	2 587	-28.19	-28.32	-10.89	-39.04
建行	2 943	1 848	-35.68	7.59	-9.18	-20.07
交行	—	—	5.31	-3.26	-5.61	-9.38

资料来源：连平，周昆平(2009)。

（三）人民币国际化会促进金融工具的创新以及人民币衍生品市场的发展

随着一国货币在国际贸易中的应用，境外进出口商将需要远期、利率互换等衍生工具进行风险对冲操作，从而促进相关金融工具的推出和衍生品市场的发展。如美元外汇衍生品占所有币种总额的80%以上，其公开发行面值在2008年高达42万亿美元。

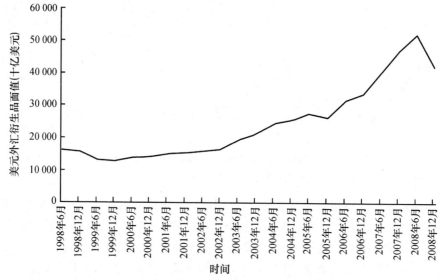

图 4.4　OTC 市场公开发行的美元外汇衍生品面值
数据来源：国际清算银行（BIS）。

目前，由于人民币资本账户的不可兑换性，人民币衍生品的交易量很少。随着人民币的国际化，首先是与中国有贸易关系的企业需要人民币衍生品进行对冲操作，其次境外金融机构也需要交易人民币衍生品来保证借贷币种的匹配，最后随着人民币衍生品交易成本的降低，专门从事衍生品交易的投资者也将参与交易，从而使人民币衍生品市场达到一定的深度和广度。另一方面，根据前面的分析，人民币要想参与大宗商品定价，就必须有充分广度和深度的商品期货期权市场的支撑，而这则会随着人民币国际化的发展而成为可能。

（四）人民币国际化将推动香港离岸金融中心的建设，促进中国经济融入金融全球化的浪潮

如上所述，货币国际化使外汇市场、本国金融机构、本国金融市场的效率都得以提升，而本币资产的国外需求也会推动离岸金融中心的建设，与国际金融市场进一步接轨，从而促进本国与世界经济金融的融合，而经济一体化、金融全球化又进一步促进本国贸易、金融市场的发展。

人民币使用规模的增加、人民币衍生产品的发展以及市场流动性的增加拓展

了中国金融市场的广度和深度,从而能更好地参与国际竞争,融入金融全球化的浪潮;香港作为国际金融中心,在满足人民币的海外需求方面具有得天独厚的优势,人民币的国际化必将促进香港人民币离岸金融市场的建设,使之成为人民币离岸金融中心[①]。

三、战略角度

从战略角度看,首先,人民币国际化能够带来通常意义上的铸币税收益;其次,人民币国际化可以缓解外汇储备积累的压力,避免储备资产的缩水风险,减少对大国经济体(主要是美国)的依赖;最主要的是,人民币可以通过取得大宗商品市场的定价权获得广义上的铸币税收益[②];最后,人民币国际化可以提升中国国际地位,增加中国在国际社会的发言权。

(一)人民币国际化能带来的铸币税收益(seigniorage revenue)

劳伦斯·H. 怀特(2004)认为铸币税是政府从发行货币中获得的净收入或者利润,它等于发行出来的货币的交换价值与制造和维护货币流通的成本之间的差额。铸币税的含义在于通过货币的赤字化,政府可以免费获得一笔收入用于扩大财政支出(汪洋,2005)。货币国际化后,一方面,他国中央银行持有本币作为外汇储备,即相当于本国可以获得一笔低息贷款;另一方面,本国政府可以在国际债务市场上发行本币计价债券,增加本国货币的国外持有,这都会增加本国的国际铸币税收益。

然而,国际铸币税收益的大小对不同的经济体是不同的,Kenen(2009)认为铸币税收益对于美国、欧盟等本国(或货币联盟)的货币广泛在国际市场上应用的国家,铸币税收益是比较大的。以美国为例,截至1999年,国外流通美元占流通美元总数的60%,1998年年中的流通美元为4 410亿美元,国外持有为2 650亿美元,将该数字乘以政府债券利率,美国的国际铸币税收益大约为130亿美元(Economic Report of the President, 1999)。

具体到人民币国际化的铸币税收益,笔者认为单纯以货币发行的量化来估计铸币税收益意义不大,原因在于相对中国的庞大经济而言,货币发行带来的铸币收益显得微不足道。关键须从战略角度考虑,如果人民币国际化可以使中国获得世界主要商品市场的定价权,中国就可以利用人民币在世界范围内购买资源,而避开美元流动性的限制。

(二)人民币国际化能避免外汇储备损失,减少对大国经济体的依赖

一国的货币国际化可以使本国政府在国际市场上发行本币计价债券以融资,

---

① 关于香港对人民币国际化的促进作用分析,我们会在本书第五章、第八章人民币国际化策略部分详细展开。

② 正如 Gao 和 Yu(2009)提到,国际铸币税收益只能算作人民币国际化的次要目标,而不能作为主要目的。本文认为单纯估计人民币国际化带来的铸币税收益似乎意义不大,关键是从战略角度取得大宗商品定价权,用人民币来获取资源。

从而扩大为贸易逆差进行融资的范围,而不必消耗本国外汇储备;另一方面,货币的国际化也使本国居民可以投资于海外,缓解贸易顺差导致的外汇储备压力。

我们可以用贸易投资恒等式描述如下:

$$NX = NetCapoutflow = Foreiserve + OtherCapoutflow$$

其中 NX 代表净出口,NetCapoutflow 代表资本净流出,进一步地,我们将资本净流出分为外汇储备(Foreiserve)和其他资本净流出两部分(OtherCapoutflow)。[①]

当一国经常账户逆差时,货币的国际化可以部分地为经常账户逆差进行融资,而不必消耗本国外汇储备,降低本币贬值、外币升值而导致的外汇储备损失;当经常账户顺差时,货币的国际化使本国货币可以投资海外,从而部分地降低外汇储备的积累,降低本币升值、外币贬值而导致的外汇储备损失。

中国外汇储备一直呈现逐年上升的趋势,截至 2008 年,全球外汇储备 67 130 亿美元,中国持有的外汇储备约 19 000 亿美元,占全球外汇储备的 28.3%。考虑中国的巨额外汇储备积累,人民币国际化可以减少外汇储备积累,降低外汇储备缩水风险。自 2005 年 7 月人民币汇率改革至今,人民币对美元升值的幅度超过了 16%。如果假设在目前 6.8 元人民币兑一美元的基础上,人民币对美元再升值 1%,则以人民币计价的中国外汇储备将缩水近 1 300 亿。

更为重要的是,从战略角度考虑,目前的外汇储备大多以美国政府债券的方式持有,这使得中美之间处于微妙的博弈状态。在本次全球金融危机中表现得尤其明显,如果美国经济持续低迷,则中国外汇储备随时会缩水,而目前中国短期内找不到其他可供选择的更好投资,或者说目前持有美元债券是最优的选择;此外,即使中国有其他更好的投资选择,也不敢贸然分散自己的外汇储备资产,因为中国对美元债券的大规模减持会使美国经济进一步恶化,而这势必对中国的出口造成不利的影响,进一步恶化中国的经济,因此一定程度上中国依赖于美国经济的复苏。这种情形正如二战后英国经济已经衰退而英镑仍然持续保持其国际地位一样,一方面,持有英镑资产的国家(主要为英国殖民地国家)没有其他更好的投资选择,另一方面这些国家也不愿看到减持英镑资产而进一步恶化英国的经济,因为英国的衰退必然使这些依赖向英国出口的国家自身的经济衰退。而解决这种依赖的方式就是不断改善中国的经济结构,通过人民币国际化使中国可以不必过多地积累美国政府债券,从而降低中国对美国政府的依赖,增加中国在国际社会上的主动权。

(三)人民币国际化通过参与大宗商品定价可以带来广义的铸币税收益

由于目前大宗商品是以美元计价的,可以发现大宗商品的价格与美元汇率的

---

① 亦有文献认为资本净流出专指这里的 OtherCapoutflow,而将外汇储备作为调节项目。只是定义区别,不影响分析。

走势有直接关系。以石油为例,从图 4.5 和图 4.6 可以看出,石油价格与美元指数之间存在明显的负向关系,这意味着美国可以通过通货膨胀将购买大宗商品的成本转嫁给其他国家。

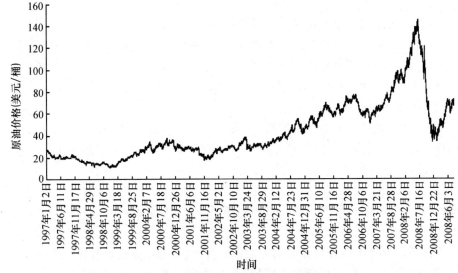

图 4.5　纽约商品交易所原油价格走势

注:石油价格是指纽约商品交易所轻质低硫原油合约价格。
数据来源:美国能源部能源信息管理署(http://www.eia.doe.gov)。

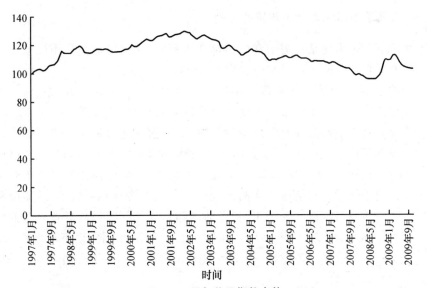

图 4.6　历年美元指数走势

数据来源:美联储网站(http://www.federalreserve.gov/econresdata)。

从上面的分析中可以看出,中国正在超越美国成为最大的能源使用国,且在原材料、初级农产品等大宗商品的进口中占据越来越主要的地位。如果人民币可以取得大宗商品市场的定价权,从而能够在世界范围内用人民币购买资源,避免美元的流动性限制,将能带来巨大的铸币税收益。

(四) 人民币国际化可以提升中国的国际地位

货币的国际化,尤其是他国对本国货币官方持有的增加会使本国在国际上的影响力增加。例如,二战后美国通过以"怀特计划"为基础的布雷顿森林体系,确立了以美元为中心的国际货币体系,进一步促进了美国的国际霸权,而英镑的国际地位则与本国政治军事地位一起衰落。

因此,人民币成为他国储备货币,人民币政府债券成为他国的储备资产,在一定程度上会使他国依赖中国经济,进而可以提升中国国际地位,增加中国在国际社会的发言权。

第二节 货币国际化的成本

人民币国际化会引发货币需求和汇率的波动,对金融系统的稳定性产生冲击;作为国际化货币,人民币可能面临"特里芬难题"[①],即行使国际化货币责任与维护本国经济利益之间的矛盾;同时,人民币国际化还意味着中国国际责任负担的增加。

一、人民币国际化对货币政策的影响

本币的国际需求使货币需求和供给都变得复杂,从而可能使货币政策操作与政策目标有所偏差。Kenen(2009)提到货币国际化增加了居民和非居民持有本币计价资产的范围,从而在一定程度上限制了本国中央银行通过公开市场操作来进行货币操作的能力。对于货币国际化对货币政策的影响,还需强调以下几点:(1) 相比资本流动对货币政策独立性造成的影响,货币国际化对货币政策的影响是次要因素。根据蒙代尔不可能三角,资本流动、货币政策独立和汇率稳定三者之间只能取其二,所以随着资本流动,如果一国保持汇率浮动,可以保持一国货币政策独立性。(2) 货币国际化对货币政策的影响还与一国经济体规模有关,像美国和欧盟等国内政府债券市场巨大的国家,货币的国际化导致的货币政策效力降低的效应相对较小(Kenen,2009;Christian,2009)。(3) 从国际化货币历史来看,20 世纪 70 年代,日本货币当局考虑到日元国际化可能降低日本货币当局对日元货币供

---

① 对于"特里芬难题"是否成立,以往文献并无定论,亦无经济学理论对其进行完美解释,因此,本文慎用该提法,称之为可能。

给的控制力以及日元国际化可能增加本国汇率波动,从而不鼓励日元的国际化(Tavlas 和 Ozeki,1992);而德国在 20 世纪 60 年代和 80 年代,也有类似的担忧(Tavlas,1991;Tavlas,1996);从欧洲中央银行的态度来看,对欧元国际化也基本保持中立的态度,例如欧洲央行明确提出欧元国际化并不是央行的政策目标(ECB,2001,2002)。

本国货币的国际化增加了本币计价资产持有的范围,增加了资本流动和汇率的波动。例如,20 世纪 60 年代的日本和 70 年代的德国,都曾不同程度的担心本国货币的国际化导致资本流入,从而使本币升值压力加大,降低本国产品的竞争力(Chinn 和 Frankel,2005),甚至过度的资本流入导致币值高估,利率下降,资产泡沫;而在经济不景气时期,一旦投资者形成普遍预期,导致"羊群效应",资本的加速外流会使本币急剧贬值,使本国市场陷入萧条(Kenen,2009)。

但正如许多文献(Yung 和 Shin,2009;Genberg,2009)指出的,货币政策的独立性降低、汇率的波动等更应该是资本账户开放的结果,相比而言,货币国际化只能算是次要的影响因素。而也有文献指出,货币国际化扩大了外汇市场的交易规模,多样化的需求使汇率不易被单一交易所影响,促进了外汇市场的供求稳定(Genberg,2009)。

现实中,货币国际化导致的货币总量的波动并没有人们想象中的那么大。以德国马克为例,根据 Seitz(1997)的估计,有 30%—40% 的马克是在国外流通的。图 4.7 是对在国外流通马克总量的具体估算,在 20 世纪 70 年代中期之前,在国外流通的马克总量可以忽略不计,而之后则迅速增加,这与马克国际化的发展过程相吻合。但根据 Seitz 的分析,由于货币占 M3 的比例较低(约 12%),通常情况下,马克在国外流通并不影响货币政策的钉住目标,只有当国外持有的马克有很大波动时才产生问题。相反,马克在国外流通增强了商业银行与央行之间的联系,使得利率政策更有影响力,同时,马克在国外流通还带来了铸币税收益,增加了德国央行的利润。对于人民币来说,与货币总量相比,在境外流通的货币相对可以忽略不计,因此其无法对货币政策产生实质性的影响。例如,2003 年时任中国人民银行副行长、国家外汇管理局局长的郭树清表示,境外流通的人民币估计已超过 300 亿元,而当时的货币总量 M1 则接近 20 万亿元。

相对地,实现人民币国际化会减缓当前货币政策面临的挑战。根据 McKinnon 和 Schnabl(2009)的分析,作为一个不成熟的债权国,中国由于不能用本币借款给外国人来为经常项目盈余融资,本国银行面临着由外币资产多于外币负债引起的货币错配问题。于是,伴随着经常项目盈余的是资本项目的顺差,外汇储备由此急剧增加。为了保持币值稳定,央行不得不进行大规模的外汇冲销干预操作,由于央行是外汇市场的主要参与者,图 4.8 中迅速增加的外汇市场交易量显示了央行外

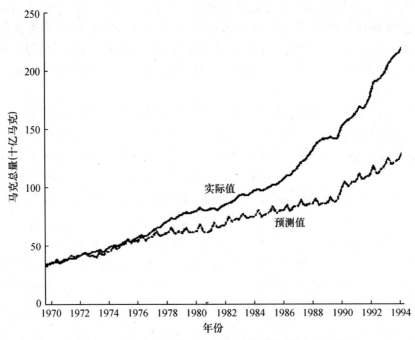

图 4.7　实际流通中的马克总量与模型预测的马克总量

注：实际马克总量（actual values）与预测马克总量（predicted values）之间的差值即为对在国外流通的马克总量的估算。

资料来源：Seitz（1997）。

汇冲销干预的力度不断增加。尽管如此，随着 2005 年中国开始汇率制度的改革，对人民币单边升值的预期导致了热钱的大量涌入，通货膨胀率仍然在不断上升（见图 4.9），人民币面临的通货膨胀压力依然很大。同时，随着中国外汇储备的增加，人民币还面临着升值压力。由于单一货币政策很难同时实现保持通货膨胀率较低和缓解升值压力的双重目标，中国的货币政策面临很大的挑战，而实现人民币国际化则能够减缓这些挑战。人民币国际化首先允许本国银行向外国发行本币计价的贷款，解决商业银行的货币错配问题；其次，人民币国际化意味着外国政府和居民可以购买人民币资产，从而有利于最终解决人民币资本项目顺差的问题；另外，人民币实现国际化后币值会相对稳定，在没有升值预期的情况下可以避免热钱的大量涌入。这些都会导致外汇储备的逐渐减少，进而减少货币政策所面临的通货膨胀和升值压力。

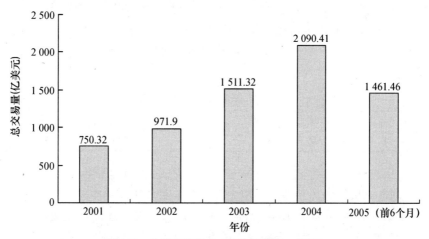

图4.8 外汇市场的总交易量(2001—2005)
数据来源:中国人民银行网站。

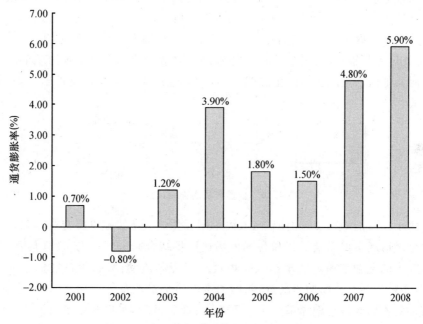

图4.9 中国历年通货膨胀率(2001—2008)
数据来源:国家统计局网站。

二、人民币国际化会冲击金融系统的稳定性

从上面的分析可以看出,货币国际化在使本国融入全球经济的同时,也使本国

金融体系更多地暴露在全球金融风险下。这种风险在 2008 年全球金融危机中体现得尤其明显。我们以本币在国际债券市场上的使用来说明。在一国货币国际化之下,根据发行主体和发行市场的不同将本币计价债券分为一个 2×2 矩阵①,如表 4.9 所示:

表 4.9　国际债券的四种类型

1. 本国居民在国内市场上发行债券	2. 外国居民在国内市场上发行债券
3. 本国居民在国际市场上发行债券	4. 外国居民在国际市场上发行债券

货币国际化前,只有情形 1,随着资本账户的开放,可能导致情形 2 和情形 3 的出现,而随着本国金融体系的进一步完善和资本账户的进一步开放,最终使本国货币可以被第三方使用,即情形 4。情形 3 和情形 4 对应着欧洲美元债券市场,而欧洲美元债券市场促进了离岸金融中心的发展。情形 2 则对应着诸如"扬基债券"、"武士债券"、"熊猫债券"等外国机构在本土发行的债券形式。

在金融危机之下,如果本国金融机构出现问题,可以通过坏账的方式逃脱本国的国外债务(情形 3),该种方式不会对国内金融市场产生冲击,仅仅损害了本国金融机构的对外融资信誉;然而在情形 2 下,一旦外国发行机构不能偿还对本币债务,即使债务是很小的,也极易产生连锁反应,损害相应债务持有者的现金流,并进一步对其他国内金融机构产生影响,导致国内金融市场受到严重冲击(如图 4.10 所示)。

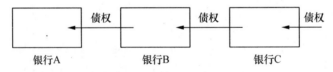

图 4.10　金融危机的连锁反应机制

为了尽可能地减少这类成本,人民币国际化的战略实施更要与资本账户开放、国内金融市场发展以及汇率和利率市场化稳步结合起来。首先,只有具有充分广度和深度的金融市场才能承担人民币资产的跨国流动,吸收投机性资本冲击;其次,资本账户的开放要循序渐进,与国内金融市场的改革保持同步,以防止资本跨国流动对本国经济金融体系产生严重冲击;最后,资本账户开放要与汇率、利率市场化保持一致。长期来看,人民币国际化的前提是人民币基本保持币值稳定并且自由浮动,这种说法看似矛盾,却具有合理之处。首先只有具有稳定坚挺币值的货币才能使第三方愿意持有,如果一国汇率波动剧烈,则该国货币计价资产价值必然

---

① 更为精确的分类方法是将发行目标也作为考虑因素。不失代表性,本文假设发行目标与发行市场一致,即在国际市场上发行债券的发行目标是国际投资者,在本国发行债券的发行目标是本国投资者。

波动剧烈,不符合货币具有储藏价值的要求。日本20世纪80年代日元过早自由浮动也使本国推进日元国际化的政策得不到本国企业的积极响应,原因就在于日元的剧烈波动不能为本国居民提供规避汇率风险的收益。其次,该国汇率要自由浮动。因为在当今汇率制度下,一国的汇率如果是固定的,必然是钉住某一种货币,即把他国货币作为名义锚,这必然使本币不具有国际市场上的计价和交易功能,从而也不为他国所持有。就人民币而言,现在仍然很大程度上钉住美元,因此一定程度上也限制了人民币为他国所持有。然而,由于中国持续双顺差的存在,人民币具有升值压力,如果贸然放开,必然使人民币汇率剧烈波动,对国内金融体系冲击较大。

三、人民币国际化可能面临"特里芬难题"

"特里芬难题"(Triffin Dilemma),即一国货币国际化后,成为他国的储备货币,使得对本国投资增加,从而使本国资本净流入,导致本国贸易逆差,而贸易逆差导致本币面临贬值压力,这与国际化货币保持币值稳定与坚挺的前提条件相矛盾。该观点主要来自于对布雷顿森林体系崩溃的分析(参见 Eichengreen 和 Frankel,1996),然而,对于"特里芬难题"是否成立尚无一致结论,亦尚无理论模型对"特里芬难题"进行解释,因此"货币的国际化使该国面临'特里芬难题'"这一观点尚待商榷。进一步地,即使"特里芬难题"存在,但在今后的很长一段时间内,人民币不可能达到权重货币的地位,因此我们认为目前也不需要考虑"特里芬难题"对人民币国际化的影响。

四、人民币国际化会带来国际责任负担

货币国际化还使一国当局可能面临责任负担(burden of responsibility),即考虑本国货币政策在国际市场上的效应,而不仅仅是考虑对国内目标的影响。这种国际责任负担在一定程度上解释了经济体对货币国际化的中立态度。例如欧洲中央银行明确提出不促进或者阻挠欧元的国际化运用,其货币政策目标是欧盟内部经济稳定(ECB,2001,2002)。

进一步,纵观以往国际化货币的历史,似乎也没有国家从国际责任出发考虑本国的行为,本质上都是从本国利益出发来考虑问题。例如20世纪90年代末期拉丁美洲国家的美元化现象,美国财政官员 Lawrence Summers 提到"拉丁美洲国家的美元化一定程度上扩展了美国在拉丁美洲的影响力,使美国可以从美元化国家经济增长中受益"(Summers,1999)。而美国财政大臣 Rubin 认为美元化应该以"三不"为前提,即:不将美元化经济体作为美国货币政策的考虑因素,不对美元化经济体进行银行监管,不对美元化经济体进行联邦贴现窗口指导(Rubin,1999)。而2008年的全

球金融危机更说明国际责任是一纸空谈:正是美国对本国的经济刺激政策导致了全球的流动性泛滥[①]。

表 4.10 简要小结

	短期	中期	长期
企业	人民币贸易结算,降低汇率风险和汇兑成本	降低企业融资成本,解决货币错配问题	企业走出去,融入经济全球化
金融机构	增加人民币海外业务,提高金融机构利润	本国金融机构竞争力增加,市场流动性增加,央行为金融机构提供最后贷款人保护;促进人民币衍生品市场发展	增加金融市场的广度和深度,促进上海国际金融中心和香港离岸金融中心发展,融入金融自由化
战略角度		取得大宗商品市场定价权,降低外汇储备压力,减少大国经济依赖	在世界范围内用人民币购买资源,成为储备货币,提升中国国际地位
可能的成本	增加本币海外需求,热钱冲击	资本流动,汇率波动,货币政策的操作变得复杂	对金融稳定性产生冲击,可能的"特里芬难题",国际责任负担
相应支持	海外人民币回流机制,防止热钱冲击	资本账户进一步开放,金融体系改革,利率、汇率市场化,经济结构转变,法律、制度环境建设	人民币完全可兑换,上海国际金融中心,香港离岸金融中心,汇率自由浮动,独立货币政策

综合以上的分析,在企业方面,人民币国际化不仅能够为进出口企业节省外汇交易成本和规避外汇风险,更重要的是能降低国内企业的融资成本,特别是解决中小企业融资难的问题,且能帮助企业实现"走出去"的发展战略;在金融机构方面,我们主要分析了对商业银行的影响,主要体现在银行业务范围的扩大和国际竞争力的提升,而更主要的则是能够促进中国金融工具的创新和衍生品市场的发展,推动香港发展成为人民币的离岸金融中心,有利于中国融入全球金融的自由化;从战略角度来看,人民币国际化在带来铸币税的同时,能够避免中国外汇储备的损失,减少对美国等大国经济体的依赖,实现人民币在大宗商品定价上的话语权,更好地保障中国经济的快速发展,提高中国的国际地位。

在成本方面,如果实施得当,人民币国际化不但不会对货币政策产生影响,反而会有助于解决当前货币政策所面临的困境;此外,可能的"特里芬难题"和国际化责任的负担是每一种国际货币都必须面临的问题,不足以作为决定人民币是

---

① 亦有观点认为长远来看,任何有利于美国快速走出低迷泥沼的政策措施对世界经济都是有益的,参见黄益平(2009)。然而本书旨在说明经济大国的措施并没有考虑本国的国际责任问题,与上述观点并不冲突。

否进行国际化的权衡因素,因此真正需要考虑的成本只有人民币国际化可能对金融体系稳定产生的冲击,而这可以在人民币实现国际化的路径选择时加以考虑。

综上,我们的结论是:稳步推进人民币国际化,并且做好相应的支持工作,就可以实现人民币国际化利远远大于弊。

第五章

人民币国际化的路线图[*]

本章导读

上一章主要对人民币国际化予以成本收益分析,得到了其对中国经济发展利大于弊的结论。本章在此基础上予以拓展,分析成本收益的动态性、阶段性特征,并联系其他利益体,分析人民币国际化对其他国家和地区的影响,最后我们提出人民币国际化的切实可行的路线图。

通过成本收益分析我们论证了推进人民币国际化的"要不要"的问题,进一步,成本收益分析更要在具体的中国经济改革的大环境下去讨论。具体而言,收益的取得与风险的避免在人民币国际化的不同阶段可能不同,这需要在不同的阶段采取相应的措施,我们姑且将人民币国际化的成本收益在不同的国际化阶段而不同称之为成本收益的动态性。在分析成本收益的动态性之前,首要解决的问题是人民币国际化的路线问题,即如何实现人民币国际化,因为不同的路线所决定的成本收益和相应支持不尽相同。

此外,需要站在不同的角度来进行成本收益分析。迄今为止,我们一直是站在中国的角度来考虑这个问题。当与人民币国际化的战略推进结合起来时,就要求我们须从潜在使用国家的角度来考虑成本收益问题。必须看到,对于我国而言的某些收益,对于别国而言可能是风险或成本。比如,人民币国际化在有利于我国企业规避汇率风险的同时,也把风险转嫁给了国外的企业。而对于我国而言的某些成本或风险,对于别国而言可能是收益。比如人民币升值可能损害我国出口企业的竞争力,但同时也给其他不少发展中国家劳动密集型产品的出口创造了机会。

总之,当把成本收益与人民币国际化路线结合起来考虑时,一方面须从不同的角度来考虑成本收益,另一方面须考虑成本收益的动态性问题。

关于一国货币国际化的路线问题,通常认为大体要经历结算货币、投资货币、

---

[*] 本章内容在本书成稿时处于《国际金融研究》审稿中。经作者同意,有修改。

储备货币这三个阶段,然而货币国际化是货币职能在国际市场上的实现,需要各个职能的相互促进和支撑。贸易结算职能的实现需要金融机构提供融资支持,在这一过程中即实现了货币的投资职能,而贸易结算职能和投资职能的实现也需要相应经济体持有该货币的储备资产以免外汇的剧烈波动,而且由于经济体的理性预期的存在,甚至会将一种货币提前纳入储备资产范围,为贸易结算以及投资职能的实现做准备。就目前的人民币国际化现状来看,也没有看到人民币结算、人民币投资、人民币储备的先后顺序,因此人民币这三个职能的国际化更可能是同时实现,并且由于三个职能之间范围经济的存在,会相互促进,共同提升人民币的国际化使用。

另外一种观点就是区域化货币到亚洲货币再到世界货币的三步走模式,这种说法有其合理性,即人民币国际化的推进可以按照不同国家和地区进行,然而却不尽合理,譬如在亚洲,由于中日两国国力的差异以及日元作为国际化货币的惰性的存在,人民币要想实现在与日本的贸易投资中的使用在很长一段时间应当是不可能的。另外,在当今国际货币体系下,美元占据统治地位,人民币是否可以走到世界货币的地位,尚值得商榷,就现在而言,谈世界货币有好高骛远之嫌。①

本章尝试从中国对外贸易的角度出发,结合不同国家国力的对比,提出人民币国际化十年的路线图,并在此基础上对不同阶段的成本收益以及制度支持提出建议。不得不提的是,人民币国际化很大程度上是一个实践性的、前瞻性的课题,可供借鉴的理论和经验不多。因此,目前人民币国际化的路线图设计,也只能是初步的,需要根据操作中面临的新问题而不断做出动态的调整。

第一节 人民币国际化的定位应该是实现在东亚、东南亚和上合组织的区域化

考虑已经国际化货币的惰性和当今国际货币体系中美元的统治地位,人民币短期不可能达到权重货币地位②,因此,中短期内,人民币"分一杯羹",成为区域化货币是务实之策。如前所述,与东南亚国家的紧密贸易关系和国家实力的对比使人民币在这些国家的使用成为可能③,表5.1进一步反映了中国内地与亚洲各次区域国家和地区的贸易关系。

---

① 关于人民币国际化的定位分析,参见本书第一篇国际化货币史的分析。
② 参见本书第一篇国际化货币史的分析。
③ 参见本章第三节。

表 5.1 2008 年亚洲各次区域国家和地区的总贸易情况及其与中国内地的贸易情况

	贸易额 （百万美元）	与中国内地贸易额 （百万美元）	与中国内地贸易额/ 本国贸易额（%）	与中国内地贸易额/ 中国内地贸易额（%）
中亚与西亚	—	—	—	1.4
阿富汗	3 565.0	155	4.35	0.006
亚美尼亚	5 480.8	80.68	1.47	0.003
阿塞拜疆	38 161.0	800.97	2.1	0.031
哈萨克斯坦	109 072.6	17 550.14	16.1	0.685
巴基斯坦	53 331.0	6 981	13.1	0.273
塔吉克斯坦	4 682.0	1 499.91	32	0.059
乌兹别克斯坦	19 077.0	8 660.86	45.4	0.338
东亚	—	—	—	27.2
日本	1 547 741.4	266 785	17.2	10.41
韩国	857 282.1	186 113	21.7	7.265
蒙古	5 779.0	2 437	42.2	0.095
朝鲜	2 589.4	2 108	81.4	0.082
中国香港地区	751 199.7	203 666	27.1	7.951
中国台湾地区	493 749.4	36 212	7.33	1.414
南亚	—	—	—	2.3
孟加拉国	35 740.0	4 680	13.1	0.183
不丹	1 140.0	0.08	0.01	3E-06
印度	476 363.7	51 781	10.9	2.021
马尔代夫	1 718.0	32	1.86	0.001
尼泊尔	4 112.6	381	9.26	0.015
斯里兰卡	22 135.7	1 682	7.6	0.066
东南亚	—	—	—	9.1
文莱	11 917.0	102	0.86	0.004
柬埔寨	11 241.9	1 133	10.1	0.044
印度尼西亚	266 264.5	31 522	11.8	1.231
老挝	2 388.0	415	17.4	0.016
马来西亚	355 265.4	53 469	15.1	2.087
缅甸	11 249.0	2 626	23.3	0.103
菲律宾	109 496.0	28 580	26.1	1.116
新加坡	655 651.4	52 435	8	2.047
泰国	354 141.9	41 252	11.6	1.61
越南	143 399.0	19 465	13.6	0.76

注：表中对亚洲次区域的划分按照亚洲开发银行的统计标准进行。其中，吉尔吉斯斯坦因商务部的统计数字与联合国、亚洲开发银行的统计数字相差太大，所以舍去。

资料来源：作者整理自联合国网站（http://www.un.org/en/databases）、亚洲开发银行网站（http://www.adb.org）、商务部网站（http://wms.mofcom.gov.cn）。

从表 5.1 可以看出：

1. 按照与中国内地贸易关系的紧密程度从高到低排序,依次是东亚、东南亚、南亚和西亚;

2. 整体来看,东亚各国和地区、东南亚大部分国家以及上海合作组织诸成员国对中国内地的贸易依赖性比较大,而南亚各国对中国内地的贸易依赖性要相对小得多。

综合与中国内地贸易关系的紧密程度以及对中国内地的贸易依赖性这两方面,可以初步确定,东亚、东南亚和上海合作组织成员国应是人民币区域化的主要次区域目标,南亚地区可推后考虑。

货币国际化背后是国家综合国力的较量。其中,经济实力起着最基础、最重要的作用。一般而言,经济实力强的国家的货币容易为经济实力较弱的国家所接受,而反之则比较困难。表 5.2 反映了 2008 年中国内地与人民币主要次区域目标诸国和地区人均 GDP 的对比情况。

表 5.2　中国内地与人民币主要次区域目标人均 GDP 情况

年份	国家（地区）	购买力平价下的人均国民收入（美元）
2008	塔吉克斯坦	362.7
2008	缅甸	578.3
2007	朝鲜	617.5
2008	柬埔寨	768.6
2008	老挝	858.4
2008	吉尔吉斯斯坦	934.4
2008	乌兹别克斯坦	945.6
2008	越南	1 041
2008	菲律宾	1 866
2008	蒙古	1 991
2008	印度尼西亚	2 247
2008	中国内地	3 292
2008	泰国	4 187
2008	马来西亚	8 197
2008	哈萨克斯坦	8 535
2008	韩国	19 296
2008	日本	38 578
2008	新加坡	39 423
2008	中国香港地区	30 872
2008	中国台湾地区	17 067

资料来源:作者整理自联合国网站(http://www.un.org/en/databases)、亚洲开发银行网站(http://www.adb.org)。

按照经济实力的对比情况,结合人民币主要次区域目标内各国和地区与中国内地的地缘政治关系、人民币在这些国家的使用情况以及中国内地经济发展的前景预期,可将人民币的主要次区域目标进一步分解为三个层次,见图5.1。

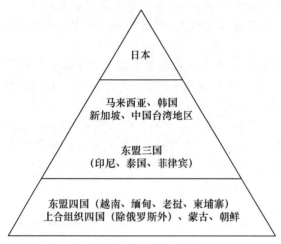

图5.1 人民币主要次区域目标的进一步分析

一、人民币区域化的短期目标(3年左右),应是在我国与东盟四国(越南、缅甸、老挝、柬埔寨)、上合组织四国(除俄罗斯外)、蒙古以及朝鲜的经贸往来中,使人民币成为主导货币。

除哈萨克斯坦外,这些国家基本都属于低收入国家(世界银行,2009),经济实力明显弱于我国;对外贸易规模都比较小,对我国的贸易依赖程度都比较高。因此人民币被这些国家接受相对比较容易。这些国家除老挝外都是我国的邻国,人民币如能扩大在这些国家的使用和流通,对于我国的地缘政治战略具有重大的意义。这些国家与我国的外交关系正面因素居多,且人民币在东盟四国以及蒙古和朝鲜已经有了比较好的使用和流通的基础,进一步推进相对比较容易。因此,这些国家应该成为我国短期内(3年左右)推进人民币区域化的主要目标。

二、人民币区域化短期到中期的目标(3—5年),应是巩固人民币区域化在第一阶段的成果,使人民币成为上述各国的储备货币之一;同时,扩大人民币在我国与印尼、泰国和菲律宾的经贸往来中的使用。

东盟三国即印尼、泰国和菲律宾,都曾实施出口导向战略获得过经济的高增长,现在仍然是东盟内部经济、贸易的主力军。较之越南、缅甸、老挝和柬埔寨四国,这三国与我国经济实力的差距要小得多;特别是泰国,人均GDP还超过了我国。同时,这些国家对我国经济实力的增强疑虑相对多一些。比如,出于对我国产品冲击的担忧,2010年2月,印尼向我国正式提出申请,要求重新进行中国—东盟自由贸易区中有关印尼的谈判,并延期执行零关税的协定①。因此,短期内这三国大规模接受人民币的难度比较大。不过,随着我国经济实力的进一步提高,随着中国—东盟自由贸易的展开,随着人民币在越南等东盟四国使用规模的扩大,这三国在短期到中期(3—5年)可以成为推进人民币区域化的主要目标。

三、人民币区域化的中期目标(5—10年),应是使人民币成为我国与上述各国的主要贸易结算货币、区域内人民币金融资产的计价交易货币以及上述各国的重要外汇储备货币之一,初步形成货币网络效应。在此基础上扩大人民币在马来西亚、韩国、新加坡和中国台湾地区与中国内地经贸往来中的运用。

从表5.2可以看出,中国内地与马来西亚、韩国、新加坡和中国台湾地区的人均GDP差距还较大。单从经济实力看,人民币在短期到中期为这些国家和地区所接受并不容易。不过,如果中国内地经济能够保持目前的增长速度,与东盟的贸易关系进一步紧密,与中国台湾地区的经济、政治关系不断改善,那么在中期人民币在内地与这些国家和地区的贸易、金融往来中占据一定的地位不是不可能的。因此,在未来5—10年,可以考虑将这四个国家(地区)作为人民币区域化的主要目标。

四、人民币区域化的长期目标(10年以上),是与日元合作,共同主导亚洲区域货币合作的方向。

日元在亚洲地区的地位早已打下基础,而日本也在积极谋求充当亚洲地区货币合作的领导者。因此,日元是人民币区域化的主要竞争对手。不过,我国可以考虑在中期内使人民币成为仅次于日元的区域化货币;而在中期到长期,与日本合作共同主导亚洲货币合作的方向。要看到,我国要绕过日元实现区域化,在东亚、东南亚成为主导货币是不现实的;而对于日本而言,如果不接受人民币不断壮大的现实、不与我国合作,而想谋求在亚洲货币区的领导地位,也是不现实的。

第二节　实现人民币区域化短期目标的相关问题分析

表5.3显示,我国对东盟四国(柬埔寨、缅甸、老挝、越南)、上合组织中的哈萨克斯坦、吉尔吉斯斯坦、塔吉克斯坦以及朝鲜的贸易一直处于顺差的地位;与乌兹别克斯坦间的贸易在2007年、2008年转为顺差;而与蒙古的贸易一直为逆差。表5.4亦反映类似情况。

---

① 中国—东盟自由贸易区网站 www.cafta.org.cn。

表 5.3　中国与亚洲若干国家 2005—2009 年贸易差额情况　（单位:亿美元）

	2005	2006	2007	2008	2009
东亚					
蒙古	-2.22	-7.14	-6.64	-6.25	-2.81
朝鲜	5.82	7.65	8.09	12.72	12.95
东盟	-196.28	-182.12	-142.30	-28.32	-4.17
文莱	-1.55	-1.16	-1.29	0.41	-1.42
缅甸	6.61	9.55	13.15	13.31	16.15
柬埔寨	5.09	6.63	8.31	10.56	8.70
印尼	-0.86	-1.56	2.02	28.62	10.57
老挝	0.78	1.19	0.79	1.21	0.09
马来西亚	-94.89	-100.38	-110.17	-107.19	-126.99
菲律宾	-81.82	-119.36	-156.17	-104.24	-33.62
新加坡	1.16	55.16	121.15	121.65	122.70
泰国	-61.71	-81.98	-106.91	-100.42	-115.90
越南	30.93	49.79	86.84	107.79	115.54
上合组织成员国					
哈萨克斯坦	9.915	11.4	10.2	20.9	—
吉尔吉斯斯坦	7.621	20	35.5	90.9	—
乌兹别克斯坦	-2.2	-1.6	4.03	12.4	—
塔吉克斯坦	1.295	2.9	5.03	14.6	—

资料来源:商务部网站(http://wms.mofcom.gov.cn)。

表 5.4　东盟十国 2008 年贸易差额情况　（单位:亿美元）

	东盟外贸易差额	与中国贸易差额
文莱	52.5	-0.41
缅甸	7	-13.31
柬埔寨	12.3	-10.56
印尼	216	-28.62
老挝	-2.1	-1.21
马来西亚	345	107.19
菲律宾	-3.9	104.24
新加坡	-210	-121.65
泰国	-122	100.42
越南	-83	-107.79

资料来源:东盟网站。

一般认为,我国与别国贸易为逆差,是我国向别国输出人民币、实现人民币国际化的有利条件。但笔者以为,我国同人民币区域化短期次区域目标诸国的贸易处于顺差地位,却恰恰有利于我国在这些国家推进人民币的使用:

1. 对于泰国和菲律宾而言,与东盟外贸易处于整体逆差状态,这需要这些国家举借外债融资,或消耗外汇储备。对中国的贸易顺差是这些国家外汇储备的重要来源。如果与中国的贸易改为人民币结算,那么这些国家的美元、欧元或日元收入将大大减少。这将导致他们不得不进一步举借外债或消耗外汇储备。因此,这些国家应该不愿意放弃通过与中国的贸易顺差而获得美元、欧元或日元收入的机会。而对于柬埔寨、缅甸、老挝、越南等与我国贸易处于逆差地位的国家而言,情况正好相反。由于对中国贸易为逆差,因此如果与中国的贸易能够改为人民币结算,则可以减少本国的外汇消耗,增加本国的外汇储备,从而增强本国从其他国家的进口能力。同时,与中国的贸易改为人民币结算,则相互之间不再受制于美元或日元,对于贸易和投资的扩大会起到促进作用。

2. 我国从东盟四国主要进口农产品和矿产品,属于初级产品;而向这些国家出口的多是工业制成品,产品容易差异化。一国出口产品差异程度的提高对于使用本币作为贸易结算货币具有明显的促进作用(Kamps,2006)。

3. 东盟四国、上合组织四国以及蒙古和朝鲜,对我国贸易的依赖程度要远高于我国对这些国家的依赖程度。表5.1显示,与这些国家的贸易额在我国总贸易额中的比重都不到1%;而这些国家与我国的贸易额在本国贸易中所占的比重,最低的柬埔寨也有10.1%,最高的朝鲜达到81.4%。因此,我国在谈判时相对具有优势。

4. 人民币在柬埔寨、缅甸、老挝、越南、朝鲜等国家的使用程度已较高,进一步扩大使用的基础比较好。

一、人民币区域化在这一阶段的收益和成本分析

(一) 宏观层面

宏观层面的收益包括:(1) 政治上可进一步促进我国与这些国家的友好关系,对于我国边疆的稳定、地缘政治环境的改善,具有重要的战略意义。(2) 我国从上合组织成员国以及东盟国家大量进口石油、天然气、矿产品、塑料橡胶及制品等能源和原材料,使用人民币作为结算货币,将提升我国对这些能源和原材料的进口能力,缓解国内能源、原材料的紧张状况。

这一阶段,宏观层面的风险相对较少:(1) 由于我国与这些国家大都处于顺差地位,因此改用人民币结算后,我国会损失一部分从这些国家得到的美元顺差。但较之我国每年庞大的贸易顺差而言,这部分损失是很少的。2008年,我国与朝鲜、东盟四国以及上合组织四国的顺差共284.39亿美元,占同年我国总贸易顺差的比重为9.6%。(2)由于我国与这些国家处于顺差地位,因此流入这些国家的人民币通过贸易渠道就可以实现回流,不会在这些国家形成大规模的累积,从而对我国的资本项目开放、国内金融市场开放不会形成很大的压力,对我国的货币政策有效性也不会构成实质性冲击,从而为我国稳步推进金融改革留出了时间和空间。

（二）企业

企业部门的收益包括:(1)对于我国与这些国家的进出口企业而言,可以规避汇率风险,降低汇兑成本;(2)使用人民币作为结算货币,将推动我国企业"走出去",扩大在这些国家的直接投资。目前,我国企业要到越南、缅甸等国家投资,需要先将人民币换成美元,再将美元换成当地货币;产品在当地销售,拿到的是当地货币,先要换成美元,再汇回国内换成人民币。这样,一方面,我国企业面临双重的汇率风险;另一方面,受这些国家美元储备有限的制约,拿当地货币换取美元成本很高,比较困难。而如果用人民币作为结算和投资货币,这些问题将不复存在。

（三）金融部门

金融部门的收益包括:(1)扩大银行对海外企业的贸易贷款,增加银行的收入;(2)对海外企业的贷款,需要对风险进行更加严格的鉴别与控制,从而提高银行的风险管理能力;(3)人民币跨境贸易,需要国内银行与国外银行合作进行跨行清算,从而提高国内银行处理人民币跨境贸易业务的熟练度,为将来人民币进一步区域化做好准备。

不过,金融部门也面临着可能产生海外不良贷款的风险。

（四）贸易对象

对于东盟四国等国家而言,扩大人民币的使用规模和范围:(1)可以减少在与中国贸易往来中的美元消耗,保持这些国家从其他国家扩大进口的能力;(2)可以扩大与中国的贸易往来,从中国进口更多紧缺的商品与物资;(3)可以吸引更多中国企业到当地投资,改善当地的产业结构,改善劳动力的就业状况。

二、人民币境外供给和回流的渠道

由于我国与这些国家大都处于顺差地位,因此不能通过贸易渠道形成对这些国家的人民币供给,可考虑通过以下渠道进行:

（一）签订双边本币互换协定。2008年全球金融危机爆发后,我国同六个国家和地区的货币当局签署了总额6 500亿人民币的双边本币互换协定,主要目的就是为对方提供短期流动性支持,促进双边贸易和投资的发展。可考虑与东盟四国等国家采用本币互换协定的方式,单向供给人民币,向对手国家的银行系统中注入人民币流动性。

（二）允许我国银行对这些国家中比较有信誉的国有银行拆放人民币资金,增强对手国家银行发放人民币贸易贷款的能力。

（三）扩大我国银行对这些国家贸易商的买方或卖方信贷。

（四）鼓励我国企业扩大对这些国家的直接投资。

表5.5反映,我国对东盟的直接投资流入目前远远少于日本,也逊色于韩国。下一步,可首先在政府层面达成协议,允许中国投资者使用人民币直接兑换当地货币投资;尔后进一步实施我国企业的走出去战略,特别鼓励企业使用人民币到这些地方进行投资。

表5.5 2006—2008年东盟FDI流入前十位来源 （单位:%）

	2006	2007	2008	2006—2008
欧盟	19.4	26.4	21.9	22.9
东盟	13.8	13.5	18.2	15.1
日本	18.6	12.0	12.1	14.0
美国	6.2	9.1	5.1	6.9
开曼群岛	6.4	1.1	4.3	3.7
其他中南美洲地区	6.8	3.0	1.6	3.7
百慕大	2.4	4.0	3.6	3.4
韩国	2.3	4.3	2.4	3.1
中国内地	1.8	2.3	1.8	2.0
中国香港地区	2.3	2.4	0.9	1.9

资料来源:东盟网站。

三、扩大香港地区人民币债券发行规模,启动国债二级市场的建设

在人民币区域化的第一阶段,一方面,我国同东盟四国等国家的贸易额并不大;另一方面,由于我国处于顺差地位,因此可通过贸易渠道实现人民币回流,因此对香港建设人民币资产市场的需求并不很紧迫。不过,在这一阶段,仍要加快香港人民币资产市场的建设,以为下一步人民币扩大区域化规模做好准备。

目前,我国中央政府、商业银行和政策性银行在港发行的人民币债券只有不到300亿人民币;而到2010年1月,香港银行系统的人民币存款已达639亿元。可考虑进一步扩大香港人民币债券的发行规模,鼓励更多的主体,特别是中小企业,到香港人民币债券市场融资。这样,一方面扩大国内企业的融资渠道,降低融资成本;另一方面,为目前滞留香港地区及其他国家和地区的人民币提供更广泛的投资渠道。同时可以逐渐弥补香港债券市场规模不足的弱点,对于巩固香港国际金融中心地位有着长远的战略意义(纪敏和管圣义,2008)。

在扩大香港人民币债券发行规模的同时,可以考虑启动国债二级市场的建设,增加人民币债券市场的深度和流动性,提高人民币国债在香港市场的吸引力,也有利于以后降低国债融资成本。

第三节 实现人民币区域化中期目标的相关问题分析

在人民币区域化实现中期目标前,我国面临的国内外环境可能会发生一些比较深刻的变化:

1. 我国比较优势将发生变化,发展模式将做出调整,对外贸易战略将重新定位。改革开放三十年来,我国依托低劳动力成本、低资源成本、低环境成本、低社会保障建立起比较优势,通过出口导向与进口替代相结合的发展战略,大力引进外商直接投资,建立起了相对强大的出口部门,使得净出口成为拉动我国经济增长的最强大动力。但目前来看,我国低成本的竞争优势正日益弱化;提高居民的消费水平,实现消费、投资和出口协调拉动经济增长,促进经济的可持续发展,正日益成为紧迫的任务;我国对外贸易战略面临深刻调整(国家发改委对外经济研究所课题组,2009)。如果这种战略调整成功,那么在人民币区域化的第一阶段,我国出口产品的质量将得到较大提高,出口谈判能力将得到增强;东亚区内贸易将成为我国贸易的重要组成部分;招商引资将改为招商选资,而我国"走出去"对外直接投资的步伐将加快,东盟自由贸易区以及其他亚洲国家将成为我国"走出去"的重点对象;进口将增加,进口对于提升居民的消费水平、促进国民经济发展的作用将提高。

2. 国际环境将发生较为显著的变化。国际金融危机的爆发和迅速蔓延,再一次暴露了经济、金融全球化和监管不力下的过度金融创新带来的系统性风险。可以预计,在未来几年,以美国为首的发达国家的金融监管会更为严格和审慎,发达国家在全球的金融扩张速度会减缓;而同时,欧洲、亚洲以及其他地域的区域化进程将加快,区域合作的力度将增强,以增强对全球化的区隔效应,分散全球化的系统性风险。这种环境,对于我国增强与亚洲国家的经济、经贸合作,是一个有利的环境。

3. 经过第一阶段人民币国际化的进程,人民币在我国与若干周边国家的贸易中应该占据主要结算货币的地位;香港人民币债券市场的广度和深度应该大大扩展;周边及亚洲地区对人民币的信心会日益上升。

一、这一阶段人民币区域化的主要渠道

日本在上世纪80年代中期进入日元快速升值渠道的同时,也加大了日元国际化的力度。日本外汇审议局于1985年发表了《关于日元的国际化》等一系列的官

方文件或协议,正式推进日元的国际化进程(菊地悠二,2002)。而日元国际化的主要目标区域也在亚洲,主要途径是通过对外投资实现的。

从表5.6可看出,1985—1990年,日本对东盟的贸易逆差不断下降,最后转为顺差;对韩国、中国台湾地区一直是顺差;对中国内地由顺差转为逆差。而同期,日本对外净投资额一直为正,且除1988年和1990年对外净投资增长速度出现小幅下降外,其余各年都是以惊人的速度增长。这一时期也是日元国际化迅速推进的时期。1990年,在日本出、进口额中,按日元结算的比重各为37.5%和14.5%,分别比1980年提高了8.1和12.1个百分点;1989年4月,在全世界外汇交易中,日元的比重为13.5%,与德国马克持平,仅次于美国的45.0%,高于英镑的7.5%和瑞士法郎的5.0%;在世界各国的外汇储备中,日元的比重为8.0%,虽然仍大大低于美国的50.6%,也低于德国马克的16.8%,但却超过了英镑3.0%的1倍以上。

表5.6 1985—1990年日本对外贸易和投资情况 (单位:百万日元)

	对东盟贸易差额	对韩国贸易差额	对中国内地贸易差额	对中国台湾地区贸易差额	对外净直接投资	对外直接净投资增长
1985	-2 092 825	716 329	1 438 786	393 923	265 684	—
1986	-753 012	874 500	700 672	525 508	510 785	92.3%
1987	-564 912	751 382	122 830	630 694	1 120 571	119.4%
1988	-115 826	462 857	-50 283	719 045	1 040 130	-7.2%
1989	19 914	492 775	-369 564	891 225	1 467 700	41.1%
1990	502 332	828 422	-846 348	1 002 943	1 221 600	-16.8%

资料来源:日本统计局。

日本国际化虽有明显的失败教训,但这一时期的成功经验也不容忽视。那就是:货币国际化不一定要通过当前美国的模式实现,即通过贸易逆差输出货币,再通过资本账户顺差实现货币回流。日本创造了在贸易顺差的条件下,通过对外投资实现日元国际化的另一种模式,这种模式值得我国在人民币区域化中期借鉴。

二、这一阶段人民币区域化的收益与风险

在这一阶段,人民币区域化对宏观经济、企业、金融部门和居民的收益结构,与第一阶段基本相似;但对于这一阶段人民币区域化带来的风险,特别是可能给宏观经济带来的风险,则必须重视起来。这些风险,基本源于对日本当年教训的总结:

(一)人民币币值坚挺,对于人民币区域化有着强大的支撑作用。但如果人民币过快升值,则会带来巨大的风险。日元自1985年《广场协议》签署后快速升值,1986、1987、1988三年,日元兑美元连续升值27.2%、18.4%和15.9%。1990年,日元兑美元汇率为1美元/150日元,较之1985年的1美元/254日元升值41%。日元快速升值,在推动日元走出去的同时,也引来了预期日元将进一步升值的大批国际游资。同时,日元升值过快,也为日后日元剧烈贬值和汇率动荡不定埋下了祸种,成为日元后来在国际化方面出现停滞和倒退的重要原因。

(二)随着我国传统比较优势的削弱,我国出口部门的快速扩张将受到抑制;而人民币国际化带来的人民币价值的上升,将进一步削弱我国的出口竞争力。在这种情况下,要谨防出现日本当年的政策失误。日本在《广场协议》签署后日元快速升值的情况下,担心出口产业竞争力遭到削弱,经济增长受到抑制,于是采取了十分宽松的货币政策,释放了大量日元流动性。而大量日元流动性释放的结果,是日本的股票市场、房地产市场出现了巨大的泡沫,为日后日本经济陷入萧条埋下了伏笔(菊地悠二,2002)。

(三)日本对外投资步伐的加快,除了对外直接投资外,加大对亚洲各国的银行信贷力度也是重要措施之一,包括提供大量的低利率政府援助贷款,以及通过日本的银行海外分支机构发放大量日元贷款。而对于亚洲国家的银行而言,借入大量日元短期贷款产生了"双重错配"问题,即银行资产与负债在期限上和币种上同时出现错配。这种双重错配,给亚洲许多国家的银行带来了巨大的风险。这些风险在亚洲金融危机期间暴露无遗(沈联涛,2009)。

(四)人民币区域化扩大,使我国维护人民币币值稳定的责任加大。这种责任在出现国际金融危机期间体现得尤为突出。日本在亚洲金融危机期间放任日元贬值的做法,导致亚洲国家对日元失去了信任。2008年全球金融危机期间,美国采取量化宽松的货币政策,也导致世界各国对美元价值的信心产生了动摇。但在危机期间,宽松的货币政策却恰恰是刺激国内经济所经常采用的措施。维护币值稳定的责任与国内经济反周期的需求之间的矛盾,是所有国际化达到一定程度的货币都会面临的主要矛盾。

三、防范人民币区域化风险所应提前做好的准备

(一)控制好人民币区域化的节奏与进程,坚持人民币国际化进程服从于国内改革进程的原则。日本当初推行的日元国际化,很大程度上是在美国的压力下进行的。其节奏过于迅猛,超出了国内的承受力。

(二)稳步推进经济增长模式的调整,减轻对出口部门的依赖,形成消费、投资与出口协调拉动经济增长的机制。建议我国政府下大力气调节收入分配机制,缩小收入分配差距;增加对低收入居民的直接转移支付,改善城乡居民的自主创业环境,提高低收入居民的持久收入;完善社会养老体系,创造更加平等的教育机会等(杨长湧,2010)。

(三)发挥香港的贸易、金融优势,继续扩大香港人民币业务,将香港建设成为

人民币离岸业务的中心。国家发改委对外经济研究所的一份报告(《"十二五"时期我国对外贸易战略性调整及对策研究》,2009)中就建设香港人民币离岸业务中心提出如下建议:继续扩大内地在港发行人民币债券的规模和种类以及其他人民币计价的投资产品。共同推进跨境货物贸易人民币结算试点,鼓励内地银行机构对香港银行同业提供人民币资金兑换和人民币账户融资,对香港企业提供人民币贸易融资服务,逐步扩大香港以人民币计价的贸易和融资业务。包括允许香港人民币业务参加行将吸收的人民币存款调拨内地分行使用,允许香港金融机构将境外人民币以贷款或投资形式,直接投放到深圳乃至广东全省。继续加强金融基建合作,建立和完善以银行体系为主的跨境人民币流动渠道,保证跨境人民币现钞调拨的安全和资金清算渠道的畅通;深化两地支付结算领域合作等。

(四)稳步推进资本账户开放进程。国家发改委对外经济研究所的一份报告(《逐步推进人民币资本项目可兑换研究》,2009)认为,可考虑将人民币资本项目可兑换进程大致分为三个阶段:第一阶段,即"十一五"末期,该阶段的主要目标是完善有效的短期资本流动监测预警系统,稳定外商直接投资,在加强监管的同时使对外直接投资有一个跨越性发展。第二阶段即"十二五"时期,该阶段主要目标应是基本建成充分竞争的国内金融体系,资本账户开放步伐加快并注重与国内金融自由化相协调。第三阶段即"十三五"时期,该阶段的目标是基本实现开放条件下人民币资本项目完全可兑换。

(五)选择人民币汇率改革的恰当路径,稳步推进人民币汇率形成机制的完善。在人民币汇率改革问题上,我国需要避免两种极端:一种是避免迟迟拖延人民币汇率改革,另一种是避免骤然激进地推进人民币汇率变动。在改革路径的选择上,波兰与智利的经验值得我国借鉴。其总体思路是:坚持可控性和渐进性原则,从固定汇率制逐步过渡到爬行钉住汇率制,再逐步过渡到真正的以市场供求为基础、政府有限干预的浮动汇率制。其中,智利曾先后实行爬行钉住美元制与爬行钉住一篮子货币制。在实行爬行钉住汇率制的时期,逐步微调中心汇率,逐步扩大允许汇率波动的空间,使得汇率逐步收敛于真实合理的水平。在这个过程中,政府要保持充足的外汇储备以保持对市场的干预能力、稳定市场信心;加强对外资,特别是短期资本流入的监控,打击投机资本;逐步调整货币政策目标,将稳定通货膨胀率作为货币政策的主要目标(杨长湧,2010)。

就人民币区域化的长期目标而言,由于距当前时间较长,不确定因素较多,因此难以做出比较清晰的分析与预测,需要根据人民币区域化进展的情况和我国面临的国内国际条件的变化,做出动态灵活的调整。

第六章
储备货币分析与人民币国际化前景展望[*]

本章导读

本章主要以储备货币为代表对人民币国际化进行展望。具体而言,首先就国际货币体系的多极与单极进行论述,接下来对储备货币份额进行实证研究,得到经济规模、货币惰性、币值稳定预期等因素对储备货币份额的显著影响,并对数据进行 Arellano-bond estimation 动态面板固定效应稳健分析。实证结果肯定了货币惰性和经济规模对货币国际化的积极作用,并进一步发现中央银行的平衡战略(rebalancing strategy)行为。最后,我们预期发现,如果中国经济按照当前速度增长,并且在 2020 年实现资本账户开放,人民币可以达到日元或者英镑的地位。

货币的国际化即一国货币在国际上使用,成为国际市场上的交易媒介、计价单位以及投资价值储藏手段。而在这个过程中,对本国而言,会带来很大的收益,包括规避汇率风险、增加本国金融机构海外业务以及获得广义铸币税等等,并且一国货币成为各国央行的储备资产,可以提高本国的政治地位和国际影响力等等;当然,货币的国际化操作不当也可能产生一定的成本,譬如货币在国际市场上的使用增加了本国货币政策操作的难度等等①,但总体而言,一国货币的国际化只要与本国国力相当,与本国金融体系发展相匹配,可以实现利大于弊。

对中国这个即将成为世界第二大经济体②的大国而言,实现一定的人民币国际化对中国的出口贸易、金融市场发展都具有积极的作用③,然而在讨论人民币国际化问题前,首先要回答的就是世界货币体系的单极和多极的问题,如果国际货币体系是单极发展的趋势,我们很难想象人民币可以取代美元成为世界货币,那么人民币的国际化就不再是一个问题;只有世界货币体系是多极的趋势,如何谋求人民

---

* 本章内容于 2009 年 12 月在第九届中国经济学年会上宣讲。经作者同意,有修改。
① 参见本书第四章货币国际化的成本收益分析。
② 基于 IMF, World Economic Outlook 2009 年预测。
③ 参见本书第四章货币国际化的成本收益分析。

币在国际货币体系上的一席之地才具有实践意义。因此,本章将首先对当今国际货币体系的发展进行简要论述,旨在阐述国际货币体系的多极化发展趋势。

其次,货币国际化的影响因素是什么?为什么美元是世界第一大国际货币,而为什么欧元的引入对美元地位有了一定的冲击?货币的国际化当然与世界特定的历史环境和制度有关,譬如二战毫无疑问是美元登上世界历史舞台的机遇,而布雷顿森林体系更使美元的地位变得不可撼动①。在当今世界,再也不可能指望发动世界大战来实现经济复兴和货币国际化,也不可能回到布雷顿森林体系的固定汇率制度安排来巩固货币地位。那么在当前的世界经济政治环境下,决定货币国际化的因素是什么?我们通过对储备货币的研究发现,很重要的因素就是大国的实力。

同时,还要注意研究货币的国际化与单纯对储备货币分析的差异,毕竟货币成为储备货币只是货币国际化的一个方面而已。我们要说的是,考虑到储备货币是一国实力和政治地位的彰显,对储备货币的分析是必需的,但我们也强调对储备货币的影响因素与对货币国际化其他方面的影响因素不尽相同,即央行的储备货币行为有其特殊性。

最后,我们按照中国目前的经济发展以及资本账户开放进度等对人民币国际化进行预期,得到本章结论。我们发现,如果中国可以保持现在的经济增长速度,到 2020 年中国上海国际金融中心建设目标完成时,人民币的储备货币份额可以达到英镑和日元的国际化水平。

本章安排如下:第一部分对国际货币体系发展、影响货币国际化的因素以及储备货币的特殊性进行文献综述,第二部分是对世界储备货币的实证分析,第三部分根据实证模型对人民币国际化进行预测,第四部分是本章结论。

第一节 文 献 综 述

一、为什么国际货币体系是多极化发展趋势

关于国际货币体系的单极和多极争论由来已久,持单极论的学者主要观点是已经国际化货币由于网络外部性的存在,从而产生垄断地位,形成对其他潜力货币的阻碍作用(McKinnon, 1998, 2001; Kenen, 2002, 2003; Cooper, 1997),很多学者将国际化货币比作语言或者计算机操作系统来阐述国际货币体系的垄断趋势(Truman, 2004),就货币的计价和支付功能而言,这种类比有合理之处,一个经典的例子就是 McKinnon (1998) 提到的 N 个经济体,如果没有国际化货币的使

---

① 参见本书第一篇关于国际化货币史的分析。

用,经济体之间的交易有 $N(N-1)/2$ 种交易成本,而如果选择一种货币作为国际化货币,可以只产生 $N-1$ 种交易成本,因此国际化货币的使用会大幅降低交易成本。

然而,单极论调观点似乎忽视了其他国家愿意持有一国货币的先决条件,即该国货币具有稳定的价值。货币与语言或者计算机操作系统的差异之处就在于货币不仅仅是计价和支付的手段,更为重要的是货币还具有价值储藏的功能。我们考虑两种情况来分析:(1)如果是固定汇率体系,投资者不需要考虑汇率风险,单一国家货币似乎可以满足世界货币的要求,然而一个关键问题是固定汇率体系是否可以维持。汇率的经济基本面因素包括贸易结构、经济发展等等,国际货币的发行国家在行使国际货币责任时不可避免地要面对资本外流、贸易逆差,从而面临贬值压力,这会导致单一国家货币满足不了币值稳定的要求。(2)如果是浮动汇率体系,单一货币具有汇率风险,投资者为了分散风险,应该会分散资产(diversify),因此也不可能产生单极世界货币的局面。

总结起来,支持世界货币多元化发展的论述主要有以下观点:(1)国际化货币所表现的网络外部性下的货币惰性似乎没有那么大,Eichengreen 和 Flanreau (2008)重新对20世纪20年代到30年代的英镑和美元的储备地位进行审察,发现英镑的"惰性"并不是很大,美元的国际地位在20年代中期就已经超越了英镑①。(2)在浮动汇率体系下,由于汇率风险和通货膨胀风险的存在,投资者具有分散资产(diversification effect)的倾向,从而会持有数种不同储备资产。(3)全球经济不平衡下,一旦国际化货币国家经历长期的逆差,使国际化货币面临贬值压力,长期来看会导致该货币的储藏价值下降。

二、影响货币国际化的因素

尽管在理论上尚无经济模型来论证影响货币国际化的因素,但以下几方面已得到普遍认同。

(一)经济规模

大规模经济体往往产生大规模外汇交易市场,而大规模的外汇交易在规模经济下会降低交易成本,增加该国货币的流动性,从而使其承担国际交易媒介的作用,相比之下,小规模经济体并不能承载一个足够大并且有效的外汇市场来降低货币的使用成本,从而其货币可能不具有成为国际化货币的潜质。

(二)发展良好的金融市场

一个规模巨大、发展良好、流动性强的国内金融市场为国际投资者提供了更多

---

① 颇具戏剧性的是,Eichengreen 在欧元引入前,也认为由于国际化货币的网络外部性的存在国际货币体系更可能呈现单极世界货币局面,然而近年来,Eichengreen 转而支持世界货币多元化发展趋势。

投资机会,并降低交易成本,提高效率。Greenspan(2001)提到一个发展良好的金融市场为投资者提供一系列金融服务,帮助投资者有效规避风险,并有效管理资产组合。Cooper(1997)认为国内发达的金融市场为国际投资者提供了流动性强的债券二级市场,从而可以迅速购入或者售出以国际货币为标的大额头寸,而不必担心资产损失。

(三)币值的稳定预期

考虑国际化货币的储藏价值功能,对该货币币值的信心是尤其重要的。货币币值的不稳定增加了国际投资者持有该币种资产的风险。直观上,影响币值稳定的因素主要有通货膨胀率和汇率波动,高的通货膨胀率导致货币的购买力下降,而汇率的大幅波动使持有该货币资产面临较高的货币风险。更深层次的原因包括一国宏观经济的稳定、货币政策的独立性等等因素。

(四)网络外部性

与语言的使用类似,国际化货币的使用也存在网络外部性(network externality),Hartmann(1998)认为货币的网络外部性来自于货币的额外使用者增加了已使用者的效用。而一旦更多的市场参与者运用某种货币,将吸引更多人运用该种货币。这种自我实现的过程产生一种正的外部效应(Eichengreen, 2005)。网络外部性意味着决定货币国际化运用的其他因素的稍微改变也许不会对货币的国际地位产生影响,而一旦一种货币的国际地位即将超过某种货币,则相应的决定因素的效应会放大,从而迅速使这种超越变为现实。网络外部性也意味着国际化货币的惰性(inertia),即已经国际化的货币倾向于持续占据国际市场主导地位,产生自然垄断的倾向(McKinnon, 1998; Greenspan, 2001)。

三、储备货币的代表性、特殊性及实证分析

研究货币的国际化一般从货币的职能出发,即在国际贸易结算、投资工具以及储藏手段方面的使用情况,然而,没有一个因素比对储备货币的研究更受人关注,原因在于储备货币是国际货币国家实力的彰显,同时,货币的国际化也使该国的政治、经济影响力增强,例如美元成为主要储备货币提升了美国的国际地位(Cohen, 2006)。更深层的原因可能在于储备货币国对持有该储备货币的国家具有一定的影响力,例如二战后英国殖民地附属国因为持有大量英镑储备资产而不愿看到英镑的衰退而通过增加英镑持有维持英镑地位(Eichengreen, 2005),而20世纪80年代的日本与美国,现在的中国与美国都有类似的关系,由于持有美元资产,本国经济都会受到美国经济行为的影响,并且不敢轻易地减持美元资产[①]。

---

① 参见本书第四章人民币国际化的成本收益分析和本书第一篇国际化货币史部分中对政府债券持有的论述。

然而,储备资产的代表性也同时意味着储备货币的特殊性。很多研究发现[①]:(1) 储备货币的持有与贸易伙伴有关,即与该国贸易份额越大,越倾向持有该国货币作为储备资产,原因可能在于中央银行用储备资产干预外汇市场以保持汇率稳定,从而使本国贸易免受冲击,这也是东南亚国家在 1997 年亚洲金融危机后增持美元资产的原因;(2) 储备资产的主体是中央银行,很多研究发现(Lim, 2006;Truman 和 Wong, 2006),长期来看,央行对储备资产的持有具有平衡战略(rebalancing strategy)行为,即维持储备份额保持一定的范围,如果一种储备资产贬值,央行会增持该货币资产,以维持汇率的稳定;(3) 将某一国际化货币作为驻锚的国家的央行通常持有该国际化货币较大份额。

因此我们不得不提,对储备货币的研究可能一定程度上反映了中央银行的动机和行为,并不能反映私人投资的利益最大化行为,因此对货币国际化的反映是局部的,只反映了官方价值储藏的动机。但由于储备货币的重要性,代表了一国的经济实力和政治地位的提升,因此,对储备货币的研究是必需的。

关于世界储备货币份额的分析,主要有两方面的研究:以 Chinn 和 Frankel (2005, 2009)为代表从储备货币的供给出发,即研究国际化货币国家的经济基本面因素对国际化货币的储备货币份额的影响,例如 Chinn 和 Frankel (2009)利用 IMF 披露的七种国际化货币数据调查从 1973 年到 1998 年的国际储备份额决定因素,主要结论是货币的惯性可以解释 85% 到 96% 的国际储备份额构成,一国 GDP 因素与储备货币构成也有明显的正相关关系,而通货膨胀、汇率波动等则表现出对储备份额的负面影响,类似的研究还有 Lim (2007);另一方面的研究从储备货币的需求出发,研究持有国际储备货币的国家的汇率政策、贸易模式等等导致的对储备货币需求的状况,如 Eichgreen 和 Mathieson (2000)等等。另外,亦有少数把央行作为利益最大化投资者,从金融经济学角度对央行持有储备资产进行投资组合分析,如 Papaioannou, Portes 和 Siourounis (2006)。

对人民币的国际化的研究也是根据已有国际化货币数据建立决定国际化的模型,并根据该模型进行预测的有 Chen 和 Peng (2007)以及 Li 和 Liu (2007)。Li 和 Liu (2007)发现,一国货币在各央行中的比重大小,首先取决于该货币发行国的经济规模在世界经济中的比重,第二个决定因素是该货币平均的升值比重(我们以国际货币基金组织特别提款权 SDR 为基准),另一个重要因素是该货币的汇率波动程度。此外,该文还从外贸结算币种比重来分析人民币国际化的前景,发现一国与其他国家结算的国际贸易币种,不仅与该国的国际贸易结构相关,而且与用于结算的国际货币的升值程度有关。当一种货币不断升值时,它在国际结算中的比重将

---

① 参见 Papaioannou, Portes 和 Siourounis (2006)的论述。

不断提高,相反则会降低。Chen 和 Peng（2007）发现一国的经济规模是决定货币国际化的首要因素,其次是一国货币的惰性,即已经国际化的货币会产生持续力维持其国际化地位,而资本市场规模的效果则随模型的不同而产生不同的效果,通货膨胀差异以及汇率波动则并未表现出显著的效应①。

总结而言,目前对国际化货币的分析主要是以储备货币数据作为衡量国际化程度的指标,其影响因素包括诸如 GDP 份额、金融市场的发展等,然而,现有研究似乎忽视了一个很重要的影响货币国际化的因素:资本账户开放程度。很难想象一国在严重的资本管制之下,货币可以被他国居民所接受,Tavlas(1991)提到对货币可兑换的限制导致更高的交易成本,降低了货币的流动性,从而阻碍一国货币的国际化运用。更重要的是,资本账户开放往往与其他因素相关,例如根据蒙代尔不可能三角,随着资本账户的开放,一国要在固定汇率和独立的货币政策之间选择。因此,上述文献中,资本账户的开放可能成为与其他决定货币国际化的因素相关的误差项,从而使遗漏资本账户开放变量的储备货币回归模型产生偏误。

综上所述,本章认为,影响货币国际化的因素包括一国的经济规模,金融市场的广度和深度,币值的稳定预期,以及资本账户开放程度和货币之间的网络外部性等等。

第二节　数据、变量和模型

一、样本与变量

本研究选取 1975—2007 年的世界货币美元、英镑、日元,1975—1998 年的马克,以及 1999—2007 年的欧元的储备货币数据作为货币国际化的衡量指标,样本份额占到全世界储备货币的 80% 以上,具有很高的代表性。图 6.1 是储备货币份额的时间趋势,表 6.1 给出了变量的数据来源和描述。

图 6.1 显示,自 1975 年以来,美元的储备份额呈现下降趋势,而马克在欧元发行前一直是第二大国际货币,欧元发行后呈现上升趋势,日元的储备份额在 20 世纪 80 年代末达到顶峰,接下来,随着日本进入经济衰退,日元一直呈现下降趋势,英镑基本保持稳定的状态,近几年其份额超过日元。

---

① 此结论与 Li 和 Liu(2007)稍有不同。

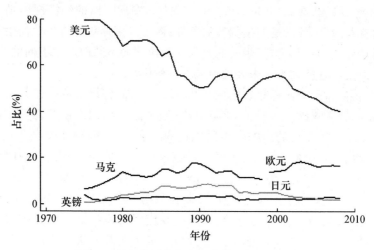

图 6.1　储备货币份额变化趋势（1975—2007）

数据来源：COEFR 数据库，IMF Annul Report。

表 6.1　变量描述及数据来源

变量	描述	数据来源
reserveshare	储备货币份额（%）	COFER 数据库；IMF Annual Report
logshare	logshare = ln (reserveshare/(100 − reservshare))	作者计算
gdpshare	经济规模指标：实际 GDP 的份额	根据 IFS 数据库，World Economic Outlook（WEO）计算
kaopen	资本账户开放程度指标	Chin 和 Ito (2008)
lnflation	6 年月度通货膨胀率与工业化国家通货膨胀率之差移动平均值（%）	根据 IFS 数据库计算
apprtion	10 年月度实际汇率（real effective exchange rate, REER）升值移动平均值	根据 IFS 数据库计算
vol	10 年月度实际汇率（real effective exchange rate, REER）波动移动平均值	根据 IFS 数据库计算
difpcrdbofgdp	金融市场深度指标：流动性负债对 GDP 的比率与 OECD 国家的平均值之差	根据 Financial Development and Structure database by Thorsten Beck, Asli Demirguc-Kunt 和 Ross Eric Levine 计算
dum_year	虚拟变量，1999 年及以后为 1	

（一）货币国际化指标

我们采用 IMF 公布的 COFER 数据得到 1995—2007 年的储备货币数据，1995

年以前的数据参考 IMF Annual Report 获得①,同时,考虑货币份额是一个比率(基于 0 到 1 之间),我们参照 Chinn 和 Frankel (2005,2009)对储备货币份额进行自然对数转换,以期更好地反映经济规模对储备货币的影响关系。如前所述,由于储备货币反映的是各国中央银行持有储备资产份额比例,因此很大程度上反映了中央银行持有储备资产的动机和行为。

(二) 经济规模和金融市场

对经济规模的反映采用实际 GDP 的世界份额来刻画。对金融市场的衡量较难,Chinn 和 Frankel (2005,2009)以及 Chen 和 Peng (2007)分别采用外汇市场交易量和资本市场资产总值作为对金融市场广度和深度的衡量指标。然而上述指标均是数量指标,首先金融市场的数量指标可能与一国 GDP 具有很大的相关性,从而难以区分 GDP 与金融市场对货币国际化的作用;其次,数量指标更可能是一国金融市场广度的衡量,而不能很好地反映金融市场的深度和流动性。

为了刻画金融市场的深度和流动性对货币国际化的影响,我们采用 Beck, Demirguc-Kunt 和 Levine (2009)公布的 Financial Development and Structure database 中的储蓄银行和其他金融部分的私人信贷对 GDP 的比率(private credit by deposit money banks and other financial institutions to GDP),上述指标在金融发展文献中经常被使用②。根据前文提到的 diversification effects 理论,如果中央银行是一个单纯的理性投资者,在不同的金融市场进行投资以规避风险,即对不同的市场进行比较,因此我们采用 OECD 国家的金融市场流动性的平均值作为基准,对金融市场的发展和流动性进行刻画。还要注意的是,1999 年以后关于欧元,并没有一个对该欧元区的金融发展指标的衡量,鉴于欧盟区内金融中心在德国法兰克福,因此我们用德国的金融发展数据作为对欧盟金融发展的衡量③。

(三) 其他

我们采用 Chin 和 Ito (2008)的资本账户开放度作为对一国资本账户开放的衡量,采用 6 年的月度通货膨胀率与工业化国家之差的移动平均值作为对通货膨胀的衡量,为了更好地刻画汇率的波动和升值预期,我们选取 IMF 公布的真实有效汇率指数(real effective exchange rate, REEF)作为汇率数据,使用 10 年月度实际汇率升值移动平均值作为对汇率升值预期的衡量,使用 10 年月度实际汇率标准差的移动平均值作为对汇率波动的衡量;而为了刻画 1999 年以来欧元引入对世界货币体

---

① 值得一提的是,IMF 在 1995 年修改了外汇储备构成标准,但由于本章接下来主要采用 OLS 回归,而并非时间序列估计方法,该调整引起的误差不大。

② Beck, Levine 和 Loayza (2000)以及 Beck, Demirguc-Kunt 和 Levine (2007)利用私人信贷对 GDP 的比率作为对金融市场发展的衡量。

③ 该假设有合理之处,欧盟区内各国的金融依赖度越来越高,如果我们把欧盟区看作一个国家的话,德国的法兰克福自然是这个"国家"的金融中心。

系的影响,加入虚拟变量,1999 年及以后年份为 1。

二、统计性描述

表 6.2 报告了变量之间的相关性,并给出相关显著性。

表 6.2　主要变量统计相关描述

	logshare	gdpshare	difpcrdbofgdp	apprtion	vol	lnflation	kaopen	dum_year
logshare	1							
gdpshare	0.7941*	1						
difpcrdbofgdp	0.2351*	0.5285*	1					
apprtion	-0.2246	0.0139	0.4421*	1				
vol	-0.3981*	-0.0348	0.2634*	0.2656*	1			
lnflation	-0.3788*	-0.2255*	-0.0798	-0.0428	0.1175	1		
kaopen	0.4435*	0.2093	0.1386	-0.0338	-0.1363	-0.3136*	1	
dum_year	-0.0529	0.219	0.0215	-0.0183	0.0618	0.2038	0.0388	1

注:变量含义参见表 6.1。*代表 1% 统计显著水平。

从主要变量的相关性分析来看,自变量之间相关性系数适中,gdpshare 与金融市场流动性之间相关性较大,达到 0.5285。经济结构指标经常账户顺差指标与货币份额呈现负相关关系,而币值稳定预期指标中的汇率波动和通货膨胀指标与货币份额呈现负相关关系,金融市场深度和流动性指标与货币份额呈现正相关关系,资本账户开放度与货币份额呈现正相关关系。

图 6.2、图 6.3 是 gdpshare 与 reserveshare 以及 gdpshare 与 logshare 的关系,可

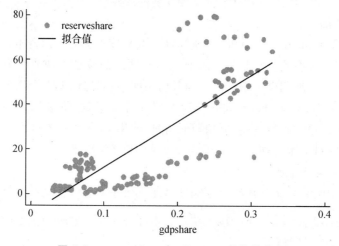

图 6.2　reserveshare 与 gdpshare 的趋势关系

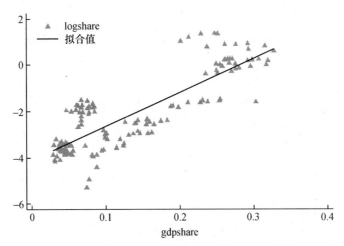

图 6.3 logshare 与 gdpshare 的趋势关系

以看到二者之间的线性正相关关系明显，图 6.4、图 6.5 是 difpcrdbofgdp 与 reserveshare 以及 difpcrdbofgdp 与 logshare 的关系，尽管仍存在正的线性关系，但这种线性关系并不明显。进一步，对比 gdpshare 和 difpcrdbofgdp 分别对 reserveshare 和 logshare 拟合也发现，二者对 logshare 显示了更好的拟合关系，通过对 reserveshare 进行自然对数处理后，样本分布更加均匀。因此在接下来的计量回归中，我们采用 logshare 作为因变量。

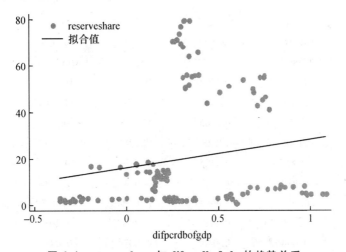

图 6.4 reserveshare 与 difpcrdbofgdp 的趋势关系

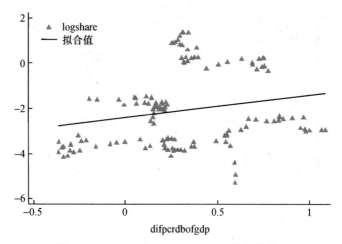

图 6.5 logshare 与 difpcrdbofgdp 的趋势关系

三、实证分析

（一）OLS 回归

表 6.3 是 OLS 估计结果。

表 6.3　OLS 估计结果

	(1)	(2)	(3)	(4)	(5)
gdpshare	14.56***	3.511***	3.511***	3.407***	3.407***
	[0.415]	[0.509]	[0.604]	[0.538]	[0.628]
kaopen	0.389***	0.126***	0.126***	0.125***	0.125***
	[0.0671]	[0.0319]	[0.0424]	[0.0324]	[0.0435]
apprtion	-1.600***	-0.197*	-0.197*	-0.216*	-0.216*
	[0.227]	[0.105]	[0.118]	[0.115]	[0.129]
vol	-91.66***	-28.28***	-28.28***	-28.87***	-28.87***
	[7.857]	[4.305]	[4.758]	[4.426]	[4.678]
lnflation	-0.0649***	-0.0142***	-0.0142**	-0.0136**	-0.0136**
	[0.0126]	[0.00541]	[0.00556]	[0.00559]	[0.00566]
dum_year	-0.719***	-0.205***	-0.205***	-0.203***	-0.203***
	[0.0841]	[0.0405]	[0.0374]	[0.0411]	[0.0374]
L.logshare		0.742***	0.742***	0.745***	0.745***
		[0.0327]	[0.0391]	[0.0333]	[0.0395]

（续表）

	(1)	(2)	(3)	(4)	(5)
difpcrdbofgdp				0.0295	0.0295
				[0.0593]	[0.0542]
_cons	-3.455***	-0.837***	-0.837***	-0.811***	-0.811***
	[0.178]	[0.138]	[0.168]	[0.144]	[0.174]
N	132	127	127	125	125
p	0.0000	0.0000	0.0000	0.0000	0.0000
F	338.07	1 851.03	2 081.07	1 587.51	1 931.52

注：具体变量定义参见表 6.1，因变量为 logshare，L.logshare 代表 logshare 滞后一期，模型估计为 OLS 回归，方程(2)和(4)考虑了异方差因素。*，**，*** 分别代表 10%、5% 以及 1% 显著水平，方括号为估计标准差。_cons 为常数项，N 为观察值，P 为方程显著度，F 为相应回归方程的 F-test 值。

1. 货币的网络效应

首先我们假设不具有货币网络效应，即没有惰性因素，通过方程(1)，可以看到 gdpshare 解释份额①较大，给定其他因素不变，1% 的 GDP 比例的增加可以导致 14.56% 的货币份额的增加，然而汇率波动和 dum_year 的系数似乎显示该模型存在偏误，难以想象 1% 的波动增加会导致 91.66% 的份额增加，而欧元引入的效应也不太可能引起货币份额 70% 的降低。这说明该模型设定有问题。

如果货币惰性存在而没有控制，则货币惰性通过滞后项进入误差项与自变量产生相关性，夸大自变量的估计。通过加入货币份额一阶滞后项，比较估计(1)和(2)，可以看到各项系数显著降低(指绝对值)，从而验证了我们的预期，肯定了货币的网络外部性。方程(2)看到一阶滞后解释了 74% 的国际储备份额，99% 统计显著，该结果与 Chinn 和 Frankel (2005, 2009) 估计基本一致②。

2. 经济规模和金融市场

不管是 OLS 估计还是 OLS 异方差稳健估计，我们可以发现经济规模始终是一个显著变量，1% 的 GDP 比率的增加导致 3.5% 的储备份额的增加，并且该结果 99% 统计显著，该估计证实了经济规模的重要性，如前所述，大的经济体具有规模经济优势，可以有效降低交易成本。

令人意外的是，反映金融市场深度的指标私人信贷对 GDP 的比率尽管显示了正的系数，但并不具有显著性，这说明金融市场深度对储备资产份额影响不显著，原因可能在于央行调整储备资产的动机在于稳定汇率，并非出于对金融市场深度

---

① 份额指对 logshare 的变化，下同。
② 为了进一步刻画货币的惰性，我们也曾加入滞后两期，然而并未发现显著性。还要说明的是，加入滞后一期产生 AR(1) 序列相关，但由于估计结果为 0.75<0.8，向下偏误可以不考虑。

的考虑。

3. 币值稳定预期

对币值稳定预期的三个因素通货膨胀、汇率波动以及汇率升值的分析发现,通货膨胀相比工业化国家平均水平越高,储备份额越低,但通货膨胀的影响相对其他因素,效果并不大,1%的通货膨胀增加仅引起0.014%的储备份额下降。

波动率的效应较大,1%的汇率波动增加引起28%的储备份额下降,这说明中央银行调整储备资产的动机对汇率波动比较敏感,更深层次的原因可能是各国持有储备资产的目的在于稳定汇率,减小汇率波动对国际贸易以及国内金融体系的负面影响,但也有可能是央行储备资产利益最大化的反映。

对升值的分析发现,实际汇率1%的升值,引起储备份额0.2%的降低,该结果与以往的研究货币国际化的文献(Chinn 和 Frankel,2005,2009)并不相同,我们的结果显示央行持有储备资产的动机更应该是出于稳定汇率的考虑,利用储备资产对市场进行干预,而不是储备资产收益最大化。即央行增持贬值的货币资产以稳定该货币汇率。我们的结论为 Lim(2006)以及 Truman 和 Wong(2006)对中央银行的储备资产分配的论述提供了实证支持,即长期来看,大部分中央银行追求平衡战略,买进贬值货币资产,减持升值货币资产。进一步,我们的研究说明,通过对中央银行储备资产最大化的分析来研究货币国际化(Papaioannou,Portes 和 Siourounis,2006)是不合适的。

4. 其他

资本账户开放程度与货币国际化具有正的相关关系,资本账户开放程度越高,储备货币份额越大。而通过虚拟变量也发现,欧元的引入使货币份额普遍下降20%,反映了"货币竞争"的趋势。

(二)稳健估计

由于我们的模型中具有一阶滞后项,所以利用普通差分或者固定效应会导致变量内生性问题。因此,我们首先采用随机效应模型,并考虑了异方差因素,表6.4报告了估计结果,可以看到回归结果并无明显差异。最后,我们使用 Arellano-Bond Estimation 动态面板回归模型,解决潜在误差项与自变量相关内生性问题,表6.5报告了结果,可以看到 GDP 份额系数降低,但仍然具有显著性,货币惯性仍然是国际化的主要决定因素,而汇率升值因素显著性消失。但总体而言,与本章主要结果保持一致。

表6.4 经济发展与储备货币份额的稳健回归

	(1)	(2)	(3)	(4)
L.logshare	0.742***	0.742***	0.745***	0.745***
	[0.0327]	[0.0391]	[0.0333]	[0.0395]
gdpshare	3.511***	3.511***	3.407***	3.407***
	[0.509]	[0.604]	[0.538]	[0.628]
kaopen	0.126***	0.126***	0.125***	0.125***
	[0.0319]	[0.0424]	[0.0324]	[0.0435]
apprtion	−0.197*	−0.197*	−0.216*	−0.216*
	[0.105]	[0.118]	[0.115]	[0.129]
vol	−28.28***	−28.28***	−28.87***	−28.87***
	[4.305]	[4.758]	[4.426]	[4.678]
lnflation	−0.0142***	−0.0142**	−0.0136**	−0.0136**
	[0.00541]	[0.00556]	[0.00559]	[0.00566]
dum_year	−0.205***	−0.205***	−0.203***	−0.203***
	[0.0405]	[0.0374]	[0.0411]	[0.0374]
difpcrdbofgdp			0.0295	0.0295
			[0.0593]	[0.0542]
_cons	−0.837***	−0.837***	−0.811***	−0.811***
	[0.138]	[0.168]	[0.144]	[0.174]
N	127	127	125	125
p	0.0000	0.0000	0.0000	0.0000
chi2	12957.19	14567.48	12700.05	15452.12

注:具体变量定义参见表6.1,因变量为 logshare,L.logshare 代表 logshare 滞后一期,模型估计为随机效应回归,方程(2)和(4)考虑了异方差因素。*,**,*** 分别代表10%,5%,以及1%显著水平,方括号内为估计标准差。_cons 为常数项,N 为观察值,P 为方程显著度,chi2 为相应回归方程的卡方统计。

表6.5 经济发展与储备货币份额的稳健回归

	(1)	(2)
L.logshare	0.715***	0.741***
	[0.0381]	[0.0419]
gdpshare	1.963**	1.950**
	[0.895]	[0.969]
kaopen	0.143***	0.165***
	[0.0332]	[0.0374]

(续表)

	(1)	(2)
apprtion	-0.0974	-0.0744
	[0.119]	[0.126]
vol	-31.16***	-33.11***
	[6.858]	[7.421]
lnflation	-0.0186*	-0.00453
	[0.00959]	[0.0130]
dum_year	-0.194***	-0.189***
	[0.0398]	[0.0409]
difpcrdbofgdp		-0.0253
		[0.0702]
_cons	-0.684***	-0.624***
	[0.178]	[0.188]
N	122	119
p	0.0000	0.0000
chi2	841.97	801.25

注：具体变量定义参见表(1)，因变量为 logshare，L. logshare 代表 logshare 滞后一期，模型估计为动态面板 Arellano-bond 回归，方程(2)和(4)考虑了异方差因素。*，**，*** 分别代表10%，5%，以及1%显著水平，方括号内为估计标准差。_cons 为常数项，N 为观察值，P 为方程显著度，chi2 为相应回归方程的卡方统计。

第三节 人民币国际化前景预期

一、货币国际化因素横向对比

我们的计量模型对人民币国际化具有积极的借鉴意义。首先，考虑已经国际化货币的惰性，人民币国际化是一个长期的过程。但中国目前也具备一些人民币国际化的基本条件，例如经济规模已经比较大，人民币汇率较稳定，通货膨胀水平较低等等，但同时也应看到中国目前的金融市场尚不健全，资本账户尚未完全开放等不利条件。图6.6到图6.8是中国与其他货币国际化国家相关决定因素的比较。

我们重点与日本的基本面进行比较。由汇率波动可以看到，中国从2000年开始汇率波动性有下降的趋势，而日元汇率波动则一直处于高位，这也很大程度上解释了近几年日元国际化的不尽如人意；图6.7显示，中国的移动平均通货膨胀率有一定起伏，但2000年以后处于低位运行，近几年则出现上升的趋势。从经济规模上看,按照 IFS 数据统计,中国 GDP 份额一直呈上升趋势,并且根据 World Economic Outlook（2009）的预测,2009 年年底即将超过日本成为第二大经济体。

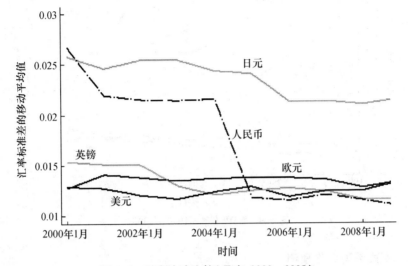

图 6.6　汇率波动比较（月度,2000—2008）

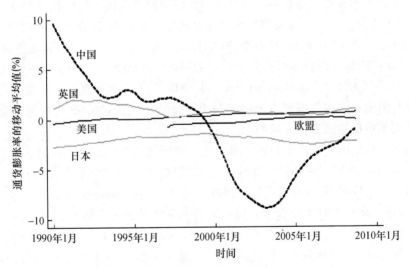

图 6.7　通货膨胀移动平均趋势（月度,1990—2009）

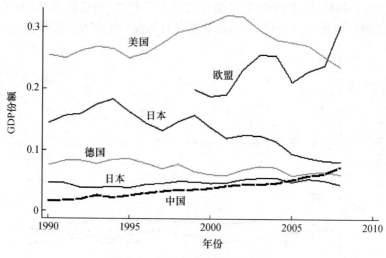

图 6.8　GDP 份额（1990—2008）

二、人民币国际化预测

本部分我们着重考虑资本账户开放和经济规模对人民币国际化的影响。考虑国务院《关于推进上海加快发展现代服务业和先进制造业、建设国际金融中心和国际航运中心的意见》中提到的"在 2020 年建成上海国际金融中心"的陈述，我们假设在 2020 年中国实现资本账户完全开放，2010 年到 2020 年中国经济平均增长速度为 8%，参考 IMF World Economic Outlook 的估计，假设世界经济增长速度为 5%，而工业化国家经济增长速度为 2%，2020 年到 2030 年，中国 GDP 增长速度为 5%。并且假定币值稳定因素是相同的。

图 6.9 是根据上述模型和假设对人民币国际化的预测，首先，我们基本反映了货币的 tipping 现象，即一国货币国际化在初期由于已经国际化货币惯性的存在，使其国际化进程缓慢，而随着国际化进程的推进，对其他国际化货币的赶超会在瞬间实现，这点从欧元对美元以及人民币对日元和英镑的趋势可以反映出来。欧元储备份额在 2014 年左右超过美元，该预测与 Chinn 和 Frankel（2005，2009）在不考虑英镑加入欧元区的情况下所得出的结论基本一致。从人民币的趋势来看，在 2020 年上海国际金融中心目标实现时，人民币可以达到与日元以及英镑水平相当的地位，进一步，从 2020 年到 2030 年，如果中国增长速度能够进一步保持在 5% 左右的水平，并且资本账户完全开放，金融市场完善，就可以在 2030 年出现与美元、欧元三分天下、分庭抗礼的局面。

最后，不得不提的是，由于我们假设除中国外，其他货币所在国家或地区已经

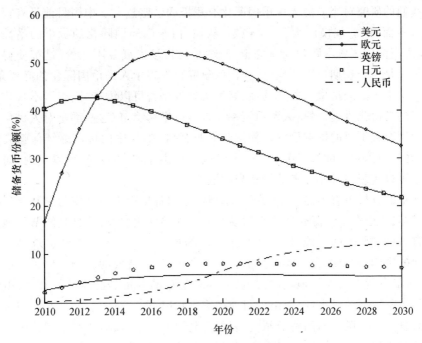

图 6.9 人民币国际化的实证模拟

完全开放①,因此对欧元的模拟存在一定的夸大作用。

第四节 结 论

本章首先对当前的国际货币体系进行论证,阐述国际化货币多极化发展趋势,进一步,我们通过储备货币分析来论证人民币的国际化问题。与前人研究不同,我们选取了新的刻画金融市场深度的指标,而不是反映金融市场交易的数量指标,并且加入资本账户开放度变量,以降低自变量与误差项之间的偏误。

我们的研究肯定了货币惰性以及经济规模对货币国际化的决定性作用,这与Chinn 和 Frankel (2005,2009)的研究一致。但由于储备货币的分析是中央银行的行为,因此很大程度上反映了央行的动机,这与单纯研究理性投资者在不同货币资产之间进行资产利益最大化的目标有所差异,我们的研究为央行的平衡战略(rebalancing strategy)理论提供了实证支持,即长期来看,央行出于稳定汇率等的考虑,会买进贬值资产以维持汇率的稳定。

---

① 实际上,Chin 和 Ito (2008)资本账户开放指数显示,除英国和美国外,日本和德国的资本账户开放仍然不是完全的。

我们的研究对当前的人民币国际化有积极的借鉴意义。中国目前具有很好的经济基本面，经济规模巨大，汇率稳定，然而，由于已经国际化的货币的惯性的存在，加之当前中国资本账户尚未完全开放，金融市场发展并不完善，这都使得人民币国际化是一个长期过程。同时，我们的研究也发现了人民币国际化的必要条件，例如未来十年的经济增长的持续性，高增长速度是否可以维持，随着资本账户开放和汇率的自由化进程加快，人民币汇率是否可以维持稳定，这些都是对人民币的国际化使用至关重要的影响因素。而通过预期发现，如果中国可以继续保持高经济增长，并且中国制订的"2020年建成上海国际金融中心"的目标得以实现，届时人民币就可以实现与日元或者英镑相当的地位。

本章的分析也有不足之处：首先，单纯利用储备货币份额来作为国际化货币的衡量指标，不能衡量国际化货币在贸易结算方面的使用情况，并且只能部分地反映货币官方储藏价值的表现，这主要在于一国的央行并不是一个单纯追求投资收益最大化的主体，而要综合考虑其投资行为对利率、汇率造成的影响。但正如前文所述，由于储备货币对大国地位的提升，对储备货币的分析是必需的。其次，由于各国央行储备数据的机密性，更由于目前国家主权财富基金的运作，IMF 的储备货币数据只是一部分国家的储备份额，代表性受到限制。最后，本章在预测人民币的国际地位时，只是用引致性模型（induced form model），而非结构性模型（structure form model），严格来说引致性模型（induced form model）不能用来作预测，但本章旨在为人民币国际化将来的趋势提供一个大体标杆（benchmark），而并非预测本身，因此上述做法有其合理之处。

第七章

两岸三地经济融合

本章导读

人民币的国际化是一个长期过程,从中短期来看,人民币不可能成为国际化权重货币①,然而,这并不意味着人民币不可能在局部地区获得广泛的使用。特别是全球金融危机以来,在以欧美为代表的发达国家经济遭受重创的同时,中国经济却一枝独秀,依然保持高速增长,成为世界经济复苏的主要推动力量,这使中国在东南亚国家和中国的港澳台地区的经济影响力进一步加大。在此背景下,本章论证了人民币成为区域化货币的可行性,具体即两岸三地②货币整合的分析。首先从货币整合标准出发,论述了中国内地与台湾地区以及香港地区的经济趋同、金融市场整合趋势,接下来对两岸三地货币整合进行了简要的成本收益分析。

自从 Mundell(1961)首次提出最优货币区(optimum currency area)的概念以来,有关最优货币区的文献可谓汗牛充栋,早期的文献包括 McKinnon(1963)、Kenen(1969)以及近来的 Tavlvas(1992),Bayoumi 和 Eichengreen(1996b)主要致力于探讨最优货币区的先决条件。Mundell(1961)从凯恩斯主义角度来探讨最优货币区问题,他提到由于工资粘性的存在以及劳动力流动的限制,固定汇率制度下(或者最优货币区下),给定初始条件充分就业,区域内部某个国家的需求增加(即不对称宏观经济冲击)会使通货膨胀迅速传导,而政府旨在遏制通膨的措施会产生失业,相比之下,浮动汇率制度可以纠正经济的外部不均衡并且降低失业压力和限制通货膨胀③。McKinnon(1963)进而认为潜在最优货币区国家的开放度(用相互的贸易程度衡量)可以降低工资粘性,并认为小国经济更易受到浮动汇率波动的冲击。此外,Kenen(1969)认为具有多样化产品的国家可以将各种经济冲击相互抵

---

① 参见本书第一篇有关国际化货币史的分析。
② 一说两岸四地,即中国的内地、香港地区、台湾地区和澳门地区。由于澳门经济体小且经济结构较单一,本章分析未予考虑。
③ 可见蒙代尔在早期是支持浮动汇率制度而并非最优货币区的。

消,应当追求固定汇率制度。接下来,Mundell(1973)转而放弃了之前的凯恩斯假设,进而根据有效市场假说,认为浮动汇率导致的汇率风险使投资者不能有效地在国与国之间优化资产组合,相比之下,固定汇率却可以使投资者(或者贸易伙伴)通过国际投资组合安排来吸收不对称宏观冲击。McKinnon(2002)肯定了不对称冲击对潜在最优货币区的负面作用,并认为多样化的工业经济体可以吸收不对称冲击,并认为浮动汇率会损害投资者的投资组合多样化和国际风险分担。

综上所述,传统的最优货币区文献主要就以下四个标准进行论述:(1)贸易开放度;(2)经济周期的相似性;(3)劳动力的流动;(4)经济体系的风险分担程度①。以 Frankel 和 Rose(1998)为代表的很多文献进而从分析先决条件转到最优货币区的内生性上来。例如 Frankel 和 Rose(1998)实证发现贸易开放度的增加可以促进相应国家产品周期相似性的增加,而 Franklin 和 Song(2005)通过 M&A 数据发现欧洲货币联盟(European Monetary Union,EMU)的成立促进了欧盟区国家的金融整合。最优货币区的内生性提醒我们,最优货币区的标准可以通过成立最优货币区而事后达到,从而降低了我们事前评估成立最优货币区的成本。

针对以上最优货币区标准简述,本章接下来主要就两岸三地的贸易开放度,经济周期相似性,以及经济体系的风险分担程度进行分析②,为了更好地进行分类比较,本章从三个方面进行分析:一是实体经济角度,对应贸易开放度和经济周期协动性;二是金融市场的关联,对应经济体系的风险分担程度;三是实体经济与金融市场的结合,亦对应经济体系的风险分担程度。

第一节 贸易融合与经济周期的协动性

一、研究概要

贸易融合和经济周期协动性是研究经济融合的两个重要指标③。本节将具体介绍这两个指标的计算方法,并列举中国和其他部分国家或地区的数据,分析该国或地区与世界经济的融合程度。

(一)贸易融合

贸易融合可以从贸易开放度和贸易限制度两个方面来衡量(Cheung,Chinn 和 Fujii,2007)。定义贸易开放度的常用指标有一国对外贸易额与 GDP 的比例(external trade/GDP)和 GDP 调整后的进口额(import/GDP)。前者的对外贸易额是进

---

① 值得一提的是,最优货币区的标准并不局限于这四个,但本章根据传统文献肯定这四个标准的代表性,例如 Frankel and Rose(1998)就将最优货币区标准归结为以上四个。

② 由于劳动力流动标准较难衡量,本章并未就劳动力进行分析。

③ 本节研究方法借鉴了 Cheung, Y., M. D. Chinn, and E. Fujii, 2007, *The Economic Integration of Greater China*, Hong Kong University Press。

口和出口额的加总,对于一个开放的经济体,贸易额占 GDP 的比例通常较大,因此可以将其作为衡量其经济开放度的一个指标;后者可以用于衡量一国消费者对于贸易商品多样化的偏好,以及本国市场对于外国生产商的开放度。

表 7.1 列举了七个国家和地区的以上两个指标。表中显示,对于以对外贸易额与 GDP 的比值和进口额与 GDP 的比值衡量的对外开放度,从 1980—2008 年,中国这两个指标的增长速度都远远超过其他国家,年均增长率达到了 6% 以上,该期间这两个指标分别增长了 5 倍和 4 倍。从 1991—2008 年,以及从 2001—2008 年,中国这两个指标的增长率也处于较高水平。

表 7.1 对外贸易额和进口额与 GDP 的比例

	中国内地	中国香港地区	中国台湾地区	韩国	新加坡	日本	美国
A. 对外贸易							
1980	0.12	1.46	0.94	0.60	3.37	0.23	0.17
1991	0.32	2.24	0.76	0.48	2.91	0.15	0.16
2001	0.39	2.35	0.79	0.58	2.78	0.20	0.19
2008	0.60	3.54	1.27	0.92	4.01	0.31	0.24
增长率(%)							
80—08	6.51	3.40	1.33	1.97	0.60	1.98	1.36
91—08	4.82	3.03	3.28	4.05	1.90	4.48	3.14
01—08	5.67	4.87	4.72	5.67	6.30	6.39	3.97
B. 进口							
1980	0.07	0.78	0.47	0.33	1.87	0.12	0.09
1991	0.15	1.13	0.34	0.25	1.54	0.06	0.08
2001	0.18	1.21	0.37	0.28	1.34	0.08	0.09
2008	0.26	1.72	0.65	0.45	2.15	0.16	0.15
增长率(%)							
80—08	6.18	3.08	1.65	1.47	0.48	2.19	1.97
91—08	4.56	2.88	4.19	3.69	1.98	5.38	2.56
01—08	4.80	4.17	5.72	5.91	8.20	8.25	2.09

数据来源:World Economic Outlook Database(WEO), International Trade Statistics 2009(WTO)。

从该指标的绝对值看,在 1980 年,中国内地的贸易开放度仍处于所列国家和地区的最低水平,而在 1991 年、2001 年和 2008 年,则已经超过了美国和日本,但仍低于亚洲的其他几个国家或地区。虽然在 1991 和 2001 年,中国内地的对外贸易额要小于日本和美国,但当把经济体总产出作为衡量的因素后,中国内地的贸易开放度要大于后者,由此也体现了用以上两个指标定义贸易开放度的一个不合理之处,即较大的经济体更容易表现出"封闭"的现象。

在贸易限制度的衡量上,主要的指标包括进口税费与进口额的比例,以及国际货币基金组织(IMF)制定的贸易限制度指数等。表 7.2 列举了十个国家在几个不同衡量标准下的贸易限制度指数。以国际货币基金组织制定的贸易限制度指数(IMF-TRI:IMF-trade restrictiveness index)为例,它包含了三个组成部分:总体贸易限制度指数(the Overall Trade Restrictiveness Index)、关税限制等级(the Tariff Restrictiveness Rating)和非关税限制等级(the Nontariff Restrictiveness Rating)。其中第一个指标由后两个指标经过一定加权计算得到,而非关税限制占了较大权重。该指数越小,说明该国的贸易开放度越高;该指数越大,则该国的贸易限制度越高。由表 7.2 数据可见,不同标准下衡量得到的贸易限制程度是有差异的。总体而言,中国内地的贸易限制程度要高于日本、美国等发达国家,低于泰国、墨西哥、印度等发展中国家。

表 7.2 贸易限制度指数

	IMF-TRI	Simple Average MFN Tariff	Cline TTE	WB-OTRI	Freedom Index
新西兰	1	3.2	…	14.8	2
澳大利亚	1	4.2	…	12.7	2
秘鲁	2	10.4	11.2	21.0	4
美国	4	5.1	10.3	10.7	2
日本	4	6.9	7.0	15.8	2
南非	5	11.4	…	11.5	2
中国内地	5	12.3	16.5	21.2	4
泰国	5	14.7	…	22.3	3
墨西哥	6	17.3	28.0	32.0	3
印度	7	22.2	…	46.7	5

注:MFN Tariff:Most Favored Nations Tariff;
　　TTE:Total Tariff Equivalent;
　　WB-OTRI:World Bank's Overall Trade Restrictiveness Index;
　　Freedom Index:The 5-point Trade portion of the Heritage Foundation's 2005 Economic Freedom Index.
数据来源:Review of the IMF's Trade Restrictiveness Index,February 14,2005。

(二)经济周期协动性

经济周期协动性(output comovement)是经济融合的另一个衡量指标。对于融合程度较高的经济体,其经济活动交互程度高,容易呈现较为一致的周期性表现。例如,美国各地区间具有比欧盟国家更强的经济周期同步性。此外,经济周期协动性也是实施经济政策的重要参考指标。例如在是否建立最优货币区域或货币联盟的问题上,相关国家的经济周期协动性是一个重要的考虑因素。经济周期协动性同时也是影响贸易政策有效性的一个方面,例如,对于经济周期相关度较高的经济体,短期内调整实际汇率的政策有效性会相对较低。

表 7.3 显示了中国内地和其他几个国家或地区实际经济总产出增长率的相关性,总产出采用了分别以本币和购买力平价单位(PPP units)衡量的每年实际 GDP 和实际人均 GDP 四个指标,并且计算了三个时期(1980—2008,1991—2008,2001—2008)的产出相关性(output correlation)。经济体产出的相关性强弱一定程度上取决于采用何种指标,总体来说,基于购买力平价衡量的产出量相关性较其他几个指标大。例如,中国内地和香港地区的产出相关性,20 世纪 80 年代后以本币衡量时为 0.28,以购买力平价单位衡量时为 0.49,20 世纪 90 年代后这对指标分别为 0.50 和 0.62,21 世纪后分别为 0.70 和 0.77。20 世纪 80 年代后中国内地和日本的产出相关性在这两个指标下的差异更为明显:分别为 -0.07 和 0.15;而在 2000 年后,前者为 0.74,后者仅为 0.04。

表 7.3 中国内地和其他经济体的总产出相关性

	(1)	(2)	(3)	(4)
A. 1980—2008				
中国香港地区	0.28	0.21	0.49	0.39
中国台湾地区	0.24	0.18	0.39	0.29
韩国	0.10	0.04	0.31	0.23
新加坡	0.08	0.12	0.31	0.27
日本	-0.07	-0.15	0.15	0.22
美国	0.29	0.27	0.36	0.31
B. 1991—2008				
中国香港地区	0.50	0.45	0.62	0.59
中国台湾地区	0.46	0.41	0.54	0.51
韩国	0.22	0.19	0.36	0.34
新加坡	0.54	0.41	0.60	0.48
日本	0.18	0.18	0.32	0.62
美国	0.02	-0.01	0.15	0.13
C. 2001—2008				
中国香港地区	0.70	0.68	0.77	0.74
中国台湾地区	0.69	0.69	0.73	0.73
韩国	0.23	0.28	0.45	0.49
新加坡	0.75	0.52	0.75	0.55
日本	0.74	0.75	0.04	0.78
美国	0.47	0.45	0.64	0.62

注:列(1)是以本币衡量的实际 GDP 增长率相关系数;
列(2)是以本币衡量的实际人均 GDP 增长率相关系数;
列(3)是以购买力平价单位衡量的实际 GDP 增长率相关系数;
列(4)是以购买力平价单位衡量的实际 GDP 增长率相关系数。
数据来源:World Economic Outlook (WEO)。

从表 7.2 可以看出,除美国以外,20 世纪 90 年代以后中国内地与其他经济体的总产出相关性要强于 80 年代,而到 21 世纪后,中国与其他各经济体产出相关性都要强于之前,而且四个指标呈现出类似的变化趋势。例如,以本币衡量,20 世纪 80 年代后中国内地与中国香港地区产出相关性为 0.28,与日本相关性为 -0.07;90 年代后中国内地与中国香港地区产出相关性为 0.50,与日本为 0.18;21 世纪后中国内地与中国香港地区产出相关性为 0.70,与日本相关性达到了 0.74,该指标始终表现出增强趋势。对于中国内地和美国,在 80 年代后产出相关性为 0.29,90 年代后为 0.02,较之前大大减弱,而 21 世纪后为 0.47,又有明显增强趋势。

除韩国以外,中国内地与其他所选的亚洲国家或地区总产出相关性都随时间有明显增强的趋势,尤其到了 2000 年以后,相关性大部分达到了 0.70 左右。中国内地与美国的产出相关性也大致达到了 0.50。而中国内地与韩国的产出相关性增长相对较小,20 世纪 80 年代后以本币衡量的产出相关性为 0.10,以购买力平价单位衡量的产出相关性为 0.31;90 年代后这对指标分别为 0.22 和 0.36,分别增长 0.12 和 0.05;21 世纪后分别为 0.23 和 0.45,较前期分别增长 0.01 和 0.09。与其他国家相比,该指标的绝对值和增长率都较小。

总体来说,中国内地与其他主要经济体的总产出相关性都表现出增长趋势,说明中国内地与其他经济体的经济周期协动性在逐步增强,与世界经济的融合程度正在逐渐提高。

二、"大中华"经济融合

本节通过贸易关系、经济周期协动性和对外直接投资(FDI)等指标分析"大中华"区域(主要包括中国的内地、香港地区、台湾地区)的经济融合度,并且把该区域的数据与欧盟、东盟主要国家的数据进行比较,由此进一步讨论"大中华"区域经济融合的现状与进程。

(一)贸易关系

国家或地区间的贸易关系是衡量两者经济融合程度的重要指标。表 7.4 到表 7.6 列举了"大中华"区、欧盟和东盟的典型国家或地区之间的部分贸易数据。

表 7.4 "大中华"区贸易关系 (单位:百万美元)

国家/地区(A/B)	香港地区/中国内地	台湾地区/中国内地	台湾地区/香港地区
(a) B 到 A 的出口额			
1993	22 067	1 461	1 794
2001	46 503	5 006	1 847
2008	191 771	25 886	498

(续表)

国家/地区（A/B）	香港地区/中国内地	台湾地区/中国内地	台湾地区/香港地区
占 B 出口额的比例			
1993	0.241	0.016	0.013
2001	0.175	0.019	0.010
2008	0.134	0.018	0.001
增长率(%,p.a)			
1993—2008	15.51	21.12	-8.19
2001—2008	22.43	26.46	-17.08
(b) B 从 A 的进口额			
1993	10 501	12 934	18 595
2001	9 423	27 344	26 960
2008	12 946	103 330	24 775
占 B 进口额的比例			
1993	0.101	0.124	0.134
2001	0.039	0.112	0.134
2008	0.011	0.091	0.063
增长率(%,p.a)			
1993—2008	1.41	14.86	1.93
2001—2008	4.64	20.92	-1.20
(c) 对外贸易额			
1993	32 568	14 395	20 389
2001	55 926	32 350	28 807
2008	204 717	129 216	25 273
占 B 贸易额的比例			
1993	0.166	0.074	0.074
2001	0.110	0.063	0.074
2008	0.080	0.050	0.033
增长率(%,p.a)			
1993—2008	13.04	15.76	1.44
2001—2008	20.37	21.88	-1.85

数据来源：CEIC, IFS。

表 7.5　欧盟主要国家贸易关系　　　（单位：百万美元）

国家/地区（A/B）	德国/西班牙	法国/西班牙	德国/法国
（a）B 到 A 的出口额			
1993	8 918	11 611	37 470
2001	13 763	22 668	41 520
2008	29 361	50 897	86 901
占 B 出口额的比例			
1993	0.148	0.193	0.179
2001	0.120	0.197	0.140
2008	0.109	0.190	0.144
增长率(%,p.a)			
1993—2008	8.27	10.35	5.77
2001—2008	11.43	12.25	11.13
（b）B 从 A 的进口额			
1993	11 923	13 384	37 018
2001	24 084	25 957	48 949
2008	58 378	46 502	113 982
占 B 进口额的比例			
1993	0.150	0.168	0.182
2001	0.157	0.169	0.162
2008	0.145	0.116	0.162
增长率(%,p.a)			
1993—2008	11.17	8.66	7.79
2001—2008	13.48	8.69	12.83
（c）对外贸易额			
1993	20 841	24 995	74 488
2001	37 847	48 625	90 469
2008	87 739	97 399	200 883
占 B 贸易额的比例			
1993	0.149	0.179	0.181
2001	0.141	0.181	0.151
2008	0.131	0.145	0.153
增长率(%,p.a)			
1993—2008	10.06	9.49	6.84
2001—2008	12.76	10.43	12.07

数据来源：SourceOECD, IFS, International Trade Statistics(WTO)。

表7.6　东盟主要国家贸易关系　　　　　　　　（单位：百万美元）

国家/地区(A/B)	新加坡/泰国	新加坡/马来西亚	泰国/马来西亚
(a) B 到 A 的出口额			
1993	4 395	10 228	1 694
2001	5 272	14 879	3 352
2008	9 823	30 915	10 059
占 B 出口额的比例			
1993	0.119	0.217	0.036
2001	0.081	0.169	0.038
2008	0.055	0.155	0.050
增长率(%,p.a)			
1993—2008	5.51	7.65	12.61
2001—2008	9.30	11.01	17.00
(b) B 从 A 的进口额			
1993	4 204	10 476	1 026
2001	5 296	21 090	2 713
2008	13 145	40 762	9 696
占 B 进口额的比例			
1993	0.091	0.229	0.022
2001	0.085	0.340	0.037
2008	0.074	0.228	0.062
增长率(%,p.a)			
1993—2008	7.90	9.48	16.15
2001—2008	13.87	9.87	19.96
(c) 对外贸易额			
1993	8 599	20 704	2 720
2001	10 568	35 969	6 065
2008	22 968	71 677	19 755
占 B 贸易额的比例			
1993	0.104	0.223	0.029
2001	0.083	0.222	0.037
2008	0.064	0.201	0.055
增长率(%,p.a)			
1993—2008	6.77	8.63	14.13
2001—2008	11.73	10.35	18.38

数据来源：IFS, International Trade Statistics(WTO)。

表7.4到表7.6的数据显示,香港地区在中国内地的对外贸易中占有十分重要的地位,从1993年到2008年,中国内地对香港地区的出口额增长将近10倍,贸易额增长将近7倍。1993年到2008年,以及2001年到2008年这两个期间中国内地对香港地区的出口额和贸易额的年增长率都分别超过了10%和20%,明显高于欧盟和东盟主要国家之间的增长水平。

与此同时,中国内地和香港地区的贸易额(包括出口额、进口额)在中国内地的贸易总额中所占的比重在逐步减小。一个重要原因是,随着中国对外贸易开放的深入,中国和更多的国家或地区建立了贸易关系,而且更多的贸易直接通过内地的港口进行,减弱了对外出口对香港地区的依赖,这些变化导致的中国对外贸易的增加超过了中国内地和香港地区贸易的增加,使得中国内地和香港地区的贸易额在中国内地贸易额中的比重下降。

中国内地和台湾地区的贸易数据虽然一定程度上被低估(因为台湾地区对中国内地的贸易有较大部分是以香港地区为中介开展的),但不容置疑的是,中国内地和台湾地区的贸易额具有显著的增长,从1993年到2008年,中国内地对台湾地区的出口额增长近20倍,年增长率超过20%,进口额和贸易额都增长近10倍,年增长率约为15%。1993年到2008年和2001年到2008年之间的增长率都明显高于欧盟和东盟主要国家的贸易增长率,也超过了中国内地和香港地区之间的贸易增长水平。

同时,香港和台湾地区之间的贸易增长水平较低,在2001年到2008年期间甚至出现负增长,而且贸易额在香港地区贸易总额中所占比重较小。

值得一提的是,在1992年以前,中国内地对香港地区的出口额是被高估的,因为对于中国内地通过香港地区对其他国家或地区的出口额,是作为中国内地对香港地区的出口被记录,而没有记录其最终出口目的地。因此,相比1992年,中国报告的对香港地区的出口额在1993年有较大幅度的下降。但本章列举的数据是以1993年为起点,因此在记录方法上具有较好的一致性。

把中国内地与香港及台湾地区的贸易数据与欧盟、东盟主要国家间的贸易数据进行比较,可以得出,香港地区在中国内地对外贸易中的地位(以中国内地和香港地区的贸易额与中国内地贸易总额的比例衡量)与新加坡在泰国对外贸易中的地位比较接近,但其增长率明显高于欧盟和东盟主要国家之间的贸易增长水平(仅和泰国—马来西亚之间的贸易增长水平比较接近);台湾地区在中国内地对外贸易中的地位相对较低,与泰国在马来西亚对外贸易中的地位接近,但其增长率明显高于欧盟和东盟的主要国家之间以及中国内地和香港地区之间的贸易增长。香港地区和台湾地区在中国内地对外贸易中的比重都在逐渐减小,这反映了中国内地与其他国家或地区贸易的迅速增长以及中国内地港口城市对外贸易的开放。

综上所述,相比欧盟、东盟的主要国家,虽然"大中华"区的贸易对于其成员国或地区的贸易地位并不处于较高水平,而且还有下降的趋势,但其国家和地区间的贸易增长速度,尤其是中国内地和香港、台湾地区之间的贸易水平增长显著,明显高于欧盟和东盟主要成员国之间的贸易增长水平,这说明"大中华"区的贸易融合程度处于迅速发展的阶段。

(二) 经济周期协动性

表7.7到表7.9显示了"大中华"区、欧盟和东盟的经济增长的相关性,分别采用1980—2008年、1991—2008年和2001—2008年三个不同时期的数据。从这些数据可以观察到以下现象:

第一,与其他经济联盟体的国家以及香港和台湾地区之间的总产出相关性相比,中国内地和香港或台湾地区在20世纪80年代后的总产出相关性明显较小,分别仅为0.28和0.24;而在90年代以及21世纪以后这一指标有明显增大趋势,90年代后为0.50和0.46,超过了德国和法国、西班牙的相关性;21世纪后达到0.70和0.69,超过了新加坡和泰国的相关性。

第二,除中国内地与香港、台湾地区以外,从20世纪80年代后到90年代后,其他联盟经济体之间(包括香港与台湾地区之间)的总产出相关性增长不明显,部分表现出下降。例如,香港和台湾地区之间的相关性从0.63减小为0.42;德国和法国、西班牙的相关性分别从0.51、0.47减小到0.47和0.37;新加坡和泰国、马来西亚的相关性分别从0.61、0.83减小到0.60和0.80。只有泰国和马来西亚、法国和西班牙之间的相关性表现出增长,但幅度也远远小于中国内地和香港、台湾地区之间相关性的增长。

第三,从20世纪90年代后到21世纪后,欧盟和东盟经济体之间的总产出相关性依然变化不大,而"大中华"区的各经济体的总产出相关性表现出明显的增长,相关性指数均达到0.70左右,已经基本达到其他两个经济联盟的平均水平。

从以上三点可以得出,从经济周期联动性的角度看,相比欧盟和东盟,"大中华"区经济体之间的经济融合程度有显著加强表现,并且已经基本达到与前者相近的水平。

表7.7 "大中华"区、欧盟、东盟总产出相关性比较(1980—2008)

	中国内地	香港地区	台湾地区
中国内地	1.00	0.28	0.24
香港地区	0.28	1.00	0.63
台湾地区	0.24	0.63	1.00
	德国	法国	西班牙
德国	1.00	0.51	0.47
法国	0.51	1.00	0.82
西班牙	0.47	0.82	1.00

(续表)

	新加坡	泰国	马来西亚
新加坡	1.00	0.61	0.83
泰国	0.61	1.00	0.76
马来西亚	0.83	0.76	1.00

注：以1990年为基准的不变价格计算。
数据来源：World Economic Outlook。

表7.8 "大中华"区、欧盟、东盟总产出相关性比较（1991—2008）

	中国内地	香港地区	台湾地区
中国内地	1.00	0.50	0.46
香港地区	0.50	1.00	0.42
台湾地区	0.46	0.42	1.00
	德国	法国	西班牙
德国	1.00	0.47	0.37
法国	0.47	1.00	0.89
西班牙	0.37	0.89	1.00
	新加坡	泰国	马来西亚
新加坡	1.00	0.60	0.80
泰国	0.60	1.00	0.86
马来西亚	0.80	0.86	1.00

注：以1990年为基准的不变价格计算。
数据来源：World Economic Outlook。

表7.9 "大中华"区、欧盟、东盟总产出相关性比较（2001—2008）

	中国内地	香港地区	台湾地区
中国内地	1.00	0.70	0.69
香港地区	0.70	1.00	0.77
台湾地区	0.69	0.77	1.00
	德国	法国	西班牙
德国	1.00	0.60	0.32
法国	0.60	1.00	0.88
西班牙	0.32	0.88	1.00
	新加坡	泰国	马来西亚
新加坡	1.00	0.68	0.87
泰国	0.68	1.00	0.77
马来西亚	0.87	0.77	1.00

注：以1990年为基准的不变价格计算。
数据来源：World Economic Outlook（WEO）。

（三） FDI

外国直接投资（FDI）是世界经济融合和区域经济一体化的重要标志之一。表7.10 到表7.12 分别列举了1998 年和2007 年"大中华"区、欧盟和东盟外国直接投资的有关数据。

表 7.10　中国内地从香港、台湾地区吸收的外国直接投资　（单位：百万美元）

	香港地区	台湾地区
FDI		
1998	18 508	2 915
2007	27 703	1 774
占中国内地 FDI 的比例		
1998	0.41	0.06
2007	0.33	0.02
增长率（% p.a.）		
1998—2007	4.58	-5.37

数据来源：CEIC。

表 7.11　西班牙从德国、法国吸收的外国直接投资　（单位：百万美元）

	德国	法国
FDI		
1998	1 635	3 121
2007	-3 198	606
占西班牙 FDI 的比例		
1998	0.12	0.22
2007	-0.11	0.02

数据来源：Source OECD, UNCTAD（http://www.unctad.org）。

表 7.12　泰国和马来西亚从新加坡吸收的外国直接投资　（单位：百万美元）

	泰国	马来西亚
从新加坡吸收的 FDI		
1998	1 986	8 610
2007	15 366	21 159
占该国 FDI 的比例		
1998	0.27	3.17
2007	1.37	2.52
增长率（% p.a.）		
1998—2007	25.53	10.51

数据来源：UNCTAD（http://www.unctad.org）。

香港和台湾地区在中国内地吸收的外国直接投资中具有重要地位。香港地区更是外国对中国内地进行投资的重要平台。除了本地资源,香港地区对中国内地的直接投资也包含了中国内地的资本出于政策上的优惠而通过香港地区返回投资于内地的,台湾地区资本为了规避政策限制而通过香港地区投资内地的,以及跨国公司利用香港地区的投资环境对中国内地进行投资的。台湾地区对内地直接投资的数据在一定程度上是被低估的,事实上,台湾地区相当一部分对内地的直接投资不仅有通过香港地区进行的,也有通过维尔京群岛进行的。

　　与之相比,西班牙从德国和法国吸收的 FDI 在 1998 年到 2007 年间在减少,事实上,西班牙对德国和法国的直接投资在该期间显著增加。而泰国和马来西亚从新加坡吸收的直接投资的增长比中国内地从香港地区吸收的直接投资更为显著,年增长率分别超过了 25% 和 10%,占该国 FDI 总额的比重也较大,部分比值超过 1 是因为该国 FDI 总额使用了 FDI 净值(net flow),而新加坡对该国的直接投资使用了 FDI 流入值(inflow)。假如该国 FDI 的流出(outflow)也较大,对流入值(inflow)进行抵消,会使净值(net flow)减小。综上可见,与东盟、欧盟的有关国家相比,大中华区,主要是香港地区对中国内地的直接投资在绝对量上占有显著优势,且增长较快,但其增速要低于东盟的相关国家。

第二节　股票市场协动性分析

一、研究回顾

　　随着全球经济一体化的不断深入、金融市场的放宽和交易技术的提高,信息在不同市场之间的传导速度大大加快,传导渠道日渐增多,金融市场之间的相互依赖、相互影响也日益加强,区域间资本市场一体化的程度被广泛地关注。

　　由无套利原则,当资本市场完全一体化时,具有相同风险的资产其回报率应该是一样的,与交易的地点无关。金融相关文献中用以确定不同国家资产价格的方法有资本资产定价模型、套利定价模型和基于消费的资产定价模型。大多数的研究都基于权益价格的数据,股票市场间收益的相互关系成为考量资本市场一体化程度的重要分析工具。

　　图 7.1 为 2000 年 1 月至 2010 年 2 月中国内地、中国香港地区、中国台湾地区、美国、日本及韩国标准化月度股票综合价格指数走势图,各区域间股票市场的走势基本一致,中国内地股票市场波幅格外大。为了方便对比,综合股指被标准化,基期为 2000 年 1 月,经汇率调整后,以美元为基础。

　　龚朴和李梦玄(2008)采用基于加权 CCF 的方差 Granger 因果检验方法,分析了上证指数、恒生指数收益序列的波动溢出效应,结果显示两股市之间的波动溢出并不显著,一个股市的冲击对另一股市的传导性影响不明显,两股市的协动性相

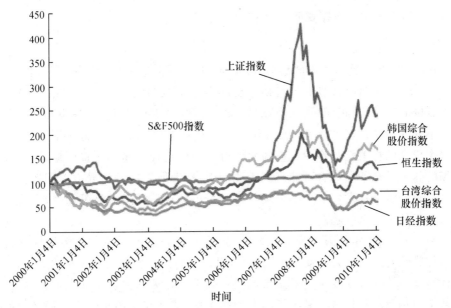

图 7.1 中国内地、中国香港地区、中国台湾地区、美国、日本及韩国月度股票综合价格指数
(2000.1—2010.2)

数据来源:YAHOO FINACE。

对较弱,但有逐渐增大的趋势。吴凌芳和黄梅波(2009)使用 Feldstein 和 Horioka (1980)提出的储蓄和投资关系法,从资本流动性的角度来衡量各国和地区间的金融一体化程度,研究发现东亚金融一体化程度并不高,但在全球金融危机之后有所加强,而其中东盟是东亚各子区域中金融一体化程度最高的区域。在国外,Von Furstenberg 和 Jeon (1989)在考察了宏观经济变量对股票市场相关性的影响后,采用周数据对工业因素的影响进行了回归分析,结果表明工业因素对股票市场间相关性的影响甚微;King,Sentana 和 Wadhwani (1994)采用月收益率数据分析的结果表明,国家或区域之间股票市场的相关性随时间发生改变,而基本宏观变量对资产回报率的解释相当有限。Ammer 和 Mei (1996) 从另一个角度出发,发现大多数国家之间股票市场的相关性可以被国家间普通股的风险溢价协动性而不是基本面的协动性所解释。Longin 和 Solnik (1995)分析了东亚主要的七个国家 1960 年至 1990 年月度超额回报的数据,研究结果支持东亚七国间股票市场相关系数有增大的趋势,且越是有大的扰动发生时,相关系数越大;不仅如此,此相关系数还与股利率和利率相关。Rua 和 Nunes(2009)的研究表明,国际股票市场间协动性的强弱和样本数据的频率有关,低频数据支持更高的市场相关性,日本与各国间股票市场的协动性普遍都很弱。

二、研究方法与数据说明

(一) 研究方法

1987年10月美国股市的崩溃、1997年10月香港地区股票市场的急剧萎缩以及1994年12月墨西哥股灾均很快地反映在了全球各大主要的股票市场(Forbes和Rigobon,2002)。很明显,一个股票市场的剧烈波动可以对其他规模和结构与之完全不同的股票市场产生极大的影响,使得在这个时期股票市场的相关性极高。但这个极高的相关性却不一定成为两个市场一体化程度高的直接证据,因为股票市场的相关系数的增大有可能来源于波动本身,即所谓的条件异方差问题。关于一个重要经济事件发生后一个市场与另一个市场相关性是否显著加强,则要讨论股票市场的传染性问题。

在考察2007年美国次贷危机影响前,我们首先需要对所谓的传染性进行定义。传染性的定义一直广受争议,我们这里采用的是传统意义上狭义的定义,即传染性是指当一个扰动发生后股票市场间相关性的显著增大。从这个定义出发,如果两个市场间在平稳时期显示了高度的相关性,那么在经历扰动后它们之间的高度相关则不属于传染性。即如果两个市场之间的协动性在扰动后没有显著的增大,那么随后的高度相关性则表明两个经济体在广谱的市场状态下都有很强的相关性,而不存在传染性。

股票市场间的相关系数依存于市场的波动性,即存在条件异方差。当市场有扰动时,相关系数的估计值会偏高,如果不对这个偏差进行调整的话,我们一般总会找到传染性的证据,而掩盖了真实的相互依存关系(Forbes和Rigobon,2002)。在一定的假设下,我们可以依据Forbes和Rigobon(2002)的分析框架,量度这个偏差并作相应的调整,得到无条件相关性,以此来考察美国次贷危机前后相关各国与美国资本市场之间的相关性。具体模型设定参见本章附录。

(二) 数据说明

所有相关系数基于给定国家综合股指的收益率,所有股票市场股指的日数据来源于YAHOO FINANCE,以美元为计价基础,所使用的汇率大多来源于各个国家和地区的外汇管理局。对于中国内地,我们采用的是上证综合指数;中国香港地区采用恒生指数(HSI),中国台湾地区采用台湾综合股价指数(TWII),美国采用标准普尔指数(S&P500),日本采用日经指数(NIKKEI225),韩国采用韩国综合股价指数(KOSPI)。经济金融政策影响分析中,加入世贸组织前为2000年1月4日至2001年7月30日,加入世贸组织后指2001年7月31日至2010年2月4日,完整时期指2000年1月4日至2010年2月4日;美国次贷危机分析中,传导性分析的危机前平稳时期取2004年1月12日至2007年10月11日,危机后的扰动时期取

2007年10月12日至2008年1月25日。危机发生时点的选取基于S&P500在相应时期的走势。如图7.2所示,标准普尔指数在2007年10月12日到达最高点,并且自此以后开始走低。

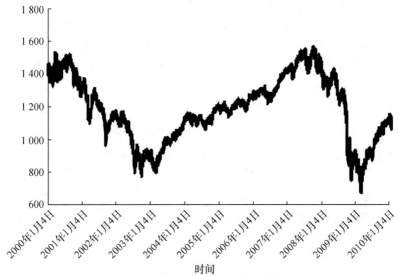

图7.2　美国次贷危机期间标准普尔指数走势图

数据来源:YAHOO FINANCE。

三、实证结果

(一)经济金融政策影响分析结果(见表7.13)

表7.13　中国加入世贸组织和外汇汇率改革前后与相关国家和地区股票市场相关系数

经济体	加入世贸组织前	加入世贸组织后	外汇汇率改革前	外汇汇率改革后	完整时期
中国香港地区	0.177583791	0.211370406	0.075380378	0.328772781	0.196874525
中国台湾地区	-0.106057474	0.096333426	-0.006650723	0.176616683	0.081789578
美国	0.002216463	0.031370206	-0.012570403	0.068415244	0.020416805
日本	-0.016289664	0.102626305	0.041116951	0.150673	S.092612277
韩国	0.035972366	0.148946375	0.058914075	0.222252922	0.12776674

注:数据来源及说明请参考数据说明部分,采用的是日数据季度移动平均法。

从表7.13中可以明显地看出,对所有的经济体,在中国2001年12月加入世贸组织和2005年7月进行外汇汇率改革后,同中国资本市场的联系都更加紧密了,相应的相关系数都有较大的增加;同时不难看出,对于分析中的所有经济体,对外汇汇率改革的敏感性似乎都比对中国加入世贸组织的要大,由此,资本市场一体化程度的提高,可能更加依赖于相关金融政策的支持。我们也可以看到,中国香港地区在以上分析的各个时期同中国内地之间的协动性都最强,其次是韩国。美国、日本和中国台湾地区在不同时期显示了同内地市场的负相关性,鉴于该三个经济体同中国内地的政治渊源极深,我们认为即使流动性极强的金融市场,也一定程度上受政治因素的影响,经济的一体化似乎不能脱离政治领域的融洽而独自实现。

我们同时也很关心各个经济体自身同中国内地市场相关系数的变化历程,这对我们分析中国内地与相应经济体之间资本市场的一体化程度和发展趋势是有指导意义的。表 7.14 和表 7.15 总结了 2000 年至 2009 年各经济体同中国内地分年度相关系数,分别采用高频和低频数据。样本选择的高频数据(日数据)和低频数据(月数据),前者采取了季度移动平均,后者采取了年度移动平均。

表 7.14　2000 年至 2009 年各经济体同中国内地分年度相关系数,高频(日)数据组

年份	HSI	TWII	S&P500	NIKKEI	KOSPI
2009	0.451937	0.250966	0.146664	0.160855	0.331746
2008	0.419238	0.268511	−0.03703	0.222649	0.27044
2007	0.338423	0.146924	0.125233	0.201452	0.239605
2006	0.149413	0.052547	0.073145	0.053743	0.06122
2005	0.106878	0.075177	−0.02632	0.033652	0.129032
2004	0.197692	0.038015	0.00729	0.127374	0.115453
2003	0.026674	−0.00159	0.019829	0.018876	0.086009
2002	0.002757	−0.04529	−0.05256	0.011945	−0.02412
2001	0.139729	−0.04249	−0.01579	0.029515	0.006307
2000	0.103371	0.070809	−0.06655	0.054822	0.034258

表 7.15　2000 年至 2009 年各经济体同中国内地分年度相关系数,低频(月度)数据组

年份	HSI	TWII	S&P500	NIKKEI	KOSPI
2009	0.549516	0.374668	−0.13195	0.429854	0.586715
2008	0.671906	0.426249	−0.23408	0.545168	0.668708
2007	0.164347	0.16137	0.265236	0.093281	0.192014
2006	0.179332	0.252494	0.588821	−0.2228	−0.06299
2005	0.529896	0.232659	0.411235	0.052421	0.359485
2004	0.12271	0.235603	0.020184	−0.0144	0.207269
2003	0.042922	0.262433	0.417087	−0.17416	−0.05885
2002	0.297267	−0.06018	−0.03392	0.225512	0.063988
2001	0.038544	0.183815	0.232898	0.252562	−0.00673
2000	0.098177	0.755584	−0.05812	0.27818	−0.21817

第七章 两岸三地经济融合

对比表 7.14 和表 7.15 中各经济体同中国内地的股票市场相关系数,可以看出低频数据一般会提供一个更大的相关系数,这个结果支持了 Rua 和 Nunes (2009) 的研究结果。同时,如图 7.3 和图 7.4 所示,高频数据得到的年度相关系数波幅较大,而低频数据则相对平稳,虽然总的来说相关系数的值一直有波动。

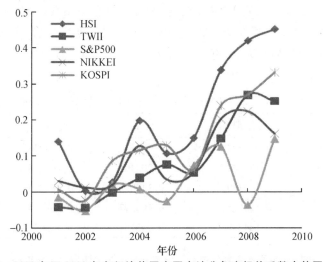

图 7.3　2000 年至 2009 年各经济体同中国内地分年度相关系数走势图,高频

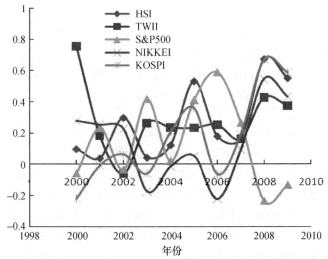

图 7.4　2000 年至 2009 年各经济体同中国内地分年度相关系数走势图,低频

（二）金融危机的传导性

如前所述,在历史上的各大金融危机中,一个股票市场的剧烈波动可以对其他规模和结构与之完全不同的股票市场产生极大的影响,使得在这个时期股票市场

的相关性极高。但这个极高的相关性却不一定成为两个市场一体化程度加深的直接证据,因为股票市场的相关系数的增大有可能来源于波动本身,而不是由于两者间的协动性在危机发生后变得更强。按照模型设定中与 Forbes 和 Rigobon(2002)类似的分析方法,我们考察了 2007 年美国次贷危机前后各经济体同美国间的相关系数,分别得到了条件相关系数(非调整)和无条件相关系数(调整后),其中,后者可以更准确地反映危机后经济体间的相关性。通过考察危机前后相关系数是否显著增大,我们可以粗略判断美国的这次金融危机是否对某经济体具有传导性,结果列于表 7.16 和表 7.17 中。

表 7.16　2007 年美国次贷危机前后各国家和地区与美国股票市场条件相关系数

经济体	稳定期	扰动期	完整期	传导性
中国内地	0.052708	-0.05515	0.044938	否
中国香港地区	0.137889	0.203401	0.142608	是
中国台湾地区	0.100729	0.143018	0.103775	是
日本	0.110615	0.100197	0.109865	否
韩国	0.184439	0.205197	0.185934	是

表 7.17　2007 年美国次贷危机前后各国家和地区与美国股票市场无条件相关系数

经济体	稳定期	扰动期(调整后)	完整期	传导性
中国内地	0.052708	-0.031942079	0.044938	否
中国香港地区	0.137889	0.118507179	0.142608	否
中国台湾地区	0.100729	0.083043003	0.103775	否
日本	0.110615	0.058416986	0.109865	否
韩国	0.184439	0.11965661	0.185934	否

从表 7.16 和表 7.17 的对比中可以看出,虽然中国香港、台湾地区和韩国在危机后与美国市场的相关系数增大了,显示出美国股票市场对它们有传导性,但经过异方差调整后,上述讨论的五个经济体在危机后同美国市场的相关度都减小了,即没有所谓的传导性,条件相关系数的增大也只是由波动本身所产生,这进一步证实了我们模型设定中的分析框架的合理性。有趣的是,中国内地在危机前后,同美国市场的相关性从正的 0.05 左右转变成了负的 0.04 左右,这可能显示了中国内地经济对美国经济依赖程度的降低。

(三) 金融危机对中国内地与相应经济体间相关性的影响

此次发源于美国的次贷危机波及范围广、持续时间长,伴随着很多学者对美元甚至美国经济复苏本身的质疑,中国大国崛起成为很多人谈论的时事话题。那么,此次金融危机对中国内地同与之密切相关的经济体之间的相关关系又会有怎样的影响呢?

表 7.18 列出了危机前后各经济体与中国内地股票市场的相关系数,稳定期和扰动期分别对应危机前和危机后,具体的定义见数据说明部分。

表 7.18　2007 年美国次贷危机前后各国家和地区与中国内地股票市场相关系数

经济体	稳定期	扰动期	完整期
中国香港地区	0.190487388	0.3256672	0.20022546
中国台湾地区	0.072491744	0.142246613	0.077516739
美国	0.052707926	−0.055152892	0.044937857
日本	0.100143138	0.161869331	0.104589764
韩国	0.134290497	0.146755426	0.135188445

同样有趣的是,在美国危机发生后,中国内地同除美国外的相关经济体间的协动性均显著增强,虽然由于中国内地本身不是此次危机扰动的发源地,不能对表 7.18 中的相关系数按照模型设定的框架进行调整,但根据相关系数变化的量(增大了近一倍),我们有理由相信,危机后中国内地同相关经济体,尤其是两岸三地市场的相关性进一步加强,经济一体化的势头有增强的趋势。

四、小结

本部分首先考察了 2001 年 12 月中国加入世贸组织前后以及 2005 年 7 月中国汇率改革前后,中国内地与相关区域国家股票市场的协动性变化,结果显示,所考察经济体与中国内地资本市场的联系都更加紧密了,同时,对外汇汇率改革的敏感性比对中国加入世贸组织的要大。此后验分析支持这两个重大经济金融政策促进了中国内地与相关区域尤其是两岸三地经济一体化进程。其次,我们重点考察了美国次贷危机前后各国与美国资本市场之间的相关性,以及此次危机对中国内地同相关区域间的协动性的影响。同 Forbes 和 Rigobon(2002)的分析结果类似,虽然大多数亚洲国家在危机后与美国市场关联性更大,但这个结果是由金融市场自身波幅的增大引起,而不是它们之间的相关性本身加强所导致的,即不存在所谓的传导性。同时,危机后中国内地同相关经济体,尤其是两岸三地股票市场的协动性进一步加强。

第三节　金融与实体融合

一、研究回顾

与实体融合相比,金融融合更容易通过利率等金融指标来衡量,因而被广泛研究。有关金融融合的最早研究方向是资本市场的融合,其最常用的衡量指标是

Feldstein-Horioka 准则。Feldstein 和 Horioka（1980）认为，如果资本能在国际范围内自由流动，一国的储蓄将与投资无关，因为该国的储蓄取决于世界范围内的投资机会，而其投资则依赖于全世界的资本供给。相反，如果资本不能在国际市场上自由流动，一国的新增储蓄将主要用于本国的投资，直接结果就是该国的储蓄率与投资率高度相关。因此，通过分析一国储蓄率与投资率的相关关系可以对资本市场的融合程度进行检验。

作为资本的机会成本，利率是资本市场最常见的指标之一，从而也经常被用于研究金融与实体融合问题。Frankel（1991）最早提出实际利率平价体现了金融与实体市场的双重融合；为了证实 Frankel（1991）的结论，Cheung、Chinn 和 Fujii（2007）进一步将实际利率差分解为无抵补利率差和相对购买力差两项，指出无套补利率平价反映了在货币市场和外汇市场的套利驱动下的金融融合，而相对购买力平价则反映了通过商品和服务进行套利的容易程度，作为两者之差的实际利率平价因此衡量了金融与实体市场的双重融合。同时，他们还利用这个利率分析框架考察了中国内地、香港地区、台湾地区之间金融与实体的融合情况。他们使用了自 1996 年 2 月至 2003 年 6 月的相关数据进行了实证分析，发现两岸三地在长期是趋于融合的，但短期来说平价条件并不成立；在所有的经济体组合中，香港地区与中国内地的融合程度最高；另外，三者在商品市场的融合程度要高于金融市场。

自 2003 年起，两岸三地的经济有了日新月异的发展，特别是中国内地于 2005 年 7 月启动了人民币汇率改革、2007 年底由美国次贷引发的经济危机等都改变了原有的经济格局，从而有必要重新考察两岸三地的融合问题。下面我们将结合 Feldstein-Horioka 准则和 Cheung、Chinn 和 Fujii（2007）提出的利率框架，采用最新的数据对中国内地、香港地区、台湾地区之间的金融与实体融合问题进行研究，并重点分析人民币汇率改革和次贷危机对两岸三地之间融合趋势的影响。

二、研究方法和数据

（一）Feldstein-Horioka 准则

Feldstein-Horioka 准则是通过分析储蓄与投资的关系来研究资本市场的融合程度。虽然如 Frankel（1992）所指出的一样，储蓄与投资的显著相关可能有其他方面的原因，如储蓄和投资可能受一些共同因素的影响，例如"大国"假设下储蓄与投资应该有相关关系，或实际利率平价不成立等等，但在没有更好衡量指标的情况下，Feldstein-Horioka 准则仍能给我们提供一个直观的分析角度。在本节中，我们将按照 Feldstein 和 Horioka（1980）的模型对两岸三地的储蓄率与投资率进行回归分析。但与 Feldstein 和 Horioka（1980）对样本期内的平均比率进行横截面回归不同，我们将根据面板数据的特征选择固定效应或随机效应回归模型，即

$$\left(\frac{I}{Y}\right)_{i,t} = \alpha + \beta\left(\frac{S}{Y}\right)_{i,t} + \varepsilon_{i,t} \tag{1}$$

对于固定效应模型,其中的 $\alpha = \alpha + u_i$;对于随机效应模型,其中的 $\varepsilon_{i,t} = u_i + \varepsilon_{i,t}$。

我们的数据来源是 Penn World Table (PWT) Version 6.3,使用了自 1979 年至 2007 年的年度数据。对于投资率的衡量指标,我们使用的是人均实际 GDP 的投资份额指标[1];为了衡量储蓄率,我们参考了 PWT Version 6.1 的处理方法,将储蓄率定义为人均实际 GDP 的储蓄份额,通过(100 - 人均实际 GDP 的消费份额 - 人均实际 GDP 的政府消费份额)计算得出。

表 7.19 简单统计了两岸三地投资率与储蓄率的相关关系。总的来说,从 1979 年至 2007 年,中国内地投资与储蓄的相关度较高,而香港地区和台湾地区投资与储蓄的关系不明显,其相关系数为负,这在一定程度上印证了香港地区和台湾地区为中国内地提供投资资金的事实。同时,从图 7.5 可以看出,虽然中国内地从 20 世纪 80 年代中期开始已允许外国直接在华投资,但直到 1992 年外国直接投资才开始迅速发展。考虑到外国直接投资可能会影响投资率与储蓄率的关系,我们还分 1979—1991 年、1992—2007 年两个阶段进行了研究。对于中国内地来说,外国在华投资的增加并没有显著地影响储蓄率与投资率的关系,但 1979—1991 年间负的相关系数出乎意料,我们认为可能与计划经济体制有关,即投资是在国家主导下进行的,只有在保障投资水平之后国家才将收入分给人们支配。由于香港地区较少的金融管制,再加上很多台湾地区资金选择绕道香港地区投资中国内地,香港地区在 1992—2007 年间投资与储蓄负相关系数的增加在一定程度反映了香港和台湾地区对内地投资的增加,因此我们可以认为两岸三地资本市场的整合程度在 1992 年后有了显著的提高。

表 7.19 投资与储蓄的相关系数

时间	中国内地	香港地区	台湾地区
1979—2007	0.83	-0.36	-0.55
1979—1991	-0.11	-0.37	-0.71
1992—2007	0.83	-0.61	0.19

---

[1] 有关中国内地的数据使用的是该数据库提供的 China Version2 数据,这是对官方数据进行校正后的版本,被认为更符合中国的经济发展过程。

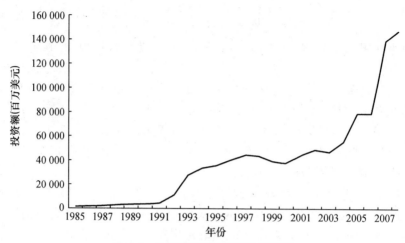

图 7.5　外国和港澳台在华直接投资

数据来源：国家外汇管理局网站（www.safe.gov.cn）。

（二）利率研究框架

根据 Cheung，Chinn 和 Fujii（2007）的框架，我们将实际利率差分解为无抵补利率差和相对购买力差两项，并用事后的统计量代替预期变量进行分析，即

$$r_{i,k} - r_{t,k}^{*} = (i_{i,k} - i_{t,k}^{*} - \Delta s_{t,k}) - (\pi_{i,k} - \pi_{t,k}^{*} - \Delta s_{t,k}) \qquad (2)$$

其中 $r_{i,k}$、$r_{t,k}^{*}$ 为经济体 i 和 t 在时间 k 的实际利率，$i_{i,k}$、$i_{t,k}^{*}$ 为经济体 i 和 t 在时间 k 的名义利率，$\pi_{i,k}$、$\pi_{t,k}^{*}$ 为经济体 i 和 t 在时间 k 的通货膨胀率，$\Delta s_{t,k}$ 为经济体 i 和 t 之间在时间 k 的汇率变动率，且以上所有的比率均为年化变动率。

根据等式（2），我们需要的数据主要有 CPI、兑美元汇率和一个月银行间拆借利率（one-month interbank offered rate），其中中国内地数据来自 CEIC 数据库，香港地区数据来自香港金融管理局和香港经济近况网站，而台湾地区数据则来自台湾行政当局主计处和美联储网站（汇率数据）。我们使用的是自 1999 年 2 月起到 2009 年 9 月的月度数据，将以 2005 年 7 月人民币汇率改革为界分两个阶段讨论，重在探讨人民币汇率改革和次贷危机对两岸三地之间经济融合的影响。

首先我们对三个利率变量进行了简单的统计分析。从表 7.20 中可以看出，香港地区/中国内地的三个利率平价条件都显著不等于零，而台湾地区/中国内地、台湾地区/香港地区两对组合的利率平价条件都接近于零。结合下文的分析可以看出，这可能是因为中国内地和香港地区都实行与美元挂钩的汇率制度，导致双方汇率都不能有效地调整而保证利率平价条件的成立；相反，由于台湾地区汇率可以自由浮动，从而有利于保证相关利率平价条件的成立。

第七章 两岸三地经济融合

表 7.20　事后利率变量的统计分析　　　　　　　　（单位:%）

	香港地区/中国内地	台湾地区/中国内地	台湾地区/香港地区
1. 实际利率差			
均值	2.19*	0.07	-2.12*
最大值	29.75	26.43	35.06
最小值	-32.58	-26.20	-41.22
标准差	11.25	11.85	11.20
2. 无抵补利率差			
均值	-1.57**	-1.91	-0.34
最大值	6.33	42.30	44.44
最小值	-23.31	-45.56	-44.36
标准差	5.07	16.83	16.80
3. 相对购买力差			
均值	-3.76**	-1.98	1.78
最大值	32.60	44.57	42.91
最小值	-41.99	-62.86	-53.81
标准差	12.09	20.15	18.99

注:** 表示在 1% 水平上显著,* 表示在 5% 水平上显著。

图 7.6 至图 7.8 给出了每对经济体组合各个利率序列的具体走势。从中可以看出,香港地区/中国内地的利率走势显著不同于另外两对组合:其无抵补利率差

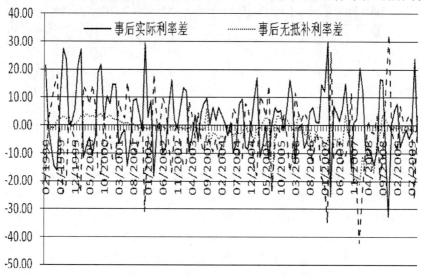

图 7.6　香港地区/中国内地利率平价条件的偏差

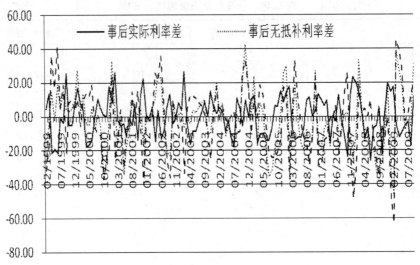

图 7.7　台湾地区/中国内地利率平价条件的偏差

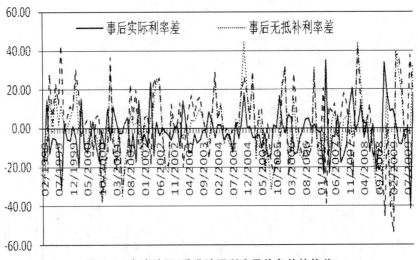

图 7.8　台湾地区/香港地区利率平价条件的偏差

与事后相对购买力差的波动相对较小,但两者之间的相关性较低,因此实际利率差与另外两对组合相当;同时,其实际利率差主要受相对购买力差的影响,无抵补利率差的波动远小于另外两对组合,虽然在 2005 年 7 月人民币汇率改革和 2007—2008 年次贷危机时无抵补利率差的波动有所增大,但增幅有限。台湾地区/中国内地、台湾地区/香港地区这两对组合的无抵补利率差与事后相对购买力差的波动都比较大,但因为两者的相关性较高,对实际利率差的影响作用能够相互抵消。

为了更准确地分析各个利率平价条件偏差之间的关系,我们按照等式(3)对

第七章　两岸三地经济融合

实际利率差的方差进行了分解,同时也对无抵补利率差和相对购买力差的方差进行了类似的分解,具体结果见表7.21。

$$\mathrm{var}(r_{i,k} - r_{t,k}^*) = \mathrm{var}(i_{i,k} - i_{t,k}^* - \Delta s_{t,k}) + \mathrm{var}(\pi_{i,k} - \pi_{t,k}^* - \Delta s_{t,k})$$
$$- 2\mathrm{cov}(i_{i,k} - i_{t,k}^* - \Delta s_{t,k}, \pi_{i,k} - \pi_{t,k}^* - \Delta s_{t,k}) \quad (3)$$

表7.21　平价条件偏差的方差分析

	香港地区/中国内地	台湾地区/中国内地	台湾地区/香港地区
	1999.2—2005.7		
1. var(RID)	119.23	130.95	83.65
var(UID)	13.07	218.35	211.93
var(RPD)	123.55	313.27	263.06
cor(UID, RPD)	0.22	0.77	0.83
2. var(UID)	13.07	218.35	211.93
var($i - i^*$)	4.79	2.95	1.07
var(Δs)	9.82	225.66	208.85
cor.($i - i^*$, Δs)	-0.11	-0.23	0.09
3. var(RPD)	123.55	313.27	263.06
var($\pi - \pi^*$)	115.39	130.88	79.76
var(Δs)	9.82	225.66	208.85
cor.($\pi - \pi^*$, Δs)	-0.02	-0.13	-0.10
	2005.8—2009.9		
1. var(RID)	139.63	157.71	190.93
var(UID)	38.45	373.23	395.99
var(RPD)	181.09	534.90	511.43
cor(UID, RPD)	0.48	0.84	0.80
2. var(UID)	38.45	373.23	395.99
var($i - i^*$)	2.77	0.64	1.75
var(Δs)	30.96	367.96	390.22
cor.($i - i^*$, Δs)	0.25	0.13	0.01
3. var(RPD)	181.09	534.90	511.43
var($\pi - \pi^*$)	133.85	155.88	188.01
var(Δs)	30.96	367.96	390.22
cor.($\pi - \pi^*$, Δs)	0.13	0.02	-0.12

注:RID表示实际汇率差,UID表示无抵补的利率差,RPD表示相对购买力差。

表 7.21 中的具体数据进一步证实了基于利率序列图表的观察结果,即对于香港地区/中国内地来说,实际利率差的贡献主要来自相对购买力差,无抵补利率差变化较小,且与相对购买力差的相关系数较小;而对于台湾地区/中国内地和台湾地区/香港地区这两对组合来说,无抵补利率差和相对购买力差的波动都较大,但因为它们的相关系数较大,对实际利率差的影响可以相互抵消,因此实际利率差的波动与香港地区/中国内地的相当。我们认为,这一方面是因为香港地区、中国内地都采取与美元挂钩的汇率政策,它们的相对汇率波动较小(人民币汇率改革后这一波动有所增加,但由于人民币的浮动范围有限,增加的幅度有限)。同时,为了保持与美元挂钩的汇率体制,中国内地和香港地区的利率和通货膨胀都要依据美国的相应政策,否则会有热钱流进流出进行套利,这些都导致了香港地区/中国内地的无抵补利率差和相对购买力差的波动较小。另一方面,由于台湾地区实现自由浮动的汇率制度,汇率可以向有利于实现实际汇率平价条件的方向调整,但却使得无抵补利率差和相对购买力差的波动相对较大,且两者之间的相关性较高。

同时,比较人民币汇率改革前后的数据,我们可以看出:首先,汇率改革后,中国内地相对香港和台湾地区的汇率波动都有所增大,这与人民币汇率改革的初衷一致;其次,香港地区/中国内地、台湾地区/中国内地这两对组合的相对利率($i_t - i_t^*$)、相对通货膨胀率($\pi_t - \pi_t^*$)与相对汇率变动(Δs)的相关系数由负变为正。这似乎有悖于长期购买力平价条件,我们认为与次贷危机有关。在次贷危机下,随着各个国家和地区竞相实行宽松的货币政策,受经济发展前景不明朗的影响,香港和台湾地区的利率、通货膨胀预期要相对低于内地,而另一方面,随着美国经济的衰弱,美元疲软,人民币相应升值,港币和台币相对人民币出现了贬值,因此才出现了相对利率、相对通货膨胀率与相对汇率变动同时为负,即正相关的关系。另外,人民币汇率改革后,各个利率序列的波动变大,这应该也与次贷危机有关。但从本质上讲,汇率改革前后各利率序列之间的相对大小和相互关系并没有发生大的变化。

三、实证结果

(一) Feldstein-Horioka 准则的实证结果

根据本节的等式(1),我们对两岸三地的面板数据进行了回归分析。通过 Hausman 检验,我们发现固定效应模型更符合数据特征。同时,我们也用最简单的 OLS 模型对数据进行了回归分析,以与面板回归的结果进行对比。从表 7.22 可以看出,固定效应模型更符合数据特征,β 值接近 0.5,且两个模型都显示 β 值显著不等于 1,与 Feldstein-Horioka(1980)发现 OECD 国家的 β 值接近于 1 不同,这说明两岸三地之间资本市场的融合程度相对较高。

表 7.22　Feldstein-Horioka 准则的回归结果

	固定效应模型回归	OLS 回归
β	0.49	0.36
	(0.12)	(0.10)
α	11.01	15.12
	(3.57)	(2.95)
$\beta=1$ 的 t 检验值	−4.29	−6.62
R^2	0.23	0.14

（二）利率平价条件的实证结果

根据 Cheung, Chinn 和 Fujii（2007），我们分析了三个利率序列的稳定性和可预测性。首先，我们使用增广的 Dickey-Fuller（ADF）检验来判断利率序列是否有单位根，其中对于 ADF 检验的最优滞后项数，我们使用了贝叶斯信息标准（BIC）来选择，在此基础上，我们还计算了 6 阶、12 阶 Box-Ljung Q 统计量；其次，我们根据 ADF 的最优滞后项数对 AR 模型进行估计，以判断利率序列在短期是否具有可预测性。鉴于 2005 年 7 月中国内地开始人民币汇率改革，为了避免改革可能引发的模型变化，我们对改革前后的数据分别进行了回归。

从表 7.23、表 7.24 可以看出，汇率改革前，除了香港地区/中国内地的实际利率平价条件的偏差不稳定外，三个利率序列基本都是平稳的，即长期来看，利率平价条件是成立的，虽然由于汇率体制的影响，香港地区/中国内地利率序列的稳定性不如台湾地区/中国内地、台湾地区/香港地区这两对组合；但从 AR 模型的结果中可以看出，所有利率平价条件的偏差在短期内还有很强的持续性。

汇率改革后，除了香港地区/中国内地的无抵补利率差不稳定外，其他利率序列的稳定性有了显著提高，且短期的可预测性有了一定程度的降低。鉴于香港地区/中国内地相对购买力平价条件在长期是成立的，我们可以推论，中国内地与香港地区的实体融合程度要高于金融融合程度。总之，人民币汇率改革之后，两岸三地的融合程度有了进一步的提高。

四、小结

综上所述，Feldstein-Horioka 准则一定程度上反映了中国内地、香港地区、台湾地区之间资本市场的整合程度要远高于 OECD 国家，其中香港和台湾地区是中国内地投资资金的重要来源；利率分析框架则表明，两岸三地的利率平价条件在长期是成立的，但偏差在短期还有一定的持续性。值得注意的是，人民币汇率改革之后，两岸三地的融合程度有了显著提高，利率平价条件的稳定性增强，短期的持续性则有所降低。

表 7.23　平价条件偏差的稳定性和可预测性检验（1999 年 2 月—2005 年 7 月）

	实际利率差		无抵补利率差		相对购买力差	
	香港地区/中国内地	台湾地区/中国内地	台湾地区/香港地区	香港地区/中国内地	台湾地区/香港地区	台湾地区/中国内地	香港地区/中国内地	台湾地区/中国内地	台湾地区/香港地区

单位根检验

ADF-μ	-1.577[11]	-6.809[7]**	-6.116[1]**	-2.204[1]	-4.715[1]**	-4.696[1]**	-2.981[11]*	-4.991[1]*	-5.192[1]**
Q(6)	7.088	4.256	3.444	2.401	2.912	5.600	5.866	3.319	0.571
Q(12)	11.956	7.649	18.001	4.239	6.457	8.813	8.380	12.587	7.837
ADF-t	-2.542[11]	-6.962[7]**	-6.319[1]**	-4.653[1]**	-4.681[1]**	-4.707[1]**	-3.097[11]	-4.956[1]**	-5.157[1]**
Q(6)	6.580	3.875	4.205	1.679	2.815	6.024	4.868	3.356	0.577
Q(12)	11.721	7.127	19.225	4.781	6.307	9.259	8.004	12.627	7.838

可预测性检验

AR(1)	0.221*	0.180	-0.234*	0.496**	0.349**	0.358**	-0.059	0.257*	0.155
	(0.130)	(0.114)	(0.112)	(0.159)	(0.110)	(0.105)	(0.138)	(0.110)	(0.113)
AR(2)	-0.209	-0.046					-0.392**		
	(0.133)	(0.116)					(0.134)		
AR(3)	-0.086	-0.141					-0.305*		
	(0.136)	(0.114)					(0.141)		
AR(4)	-0.023	-0.264**					-0.311*		
	(0.133)	(0.111)					(0.136)		
AR(5)	-0.032	-0.076					-0.167		
	(0.134)	(0.113)					(0.137)		
AR(6)	-0.147	0.071					-0.308*		
	(0.134)	(0.112)					(0.133)		
AR(7)	-0.119	-0.436**					-0.330**		
	(0.134)	(0.110)					(0.134)		

(续表)

	香港地区/中国内地	台湾地区/中国内地	台湾地区/香港地区	香港地区/中国内地	台湾地区/中国内地	台湾地区/香港地区	香港地区/中国内地	台湾地区/中国内地	台湾地区/香港地区
AR(8)	−0.092						−0.287*		
	(0.135)						(0.138)		
AR(9)	−0.029						−0.263#		
	(0.134)						(0.136)		
AR(10)	−0.269*						−0.386**		
	(0.131)						(0.131)		
AR(11)	0.265*						0.013		
	(0.126)						(0.137)		
$\bar{R}^2$	0.123	0.214	0.043	0.103	0.106	0.122	0.270	0.055	0.011

注：** 表示在1%水平上显著，* 表示在5%水平上显著，"#"表示在10%水平上显著。

表 7.24　平价条件偏差的稳定性和可预测性检验（2005 年 8 月—2009 年 9 月）

	实际利率差			无抵补利率差			相对购买力平价		
	香港地区/中国内地	台湾地区/中国内地	台湾地区/香港地区	香港地区/中国内地	台湾地区/中国内地	台湾地区/香港地区	香港地区/中国内地	台湾地区/中国内地	台湾地区/香港地区
单位根检验									
ADF-μ	$-5.783[1]^{**}$	$-4.647[2]^{**}$	$-4.418[1]^{**}$	$-2.378[1]$	$-5.606[1]^{**}$	$-5.250[1]^{**}$	$-4.494[1]^{**}$	$-6.034[1]^{**}$	$-5.139[1]^{**}$
Q(6)	3.612	2.224	6.609	5.287	1.994	2.468	1.383	0.444	3.373
Q(12)	15.164	15.133	15.695	14.213	10.007	15.631	13.377	4.556	10.097
ADF-t	$-5.925[1]^{**}$	$-4.642[2]^{**}$	$-4.383[1]^{**}$	$-2.272[1]$	$-5.536[1]^{**}$	$-5.190[1]^{**}$	$-4.475[1]^{**}$	$-6.005[1]^{**}$	$-5.084[1]^{**}$
Q(6)	4.584	2.692	6.315	5.319	1.993	2.462	1.375	0.445	3.348
Q(12)	16.928	15.972	15.211	14.432	10.217	15.448	13.839	4.537	9.949
可预测性检验									
AR(1)	0.085	0.449^{**}	-0.099	0.678^{**}	0.238	0.304^{*}	0.205	0.288^{*}	0.193
	0.146	0.151	0.146	0.107	0.145	0.140	0.143	0.141	0.143
AR(2)		-0.113							
		0.154							
$\bar{R}^2$	-0.014	0.133	-0.011	0.451	0.034	0.072	0.021	0.063	0.017

注：** 表示在 1% 水平上显著，* 表示在 5% 水平上显著，$^{\#}$ 表示在 10% 水平上显著。

第四节 两岸三地货币整合的成本收益分析

我们论证了两岸三地贸易、经济周期、资本市场一体化等的融合程度,中国内地对香港和台湾地区的影响伴随着 2002 年中国加入 WTO,2005 年人民币汇率改革以及 2008 年全球金融危机日益显著,两岸三地成立最优货币区的标准也已经基本满足。然而要想成立最优货币区,首先需要实现各方净收益为正,其次还需要各方抛开成见,精诚合作,在一定程度上,最优货币区的成立政治决定大于经济含义。

构建最优货币区的收益包括消除汇率的不确定及因汇率因素造成的价格波动,降低汇率不稳定带来的风险,降低实际利率水平,同时,货币区域化有助于信用延伸,通货膨胀率差异较大的国家建成货币同盟,反通货膨胀较差的国家可以从反通货膨胀较好的国家获得信用,降低通货膨胀水平。另外,对最优货币区的内生性研究发现,货币同盟对货币区内贸易具有很强的推动作用(Rose,2000),国家货币是一个很重要的国际贸易障碍,等价于 26% 的贸易关税;货币同盟也使金融市场一体化程度加深,资本流动性增强,增加了证券的可替代性和证券的跨国流动,Gaspar 和 Mongelli (2001) 发现欧元区政府债券收益率在引入欧元后有非常强的趋同趋势;最后,生产性资本跨国流动的汇兑成本和汇率风险的降低,增加了由资本流动带来的回报,减小了回报的方差,从而增强了资本的流动性。

货币区域化后的潜在成本,一是削弱了成员国的货币政策独立性,并且丧失了国内铸币税的收益;二是由于最优货币区的经济周期协动性,局部国家或者地区的严重危机可能对整个货币区产生不利影响,如此次希腊债务危机。

中国两岸三地的货币整合,从收益的角度,总体而言,(1)从贸易角度,可以避免汇率波动风险以及贸易汇兑成本,促进贸易扩大和商品流动;(2)从金融市场角度考虑,共同的货币业务能够促进货币区内的金融业务整合,促进金融市场间证券资产价格的趋同,增加市场流动性,降低融资成本;(3)从货币区内生性考虑,货币整合促使两岸三地经济周期趋同,促进劳动力和生产要素的流动,通过要素转移消除需求转移造成的冲击,增加经济体共同对抗通货膨胀的能力。

就货币区内各经济体而言,(1)对中国内地,最大的收益应该在金融市场,当前中国内地金融市场并不完善,法制不透明,政策管制意味甚浓。货币的整合将促使资本账户进一步开放,港澳台地区投资者对内地市场的投资[1]形成对内地市场的监督,使金融市场更加透明;而金融业务的整合,市场流动性的增加也将促进内地债券市场和资本市场的发展,增加金融市场的广度和深度。(2)对香港地区,尽

---

[1] 譬如港澳台投资者投资内地股市,或者内地企业到港澳台地区融资。

管目前钉住美元,然而与中国内地经济周期却更加趋同,两个经济体经济发展的周期性波动与美国经济周期非对称性矛盾将不断累积,香港地区在这种不对称中深受美国经济周期调整之苦。货币整合将使香港地区从内地经济中受益颇多,其完善的金融体制和成熟的业务经营可以吸引更多投资,增加人民币业务,扩展金融市场容量,增强竞争力。(3)对台湾地区,尽管经历过亚洲"四小龙"的增长奇迹,然而近年来其经济增长空间有限。货币的整合将进一步促进其与中国内地的经济合作,增加其对内地的投资,进一步,也可以吸引内地企业到台湾地区投资,拉动台湾地区经济增长,更进一步还可以打开中国内地金融市场,带动台湾地区金融业发展。

从成本角度考虑,货币整合后,区内各经济体将以牺牲自身的货币政策独立性为代价换来区内资本流动和汇率的稳定,并且达到货币区内部价格的稳定。对此成本,最大考虑者莫过于中央政府,然而此举却可能是两岸货币整合的特殊意义所在。众所周知,我国当前面临的很大挑战就是货币政策不独立,行政干预严重,表现为利率尚未市场化,调控手段单一,央行政策目标不明确等等,中国的货币化进程固然需要在中国经济改革的大背景下考虑,然而,如能以货币整合为契机,积极促进央行独立,带动制度和市场变革,盘活当前改革棋局亦不无可能。

此外,希腊债务危机使欧盟地位岌岌可危,两岸三地的货币整合是否会使大中华区经济受局部经济失调困扰?应当说这种困扰的可能性不大。两岸三地经济结构与欧盟经济结构并不一致,主要表现在中国内地经济体规模巨大,形成"一大带两小"的经济格局,只要中国内地经济持续强劲,局部经济危机完全可通过救助解决。

不得不提的是,单纯对潜在最优货币区内各经济体的成本收益分析并不能决定货币区是否可以成立,例如尽管日本积极谋求东南亚区域货币合作,然而由于亚洲各国政治历史文化差异等原因,并未得到其他国家的积极响应。因此,加强区域性制度建设和达成潜在货币区经济体政策共识,为了自身利益建立政治联系对货币的区域化尤其重要。两岸三地同根同源,从中华民族的福祉出发,货币的整合为中国内地和台湾地区保留政治自由空间的同时,进一步促进经济的融合,可以说是双方的共赢。

附录

模型设定

市场波动性对股票市场相关系数的偏差最早由 Ronn(1998)提出,但他在证明偏差的存在性时对残差的分布作了很强的假设,并且也没有阐明偏差如何对相关系数产生影响。Boyer, Gibson 和 Loretan(1999), Loretan 和 English(2000)采用了与 Forbes 和 Rigobon(2002)不同的统计分析框架,得出了相同的对相关系数的调整。本文采用了 Forbes 和 Rigobon(2002)的分析方法。

为了方便分析,以两市场模型为例说明。两个市场间股票回报率的关系如下式:

$$y_t = \alpha + \beta x_t + \varepsilon_t \tag{1}$$

并且满足

$$E[x_t] = 0 \tag{2}$$

$$E[\varepsilon_t^2] = c < \infty \tag{3}$$

$$E[x_t \varepsilon_t] = 0 \tag{4}$$

其中,x_t 和 y_t 分别为代表股票市场的回报率的随机变量,c 是常数。

将样本分为两组,使得 x_t 的方差在第一组里较小(l)而在另一组里较大(h)。与此相对应的,方差较小的组对应市场相对平稳时期,而方差较大的组对应扰动刚发生后的时期。

在方程(4)的假设下,$E[x_t \varepsilon_t] = 0$,回归方程(1)的 OLS 估计对于两组来说都是无偏的,即 $\beta^l = \beta^h = \beta$;由 β 的定义,

$$\beta^h = \frac{\mathrm{cov}(x^h, y^h)}{\mathrm{var}(x^h)} = \frac{\mathrm{cov}(x^l, y^l)}{\mathrm{var}(x^l)} = \beta^l \tag{5}$$

同时,由方程(1)可知

$$\mathrm{var}(y) = \beta^2 \mathrm{var}(x) + \mathrm{var}(\varepsilon) \tag{6}$$

一个合理的假设是,$\mathrm{var}(\varepsilon)$ 的方差不变,即在两组中保持一致,同时,根据前面的设定,$\mathrm{var}(x^h) > \mathrm{var}(x^l)$,再结合(5)式,容易得出 $\mathrm{cov}(x^h, y^h) > \mathrm{cov}(x^l, y^l)$,进而,

$$\frac{\mathrm{var}(x^h)}{\mathrm{var}(y^h)} > \frac{\mathrm{var}(x^l)}{\mathrm{var}(y^l)} \tag{7}$$

由相关系数的定义,

$$\rho = \frac{\mathrm{cov}(x, y)}{\sqrt{\mathrm{var}(x)\mathrm{var}(y)}} = \beta \frac{\sigma_x}{\sigma_y} \tag{8}$$

由(7)和(8),可以得到

$$\rho^h > \rho^l$$

因此，由普通方法得到的随机变量 x 和 y 的相关系数会随着 x 的方差的增大而增大，即使它们之间的真实相关性（β）不变，从而使得用相关系数来检验不同市场间协动性可能导致有误的结果。用此方法得出的相关系数是有偏的，取决于 x 的方差，因此我们可以把普通相关系数称为条件相关系数。

Forbes 和 Rigobon(2002)证明了我们可以量度这个偏差，并且，若不存在内生性（方程(4)）和缺失变量（方程(2)），

条件相关系数

$$\rho = \rho^* \sqrt{\frac{1+\delta}{1+\delta(\rho^*)^2}} \qquad (9)$$

其中 ρ 是条件相关系数，ρ^* 是无条件相关系数，而 δ 是随机变量 x 方差的相对增量，即

$$\delta = \frac{\mathrm{var}(x^h)}{\mathrm{var}(x^l)} - 1 \qquad (10)$$

由(9)式可以看出，相关系数的估计值随着 δ 的增大而增大，也就是 x 的波动越大时，相关系数的估计值偏差越大，即使在这个时期 x 与 y 之间的无条件相关系数恒定。所以，如果一个市场发生扰动后，它和另一个市场的无条件相关系数显著增大，则这两个市场之间存在传染性，即所谓的协动性。如果不对这个偏差作调整，我们就无法判断扰动发生后条件相关系数的增大是由于它们的协动性加强了还是仅仅由于市场的波幅增大导致的。

在以上的假设下，由(9)式，对条件相关系数的偏差的调整如下：

$$\rho^* = \frac{\rho}{\sqrt{1+\delta[1-\rho^2]}} \qquad (11)$$

该式对条件异方差的调整在方差变化很大且可辨别扰动的发生地时是很准确的。在此，扰动发生地的确定对分析是很重要的。

第八章

香港地区在人民币国际化中的地位和作用[①]

本章导读

　　回顾中国改革开放三十年的历史,可以看到香港在这期间一直在中国经济发展中发挥着举足轻重的作用。在内地招商引资,香港转口贸易,内地企业香港上市,改善公司治理结构,四大国有商业银行改革等等方面,香港为中国融入经济全球化起到了积极的促进作用。当前在资本账户管制下,香港亦为人民币国际化提供了良好的试验田。人民币国际化采取境内和境外双轨齐下的战略,不失为得到人民币国际化部分收益的同时又规避可能的资本冲击的上上之选。本章将首先介绍香港建设人民币离岸金融中心的优势,然后进一步介绍当前人民币在香港使用的现状和所面临的挑战,并提出相应的政策建议,最后还将从内地财富全球配置的角度,探讨香港作为国际金融中心在人民币国际化中的作用。

第一节　香港地区人民币离岸中心地位无可替代

一、离岸金融中心所应具备的基本条件

　　根据 IMF 的定义,离岸金融,即指某地的银行及其他机构为非居民提供金融服务,而离岸金融中心,即为:(1) 一个设有相对大量金融机构的司法管辖区,而这些金融机构主要为非居民提供金融服务;(2) 一个拥有大量对外资产和负债的金融体制,而这些资产和负债规模超过本地的金融中介服务的需求。更常见的是一个具有如下一个或多个条件的地区:低税或零税率;较少的金融监管条例;银行实行保密制度。[②]

　　从以上定义,我们可以看到离岸中心的几个关键点:一是提供服务的对象,是非居民;二是所提供的服务,超过本地金融中介服务的需求,即提供的服务有别于

---

　　①　本章部分内容由杨长湧在香港大学经济金融系中国金融研究中心(CCFR)担任助研期间完成。
　　②　关于离岸金融中心的介绍,具体详见香港集思会人民币课题组报告《促进香港成为人民币离岸中心的建议》。

传统金融中心;三是监管制度环境不同。

这三点实则揭示了离岸金融中心兴起的缘由,即使非居民免受一国资本账户管制的限制,使本国货币为非居民提供服务。但须看到离岸金融中心并不一定要脱离本土,例如日本的东京就承担了传统金融中心和离岸金融服务的双重角色。

具体地,首先,离岸金融中心将汇率风险与国家风险分离,避免投资者受到货币发行国风险的影响。实际上,离岸金融市场之所以出现,是缘于冷战时期一些国家为了躲避美国政府对其持有美元的控制。目前,货币发行国风险主要体现在金融活动的操作层面,即投资者在离岸金融中心的操作应比在货币发行国更方便。其次,离岸金融市场的结算最终仍需在境内市场完成,因此离岸金融中心的金融机构必须能够进行货币的即时支付。同时,离岸金融中心必须提供以该货币计价的投资产品,拥有稳定的货币回流机制。另外,投资者选择离岸金融市场还有其他一些因素的考虑,如离岸金融中心有更完善的金融监管环境和会计准则、有更优越的地理位置、与投资者语言相通等等。

二、香港地区建设人民币离岸中心的优势

香港作为国际金融中心的地位由来已久,在金融基础设施和金融制度建设等方面都积累了较大的优势。伦敦金融城 2010 年 3 月发布的《全球金融中心指数报告》,通过人力资本素质、人居环境、营商环境、市场准入、基础设施和一般竞争力等方面最具代表性的 20 个指标,对全球金融中心竞争力进行评比,将香港排在第三位,仅次于伦敦和纽约。Jao(2003)从银行、保险、基金管理、股市、债市、汇市、期市、衍生品市场以及国际投资地位等方面,对香港和上海进行对比,发现除个别指标外,香港在其他方面都遥遥领先于上海,属于我国目前唯一一个国际金融中心城市。

目前,除香港外,内地其他城市诸如天津、广州均不同程度地提出建设人民币离岸金融中心的设想,然而,就笔者看来,最具优势的当属香港。大部分学者将香港建设离岸金融中心的优势归结为成熟的金融体系、完善的金融硬件设备、先进的结算体系等等,诚然,先进的硬件设备是发挥离岸金融中心作用的前提,但这并不构成香港对于其他城市的真正优势,如果当真如此,依中国的国力,建造一个更加发达的清算系统当不在话下。笔者认为,真正的优势当数一国两制的制度优势,即香港透明的监管制度、完善的法律框架和自由的市场。这是因为,既然是给非居民提供服务,游戏规则自然不应按照内地的待遇来设置,否则就谈不上吸引外国投资者,也就不可能将离岸人民币"蓄水池"建立起来。而这也是香港自中国改革开放以来发挥作用的关键所在,即制度优势是香港相比内地城市的根本优势。否则,偏居一隅的弹丸之地,论地理位置,不如上海,论幅员面积,不如广州,不论是航运、空运和未来金融中心建设都处于下风。

上述论述回答了在当前的资本账户管制,以及内地金融市场尚不发达的情况下,人民币离岸中心的选择为什么是在境外,而不是在内地的问题。进一步的思

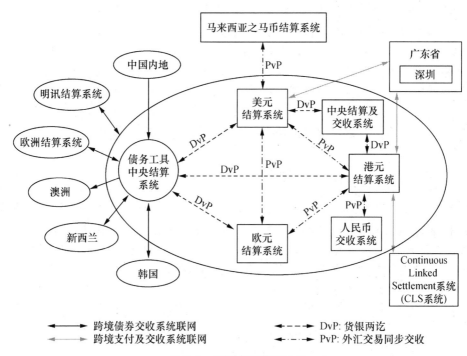

图 8.1 香港金融基础设施

资料来源：香港金融管理局。

考，为什么人民币离岸中心不选择新加坡、纽约、伦敦，而是香港。这首先就牵涉到人民币国际化收益的外溢问题。我们在第一篇的国际化货币史部分曾经提到，伦敦作为国际金融中心，从美元国际化和欧元国际化中颇为受益，欧洲美元和欧洲欧元的交易都是在伦敦，而不是在纽约或者法兰克福。人民币国际化，根本目的是为了使人民币更好地为本土的金融机构和企业服务，"一国两制"下的香港自然成为建设人民币离岸中心的首选。其次，香港拥有与人民币和其他主要货币的即时支付系统，与内地和海外有运行良好的跨境结算及支付网络，而这是离岸金融中心的基本要求之一。同时，自 2007 年起，人民币债券业务在香港获得迅猛发展，可以说人民币国际债券的绝大部分市场都在香港，而这正好提供了人民币的回流机制，是离岸金融中心长期发展的前提之一。

最后，在香港发展人民币离岸中心还有助于减少人民币国际化所带来的风险。人民币的国际化给我国资本账户开放带来了一定的压力；人民币国际化进行到一定程度，又可能给国内的金融和经济稳定带来一定的风险。在这种情况下，更应充分利用内地和香港地区两套平行的金融体系，在香港建设人民币离岸市场，与香港金融监管当局合作，加强人民币跨境流动的监控，在稳步推进资本账户开放的同时，加快人民币国际化的步伐，并有效控制相关风险。具体而言，在当前资本账户开放程度下,可将部分人民币业务在香港进行试验,发展人民币衍生市场和债券市场,逐步形成人民币离岸"蓄水池",为人民币贸易结算提供避险工具,为海外人民币提供投资渠道,进一步释放内地热钱流入压力。同时,可配合内地 QDII 投资海外,适度增加境内人民币流出渠道,以香港地区为平台,增加内地企业海外投资机会,加快中国企业"走出去"步伐。

第二节 香港地区人民币业务现状及挑战

一、香港地区人民币业务现状

目前,香港是海外人民币业务最集中的地区。自 2003 年开办个人人民币业务以来,香港的人民币业务已经取得了不小的进展。目前,香港人民币业务主要集中在三大领域:个人人民币业务,包括存款、汇兑、信用卡和支票业务;人民币债券市场业务,包括银行债和国债;跨境贸易人民币结算业务。

(1) 人民币存款

表 8.1 和表 8.2 显示,2004 年至今,香港人民币存款余额在不断增长中,而且增长速度远高于同期的港币存款和外币存款(2006 年除外)。这在一定程度上反映了留在香港的人民币在迅猛增长。

表 8.1 香港金融机构人民币存款状况 (单位:百万元人民币)

时间	活期及储蓄存款	定期存款	总计
2004	5 417	6 710	12 127
2005	10 620	11 966	22 586
2006	12 228	11 175	23 403
2007	22 539	10 861	33 400
2008	38 118	17 942	56 060
2009	40 662	22 056	62 718
2010.1	41 227	22 723	63 950

资料来源:香港金融管理局网站(http://www.info.gov.hk)。

表 8.2 香港各类货币存款增长情况 (单位:%)

时间	人民币存款	港币存款	外币存款	香港所有存款
2004	—	—	—	—
2005	86.2	5.7	4.8	5.2
2006	3.6	20.5	13	17
2007	42.7	19.7	27.6	23.4

(续表)

时间	人民币存款	港币存款	外币存款	香港所有存款
2008	67.8	-1.3	8.3	3.3
2009	11.9	11.2	-0.6	5.3
2010.1	1.96	-1.1	-0.4	-0.8

资料来源：作者整理自香港金融管理局网站（http://www.info.gov.hk）。

（2）人民币债券业务

目前，人民币国际债券市场取得了一定的发展，而其绝大部分是在香港起步的。见表8.3。

表8.3 香港人民币债券市场发展状况

时间	发行者	发行金额	期限	票面年利率	特点
2007.6—7	国家开发银行	50亿元	2年	3%	在香港发行人民币债券的首家政策性银行
2007.8	中国进出口银行	20亿元	零售2年 机构3年	零售3.05% 机构3.2%	进出口银行首笔人民币债券
2007.9	中国银行	30亿元	零售2年 机构3年	零售3.15% 机构3.35%	在香港发行人民币债券的内地首家商业银行
2008.7	交通银行	30亿元	2年	3.5%	—
2008.9	中国建设银行	30亿元	2年	3.24%	—
2009.6	东亚银行（中国）	10亿元	2年	2.8%	—
2009.8	汇丰（中国）	10亿元	2年	2.6%	在香港发行人民币债券的首家港资银行
2009.7	国家开发银行股份有限公司	不低于10亿元	2年	2.45%	国开行改制后在香港发行的首支人民币债券
2009.9	中央政府	60亿元	2年 3年 5年	2.25% 2.7% 3.3%	在香港发行的首支人民币国债

（3）跨境贸易人民币结算业务

2008年12月，国务院常务会议决定对广东、长三角地区与港澳地区的货物贸易以及广西、云南与东盟的货物贸易进行人民币结算试点。2009年4月8日，国务院常务会议决定在上海、广州、深圳、珠海、东莞等五市首先进行跨境贸易人民币结算试点。2009年7月2日，中国人民银行等六部门联合发布《跨境贸易人民币结算试点管理办法》。首批参加跨境贸易人民币结算的试点企业有365家。2010年

3月6日,商务部宣布将扩大人民币跨境贸易结算试点范围。截至2010年3月9日,中银香港作为香港地区的人民币业务清算银行,共办理人民币贸易清算业务397笔,价值达37.9亿元人民币,占全国人民币跨境贸易业务总额的三分之一多。

二、香港地区人民币业务面临的挑战

尽管香港已经成为海外人民币业务最集中的地区,然而,目前人民币海外存量规模尚小,人民币贸易结算进展也不尽如人意。香港集思会人民币课题组(2009)的调研显示,目前的人民币跨境结算,存在"开展跨境贸易人民币结算试点初期出口退税机制尚不完善,跨国企业考虑转换货币结算引起的繁琐程序而不愿意持有人民币,香港转口贸易商也因为出口获得美元而进口偿付人民币承担汇率风险,人民币融资成本相对美元或者港币较高,人民币缺乏出路"等问题。

由以上可以看出,目前人民币境外"蓄水池"尚未建立起来,海外人民币头寸尚小,投资渠道有限。这反映了中央政府对人民币国际化的谨慎态度,在资本账户放开的情况下,人民币离岸市场可能给国内经济带来一定的风险,主要表现在:

1. 对货币当局货币政策的效力可能构成冲击。离岸市场的人民币存量,在某种程度上可视为人民币供给的一部分。如果货币当局对这部分人民币不具有准确可靠的信息,如果这部分人民币相对于国内市场而言已具有相当大的规模,那么在货币当局采取一定的政策时,这部分人民币的流动可能给政策效力带来冲击。譬如,如果货币当局采取紧缩性货币政策,提高利率,那么这部分人民币可能流入国内,从而增加人民币供给,削弱紧缩政策的效果。

2. 可能造成资本外逃。在资本账户开放的情况下,一部分国内的非法资金可能加速流入人民币离岸市场进行洗钱,从而造成国内资本外逃。特别是离岸市场往往具有为客户保密的默认规矩,更为资本外逃提供了方便。

3. 可能给国外投机者提供更多方便。人民币离岸市场的存在,为人民币拆借提供了方便。在资本账户开放的情况下,国外投机者获得人民币资金以投机国内资产市场将更为方便,从而可能影响宏观经济的稳定。

不过,以上可能发生的风险,有一定的前提条件:

1. 人民币可以自由跨境流动。如果人民币不能自由流出,那么资本外逃的严重性将下降。如果人民币不能自由流入,那么即便国外资本企图投机国内资产市场,交易成本也将大大上升。

2. 人民币在境外的流通量和人民币离岸市场已达到相当大的规模。如果较之境内市场,人民币在境外的流通量不大,那么即便发生境外人民币的流入,对境内市场的冲击也不会很大。

3. 货币当局对离岸市场不具备调控能力。如果货币当局对离岸市场的人民

币具有一定的调控能力,那么离岸市场对内地市场的冲击也将比较容易可控。

然而,如果满足以上条件,特别是人民币不能自由跨境流动和人民币离岸市场不具备较大的规模,却意味着人民币国际化步伐和人民币离岸业务发展相对缓慢。因此,人民币国际化的步伐到底走多快,海外人民币业务到底发展多快,取决于政府对人民币离岸市场发展的收益和成本的权衡,取决于其对离岸市场风险的控制能力。

三、政策建议

1. 扩大香港人民币业务。可考虑逐步放宽香港居民的人民币兑换限额;对香港的直接投资项目可考虑用人民币进行;在一定的限额下,允许境内合格机构投资者到香港使用人民币进行投资;鼓励国内企业特别是有实力的企业到香港发行人民币债券,丰富香港人民币债券市场的品种结构和期限结构,发展人民币债券二级市场;在香港开展人民币股票市场的试验工作。

2. 继续保持对资本自由流动的控制,同时与香港金融监管当局密切合作。在IMF对世界各大离岸中心的分类中,香港是被归入具备最优监管水平之列的。可考虑在制度衔接、信息共享和人才培训三方面与香港监管当局展开合作,密切监控在内地和香港之间的资本流动,特别是异常的资本流动,掌握有关资本外逃和短期资本冲击的有效信息,及时采取必要的措施。

3. 内地货币当局可通过一定的措施,对香港离岸市场间接发挥调控作用,比如对香港人民币存款的准备金率提出建议;与香港金融监管当局以及中银香港合作,对香港人民币利率进行适当的干预,以保证内地和香港地区人民币市场利率之间不发生大的偏离,缩小套利资本的投机空间。

第三节 香港与内地财富的全球配置

在前面章节中,我们曾经提到人民币国际化有利于中国货币政策困境的解决,而这个困境主要体现为内地大量的外汇储备及其引发的三大金融安全隐患:第一,内地存在资产价格泡沫风险,尤其以房地产市场为甚,威胁了经济的可持续发展;第二,对外投资存在巨大风险,包括汇率风险、信用风险和通货膨胀风险;第三,维持和加强了以美元为主体的旧的国际货币体系格局,损害了中国长远金融安全利益。上述金融安全隐患亟须通过内地财富全球配置进行货币导流来解决,进而也就要求内地资金的净额输出,这也是中央政府积极推动人民币国际化的原因之一。

作为国际金融中心,香港未来的重要作用正是在于导流内地过剩流动性。上海虽然是内地金融中心,但由于受到的管控多、法律制度不完善以及制度、人才、经验等方面的缺陷所限,加上资本项目还未完全开放,因此上海目前仍无法立即承担起全球配置资源的重担。而与上海相比,香港地区优势明显:目前已经是国际金融中心之一,而且法律环境优良、金融管理制度合理有效、金融人才聚集,拥有相对自由的信息渠道,又经历过1997年亚洲金融危机的考验,积累了一定经验。因此,上海与香港应该是优势互补而非竞争,在当前金融开放条件下,香港应该充分发挥试验田作用,从资本项目(人民币储蓄资源输出)和经常项目(人民币贸易结算)两个方面同时入手,循序渐进、策略性推动人民币国际化,并以此刺激和推动内地改革。

但同时香港作为国际金融中心,尚存诸点不足:第一,香港没有立足本土的大型国际金融机构,一旦市场出现动荡,不仅缺乏中坚稳定力量,国际投资者的不负责任撤资做法甚至会引发羊群效应,加剧市场波动,威胁国家金融安全(如2010年希腊债务危机);第二,香港特区政府向来奉"小政府、大市场"为圭臬,"无为而治",当局掌握资源有限,对中央金融发展政策建议不能有效实施,导致本土金融机构缺乏相应支持;第三,中央政府与香港特区政府在决策上交流不充分,理解和认识存在偏差,内地相关部门在制定政策时缺乏对香港的了解。因此香港与内地合作步调尚需多多配合,香港特区政府亦应有所担当,为本土金融机构,包括投资银行、商业银行、资产管理机构提供更多积极的支持。

具体的措施包括:

1. 为提高中资券商在港机构的话语权,除中资券商自身努力外,也亟须国家在政策方面给予支持,建议鼓励中资企业深化A+H模式融资,鼓励内地企业选择在港中资投行开展业务,让中资金融机构在起跑阶段得到更多锻炼机会和发展机遇,既扩大香港金融中心辐射半径,亦有效增强中资金融机构与国际大型投行同台竞技的实力。

2. 内地证券机构发展跨境业务亦应给予支持。目前,QFII业务对境外机构采取单一的准入标准,过高的标准使境外中资券商无法获得QFII业务资格。建议对在港中资金融机构给予一些政策支持:第一,为境外中资机构专设一种类似于"QFII"的投资分类(如叫QCII),以区别于境外外资金融机构的QFII。为在港中资机构单独制定一个规则。在准入门槛上,根据中资证券公司经营的实际情况,在经营年限、净资产、资产管理规模等方面给予适当的优惠政策。第二,支持合格证券公司开展QDII业务,允许开展特定客户境外资产管理业务。支持有条件的内地证券公司探索境外证券投资,在海外市场跌到低谷时适时推出跨境ETF及相关衍生品的创新业务,实现跨境套利。

3. 在境内企业境外上市、红筹回归以及债券跨境发行等跨境业务领域给予中资券商政策支持。目前内地各个行业内最重要的国有企业先后在港挂牌上市,大型国企大多选择外资投行担任保荐人。结果是:第一,外资投行从上述业务中赚取大量丰厚的利润,增强了竞争力;第二,中国的优秀企业及资源的定价权被外资所掌控,部分导致了中资企业在香港市场的较低估值;第三,外资投行掌握了大量中国主要产业的核心资料,甚至商业机密,使中国未来产业发展以及参与国际竞争处于相对不利位置。只有尽快扶植一批具有国际竞争力的中资投行,才能打破外资垄断,更好地为中国经济发展服务。时至今日,中资投行业已经有了长足发展,对中资企业的经营管理、企业文化、竞争优势等比外资有更好的了解。在港发展的中资投行具备国际视野,并能结合内地母公司资源,可为中资企业跨境业务提供较好的投行服务。此次全球金融危机中,中资投行的稳健风格也得到了认可,在"红筹回归"业务上,在港中资投行多在内地有较强大的母公司平台,运作两地联营业务具有优势。建议鼓励中资企业在开展金融业务时应尽可能地与中资投行合作,实现共赢。

鉴于香港中资券商对国企和红筹公司的了解比较深入,建议监管层可考虑优先为其内地母公司提供参与红筹回归业务的保荐承销机会。目前,合资券商中金、中银国际已经领先一步,与外资投行高盛、UBS等瓜分了中国分公司在香港的H股承销和红筹股回归的承销业务。其他国有股东背景的内地券商面临越来越大的竞争压力,需要监管层与香港证监会、联交所协调,打通中资券商获取H股承销牌照的渠道。建议监管层鼓励内地企业以香港作为境外上市首选地,鼓励大型国企于香港上市或进行收购兼并活动时,须委任一家中资券商担任其中保荐人或者财务顾问角色,协助对国情不太熟悉的外资投行进行上市保荐。在债券承销业务上,建议监管层鼓励内地企业于香港发行债券进行融资时,委任一家中资券商担任保荐人或者财务顾问角色。由于香港中资券商对境外企业比较熟悉,可向境内母公司推荐项目,协助母公司承销境外企业在境内发行的人民币债券。

结语

积极且谨慎地走向全球第三大货币

仿佛一夜之间,人民币国际化问题走上前台,备受追捧。中国在金融危机中对世界经济的担当使它的货币——人民币——成为广泛研究的对象。主权国家货币在行使世界货币职责与维护自身国家利益之间存在不可调和的矛盾,加速了世界货币体系向多元化方向的发展。随着中国经济实力的增强,人民币登上国际舞台,成为全球第三大货币,与美元、欧元一道行使国际货币职责,是大势所趋。

人民币国际化对中国经济发展利大于弊。无论从微观层面的企业和金融机构等角度,还是从国家战略层面,人民币国际化的收益均大于成本,同时只要对风险控制得当,人民币国际化反而会有利于解决我国当前货币政策的困境,即外汇储备的不断增加及其引发的通货膨胀、汇率升值等问题。对世界其他经济体,人民币国际化也促进国际资本的流动,人民币"蓄水池"的建立可以避免单极货币体系下系统性风险的冲击,促进区域贸易发展和经济融合,为全球投资者提供更多选择。

在推动人民币国际化方面,我们强调积极且谨慎的态度。以史为鉴,国际化货币似乎都曾出现危机性问题,这要求我们多多吸取经验教训,防范人民币国际化中可能的成本,另外人民币国际化是一个过程,未来还有很长一段路要走,在当前,人民币国际化的定位应该是"分一杯羹",采取务实的区域化路线。从大处讲,人民币应该在世界经济全球化、中国经济改革发展的大环境下去考虑,从细处着手,人民币国际化需与中国金融改革、资本账户开放、利率市场化、人民币汇改等密切结合起来。

具体而言:

1. 自身经济实力的增强是关键。努力保持经济的稳定和可持续发展,逐步提升产业结构,扩大内需,构建具有核心竞争力的贸易模式,进一步提高中国在国际上的经济地位。

2. 中国不完善的金融体系无疑是人民币国际化的最大障碍。完善的金融制度、健全的法律和有效的监管是金融市场健康发展的基础,也是国外投资者对人民币产生信心的源泉。要稳步推进金融市场改革,加强金融市场的广度和深度建设,鼓励金融创新。另外,金融改革应该循序渐进,各个制度的改革应该相互配合,维持金融市场的稳定性。

3. 完善人民币汇率形成机制,保持人民币的币值稳定。具体地,要推进人民币汇率制度的改革,逐步建立基本稳定且自由浮动的汇率政策,同时要实施稳健的货币政策和财政政策,使人民币币值有长期稳定的预期,从而保证人民币能够独立承担国际计价和交易功能以及价值储藏功能。

4. 加强人民币区域合作,形成货币使用的"惯性"。从区域化着手,扩大人民币的使用规模,如加强与周边国家和地区、发展中国家在人民币国际化方面的合作,加快香港作为人民币离岸中心的建设等等。在推动人民币区域化的进程中,要把握人民币区域化的节奏,控制人民币汇率改革和资本账户开放的风险,特别是要发挥香港在人民币离岸业务方面的优势,将香港建设成为人民币离岸中心。

积极且谨慎地走向全球第三大货币,我们拭目以待。

参考文献

［1］巴曙松、吴博:"人民币国际化元年",《中欧商业评论》,2009 年第 6 期。

［2］曹红辉:"人民币国际化的关键一步",《科技日报》,2009 年 4 月 13 日。

［3］柴青山:"人民币国际化慎行",《瞭望》,2009 年第 14 期。

［4］冯冰:《国际化进程中的人民币强势战略》,经济科学出版社 2008 年版。

［5］高艳平:"人民币边境流通调查",《瞭望东方周刊》,2009 年 4 月 16 日,总第 283 期。

［6］龚朴、李梦玄:"沪港股市的波动溢出和时变相关性研究",《管理学报》,2008 年第 5 卷第 1 期。

［7］国家发改委对外经济研究所课题组:《"十二五"时期我国对外贸易战略性调整及对策研究》,内部报告,2009 年。

［8］国家发改委对外经济研究所课题组:《逐步推进人民币资本项目可兑换研究》,内部报告,2009 年。

［9］国家发改委对外经济研究所课题组:《"十二五"时期促进内地与香港优势互补、合作互动专题研究》,内部报告,2010 年。

［10］何帆:"人民币国际化的现实选择",《农村金融研究》,2009 年第 10 期。

［11］怀特,H. L.:《货币制度理论》,中国人民大学出版社 2004 年版。

［12］黄益平:《国际货币体系变迁与人民币国际化》,"全球金融危机与中美的应对"研讨会发言稿,2009 年。

［13］纪敏、管圣义:"内地与香港债券市场合作发展探讨",China Economic Issues,2008 年第 2 期。

［14］菊地悠二:《日元国际化——进程与展望》,中国人民大学出版社 2002 年版。

［15］连平、周昆平:《2008—2009 年中国银行业发展报告》。

［16］鲁世巍:《美元霸权与国际货币格局》,中国经济出版社 2006 年版。

［17］米歇尔,B. R.:《帕尔格雷夫世界历史统计.欧洲卷:1750—1993》,经济科学出版社 2002 年版。

［18］麦金农,R. I.:《麦金农经济学文集》(第四卷),中国金融出版社 2006 年版。

［19］潘丽英:《关于国际货币体系演变与重构的研究》,课题报告 09/01,2009 年。

［20］沈联涛:《十年轮回:从亚洲到全球的金融危机》,上海远东出版社 2009 年版。

［21］王国刚:《资本账户开放与中国金融改革》,社会科学文献出版社 2003 年版。

［22］王信:"经济金融全球化背景下国际货币博弈的强与弱",《国际经济评论》,2009 年第 4 期。

［23］汪洋:"铸币税:基于不同视角的理解",《经济学(季刊)》,2005 年第 4 卷第 3 期。

[24] 吴凌芳、黄梅波:"东亚金融一体化:基于资本流动的实证分析",《特区经济》,2009 年第 9 期。

[25] 香港集思会人民币课题组:《香港推进人民币跨境贸易结算试点的机遇与挑战》,2009 年 5 月。

[26] 杨长湧:"我国内需与外需的关系及未来调整方向研究",《宏观经济管理》,2010 年第 1 期。

[27] 杨长湧:"美国贸易保护的新动向、深层原因及我国的对策研究",《宏观经济信息研究》,2010 年 3 月。

[28] 叶建华:"美国通用汽车败在奢侈文化",《凤凰财经》,2009 年 6 月。

[29] 张明:"人民币国际化渐进中",《首席财务官》,2009 年第 6 期。

[30] 张瑜:"人民币国际化路线图",《瞭望东方周刊》,2009 年 4 月 16 日,总第 283 期。

[31] 中国人民银行货币政策分析小组:《中国货币政策执行报告》(2008 年第一季度)。

[32] 中国银监会《中国银行业监督管理委员会 2008 年报》。

[33] 周林,温小郑:《货币国际化》,上海财经大学出版社 2001 年版。

[34] 周小川:《关于改革国际货币体系的思考》,http://www.pbc.gov.cn(2009/3/23)。

[35] Ammer, J. and J. Mei, 1996, "Measuring International Economic Linkages with Stock Market Data", *Journal of Finance*, 51(5), pp. 1743—63.

[36] Bayoumi, T. and B. Eichengreen, 1996b, "Optimum Currency Areas and Exchange Rate Volatility: Theory and Evidence Compared", in Benjamin J. Cohen, eds., *International Trade & Finance New Frontiers for Research*, Cambridge, United Kingdom : Cambridge University Press.

[37] Beck, T., R. Levine, and N. Loayza, 2000, "Finance and the Sources of Growth", *Journal of Financial Economics*, 58, pp. 261—300.

[38] Beck, T., A. Demirguc-Kunt, and R. Levine, 2007, "Finance, Inequality and the Poor", *Journal of Economic Growth*, Springer, 12(1), pp. 27—49.

[39] Beck, T., A. Demirguc-Kunt, and R. Levine, 2009, "Financial Institutions and Markets across Countries and Over Time—Data and Analysis", Policy Research Working Paper, Series 4943, The World Bank.

[40] Bergsten, C. F., 1975, *The Dilemmas of the Dollar*, New York: New York University Press.

[41] Bertero, E. and C. P. Mayer, 1990, "Structure and Performance: Global Interdependence of Stock Markets around the Crash of October 1987", *European Economic Review*, 34, pp. 1155—1180.

[42] Cairncross, A. K., 1953, *Home and Foreign Investment, 1870—1913*, New York: Cambridge University Press.

[43] Cassola, N., 2000, "Monetary Policy Implications of the International Role of the Euro", BIS Working Paper.

[44] Chen, H. and W. Peng, 2007, "The Potential of the Renminbi as an International Currency", *China Economic Issues*, Hong Kong Monetary Authority No. 7/07, November 2007.

[45] Cheung, Y. , M. D. Chinn, and E. Fujii, 2007, *The Economic Integration of Greater China*, Hong Kong University Press.

[46] Chinn, M. and J. Frankel, 2005, "Will the Euro Eventually Surpass the Dollar as Leading International Reserve Currency?", NBER Working Papers, 11510, National Bureau of Economic Research, Inc.

[47] Chinn, M. and J. Frankel, 2008, "Why the Euro Will Rival the Dollar?", *International Finance*, 11(1), pp. 49—73.

[48] Chinn, M. and H. Ito, 2008, "A New Measure of Financial Openness", *Journal of Comparative Policy Analysis*, 10(3), September 2008, pp. 309—322.

[49] Christian, T. , 2009, "Global Roles of Currencies", Working Paper, Series 1031, European Central Bank.

[50] Cohen, B. J. , 1971, *The Future of Sterling as an International Currency*, London, Basingstoke: Macmillan.

[51] Cohen, B. J. , 2006, "The Macrofoundations of Monetary Power", in Andrews, D. M. , eds. , *International Monetary Power*, Ithaca and London: Cornell University Press.

[52] Cohen, B. J. and P. Subacchi, 2008, "A One-and-a-half Currency System", *Journal of International Affairs*, 62, pp. 151—163.

[53] Cooper, R. N. , 1997, "Key Currencies after the Euro", Weatherhead Center for International Affairs (WCFIA) Working Paper, 98-03, Harvard University.

[54] De Grauwe, P. , 2003, "The Challenge of Enlargement of Euroland", Workshop on EMU: Current State and Future Prospects, University of Crete, Rethymno, Greece, 24—31 August, 2003.

[55] Detken, C. and P. Hartmann, 2000, "The Euro and International Capital Markets", *International Finance*, Blackwell Publishing, 3(1), 53—94.

[56] Deutsche Bundesbank, 1999, *Fifty Years of the Deutsche Mark: Central Bank and the Currency in Germany since 1948*, Oxford University Press.

[57] Duisenberg, W. , 1998, "Maintaining Price Stability in the Euro Area", Speech prepared for the Swiss Banking Congress in Zurich on 10 September 1999.

[58] Economic report of the President, 1999, http://www.gpoaccess.gov/usbudget/fy00/pdf/1999_erp.pdf.

[59] Eichengreen, B. and T. Bayoumi, 1993, "Shocking Aspects of European Monetary Unification", in Torres, F. and F. Giavazzi, eds. , *Adjustment and Growth in the European Monetary Union*, Cambridge University Press, reprinted in Eichengreen op. cit. 73—109.

[60] Eichengreen, B. and J. Frankel, 1996, "On the SDR: Reserve Currencies and the Future of the International Monetary System", Center for International and Development Economics Research (CIDER), Working Papers C96-068, University of California at Berkeley.

[61] Eichengreen, B. and R. Hausmann, 1999, "Exchange Rates and Financial Fragility", Paper presented at Federal Reserve Bank of Kansas City's Conference on Issues in Monetary Policy Jackson Hole, Wyoming, 27—29 August.

[62] Eichengreen, B. and M. Donald J., 2000, "The Currency Composition of Foreign Exchange Reserves—Retrospect and Prospect", IMF Working Papers, 00/131, International Monetary Fund.

[63] Eichengreen, B. and A. Cairncross, 2003, *Sterling in Decline: The Devaluations of 1931, 1949 and 1967*, Second Edition, Palgrave Macmillan.

[64] Eichengreen, B., 2004a, "Global Imbalances and the Lessons of Bretton Woods", NBER Working Papers 10497.

[65] Eichengreen, B., 2004b, "The Dollar and the New Bretton Woods System", Text of the Henry Thornton Lecture delivered at the Cass School of Business, 15 December 2004.

[66] Eichengreen, B., 2005, "Sterling's Past, Dollar's Future: Historical Perspectives on Reserve Currency Competition", NBER Working Papers 11336, National Bureau of Economic Research, Inc.

[67] Eichengreen, B., 2006, "International Currencies and National Monetary Policies", Occasional Paper, No. 72.

[68] Eichengreen, B., 2007, *The Anatomy of the Gold Pool*, The MIT Press.

[69] Eichengreen, B., 2008, *Globalizing Capital: A History of the International Monetary System*, Princeton University Press.

[70] Eichengreen, B. and M. Flandreau, 2008, "The Rise and Fall of the Dollar, or When did the Dollar Replace Sterling as the Leading Reserve Currency?", CEPR Discussion Paper, No. 6869, London, Centre for Economic Policy Research.

[71] European Central Bank, 1999, "The International Role of the Euro", ECB Monthly Bulletin August, Frankfurt.

[72] European Central Bank, 2001, The International Role of the Euro, Frankfurt.

[73] European Central Bank, 2002, Review of the International Role of the Euro (annual editions).

[74] European Central Bank, 2008, 2009, The International Role of the Euro, Frankfurt.

[75] Feldstein, M., and C. Horioka, 1980, "Domestic Saving and International Capital Flows", *The Economic Journal*, 90, pp. 314—329.

[76] Forbes, K. J. and R. Rigobon, 2002, "No Contagion, Only Interdependence: Measuring Stock Market Comovements", *The Journal of Finance*, 57(5), pp. 2223—2261.

[77] Frankel, J., 1984, "The Yen/Dollar Agreement: Liberalizing Japanese Capital Market", *Policy Analyses in International Economics*, No. 9, Washington: Institute for International Economics.

[78] Frankel, J., 1989, "The World's Key Currencies", Paper presented at the Fourth Nikkei Teleconference, April 1989.

[79] Frankel, J., 1991, "Quantifying International Capital Mobility in the 1980s", in Douglas Bernheim and John Shoven, *National Saving and Economic Performance*, University of Chicago Press, pp. 227—260.

[80] Frankel, J., 1992, "Measuring International Capital Mobility: A Review", *American Eco-

nomic Review, 82, pp. 197—202.

[81] Frankel, J. and Andrew Rose, 1998, "The Endogenity of the Optimum Currency Area Criterion", Economic Journal, 108, pp. 1009—1025.

[82] Frenkel, J. A. and M. Goldstein, 1999, "The International Role of the Deutsche Mark", in Deutsche Bundesbank, Fifty Years of Deutsche Mark—Germany's Central Bank and Currency since 1948, Oxford University Press.

[83] Gao, H. and Y. Yu, 2009, "Internationalization of the Renminbi", BoK-BIS Seminar.

[84] Gart, A., 1994, Regulation, Deregulation, Reregulation: The Future of the Banking, Insurance, and Securities Industries, New York: J. Wiley & Sons.

[85] Gaspar, V. and F. P. Monhelli, 2002, "Monetary Unification and the Single Market", ECB, mimeo.

[86] Genberg, H., 2009, "Currency Internationalization: Analytical and Policy Issues", BIS conference in Korea.

[87] Goldberg, L. S. and C. Tille, 2008, "Vehicle Currency Use in International Trade", Journal of International Economics, 76 (2), pp. 177—192.

[88] Greenspan, A., 2001, "The Euro as an International Currency", Paper presented at the Euro 50 Group Roundtable, Washington, D. C., November 30.

[89] Greenspan, A., 2007, The Age of Turbulence, Penguin Press HC.

[90] Guan, T., 2008, "Evolution & Outlook of Capital Movement Liberalization in China", Presentation at Hong Kong Monetary Authority Conference: Capita Account Liberalization: International Experiences and Implications for China, 17—18 November, 2008, Hong Kong.

[91] Hai, W., 2007, "Pros and Cons of International Use of RMB for China", Presentation at Hong Kong Institute of Monetary Research Conference: Currency Internationalization: International Experiences and Implications for the Renminbi, 15—16 October, 2007, Hong Kong.

[92] Hartmann, P., 1998, Currency Competition and Foreign Exchange Markets: The Dollar, the Yen, and the Euro, Cambridge, United Kingdom: Cambridge University Press.

[93] Hausmann, R., U. Panizza, and E. H. Stein, 2000, "Why do Countries Float the Way They Float?", RES Working Papers, 4205, Inter-American Development Bank, Research Department.

[94] International Monetary Fund, 2005, "Review of the IMF's Trade Restrictiveness Index", Approved by Mark Allen.

[95] Jao, Y. C., 2003, "Shanghai and Hong Kong as International Financial Centres: Historical Perspective and Contemporary Analysis", HIEBS Working Paper.

[96] Kamps, A., 2006, "The Euro as Invoicing Currency in International Trade", ECB Working Paper, No. 665, August, 2006.

[97] Kenen, P. B., 1969, "The Theory of Optimum Currency Areas: An Eclectic View", in Mundell, R. and A. Swoboda, eds., Monetary Problems in the International Economy, Chicago: University of Chicago Press.

[98] Kenen, P. B., 1983, "The Role of the Dollar as an International Currency", Occasional

Papers, No. 13, Group of Thirty, NY.

[99] Kenen, P. B., 2002, "The Euro Versus the Dollar: Will There be a Struggle for Dominance?", *Journal of Policy Modeling*, 24 (July), pp. 347—54.

[100] Kenen, P. B., 2003, "The Euro and the Dollar: Competitors or Compliments?", in Dumoulin, M. and Duchene, D., eds., *The European Union and the United States*, Brussels: Peter Lang Publishing Incorporated, pp. 251—74.

[101] Kenen, P. B., 2009, "Currency Internationalization: An Overview", BIS conference in Korea.

[102] Kim, K. and Y. Kyung, 2009, "Dealing with the Benefits and Costs of Internationalization of Korea Won", BoK-BIS Seminar.

[103] Kindleberger, C., 1993, *A Financial History of Western Europe*, New York: Oxford University Press.

[104] King, M., E. Sentana, and S. Wadhwani, 1994, "Volatility and Links between National Stock Markets", *Econometrica*, 62, pp. 901—934.

[105] Kwan, C. H., 2001, Yen Bloc, Brookings Institution.

[106] Li, D. D. and L. Liu, 2007, "RMB Internationalization: An Empirical Analysis", Presentation at Hong Kong Institute of Monetary Research Conferene: Currency Internationalization: International Experiences and Implications for the Renminbi, 15—16 October, 2007, Hong Kong.

[107] Lim, E., 2006, "The Euro's Challenge to the Dollar: Different Views from Economists and Evidence from COFER (Currency Composition of Foreign Exchange Reserves) and Other Data", IMF Working Papers 06/153, International Monetary Fund.

[108] Lindert, P. H., 1969, *Key Currencies and Gold, 1900—1913*, International Finance Section, New Jersey: Princeton University, Princeton.

[109] Longin, F. and B. Solnik, 1995, "Is the Correlation in International Equity Returns Constant: 1970—1990", *Journal of International Money and Finance*, 14, pp. 3—26.

[110] Magee, S. and R. Rao, 1980, "Vehicle and Nonvehicle Currencies in International Trade", *American Economic Review*, 70, pp. 368—73.

[111] McKinnon, R. I., 1963, "Optimum Currency Areas", *American Economic Review*, 53, September, pp. 717—724.

[112] McKinnon, R. I., 1979, *Money in International Exchange: the Convertible Currency System*, New York: Oxford University Press.

[113] McKinnon, R. I., 1993, "The Rules of the Game: International Money in Historical Perspective", *Journal of Economic Literature, American Economic Association*, 31(1), pp. 1—44.

[114] McKinnon, R. I. and K. Ohno, 1997, *Dollar and Yen: Resolving Economic Conflict between the United States and Japan*, The MIT Press, edition 1, Vol. 1, No. 0262133350, January.

[115] McKinnon, R. I., 1998, "The Euro Threat is Exaggerated", *The International Economy*, 12 (May/June), pp. 32—33, 60.

[116] McKinnon, R. I., 2001, "The International Dollar Standard and Sustainability of the U.

S. Current Account Deficit", Brookings Papers on Economic Activity, No. 1, pp. 227—39.

[117] McKinnon, R. I., 2002, "Optimum Currency Areas and the European Experiences", *The Economics of Transition*, 10 (2), 343—364.

[118] McKinnon, R. I. and S. Gunther, 2009, "China's Financial Conundrum and Global Imbalances", BIS Working Papers 277, Bank for International Settlements.

[119] Mickensy Global Institute, 2009, "An Exorbitant Privilege? Implications of Reserve Currencies for Competitive", Discussion Paper.

[120] Ministry of Finance, Study Group on the Promotion of the Internationalization of the Yen, 2003a, "Promoting the Internationalization of the Yen", Chairman's Summary, in Japanese, January 23.

[121] Ministry of Finance, Study Group on the Internationalization of the Japanese Financial and Capital Markets, 2003b, "Toward Increasing the Status of Japan as an International Financial Center", Chairman's Summary, in Japanese, July 7.

[122] Moss, F., 2009, "The Euro: Internationalized at Birth", Seminar on Currency Internationalization, Seoul, March 2009.

[123] Mundell, R., 1961, "A Theory of Optimum Currency Areas", *American Economic Review*, November, pp. 509—517.

[124] Mundell, R., 1973a, "Uncommon Arguments for Common Currencies", in Johnson, H. G. and A. K. Swoboda, eds., *The Economics of Common Currencies*, Allen and Unwin, pp. 114—32.

[125] Mundell, R., 1973b, "A plan for a European Currency", in Johnson, H. G. and A. K. Swoboda, eds., *The Economics of Common Currencies*, Allen and Unwin, pp. 143—72.

[126] Neumann, R. M., 2003, "International Capital Flows under Asymmetric Information and Costly Monitoring: Implications of Debt and Equity Financing", *The Canadian Journal of Economics*, 36(3), pp. 674—700.

[127] Page, S., 1977, "Currency of Invoicing in Merchandise Trade", *National Institute Economic Review*, 81(1), pp. 77—81.

[128] Page, S., 1981, "The Choice of Invoicing in Merchandise Trade", *National Institute Economic Review*, 81, pp. 60—72.

[129] Papaioannou, E., R. Portes, and G. Siourounis, 2006, "Optimal Currency Shares in International Reserves—the Impact of the Euro and the Prospects for the Dollar", Working Paper Series 694, European Central Bank.

[130] Portes, R. and I. Papaionannou, 2006, "The Euro as an International Currency vis-à-vis the Dollar", mimeo, Dartmouth College and London Business School.

[131] "Review of the IMF's Trade Restrictiveness Index (Background Paper to the Review of the Fund Work on Trade)", February 14, 2005, Prepared by Policy Development and Review Department, Approved by Mark Allen.

[132] Roy, J. and P. Gomis-Porgueras, 2007, *The Euro and the Dollar in a Globalized Economy*, Ashgate Publishing Limited.

[133] Rua, A. and L. C. Nunes, 2009, "The Rise in Comovement across National Stock Markets: Market Integration or IT Bubble?", *Journal of Empirical Finance*, 16 (2009), pp. 632—639.

[134] Rubin, R., 1999, Remarks on Reform of the International Financial Architecture to the School of Advance International Studies, Press Release of 21 April 1999.

[135] Sato, K., 1999, "The International Use of the Japanese Yen: The Case of Japan's Trade with East Asia", *The World Economy*, Blackwell Publishing, 22(4), pp. 547—584.

[136] Seitz, F., 1997, "How Many Deutschmarks are Held Abroad?", *Intereconomics*, March/April, pp. 67—73.

[137] Shannon, H. A., 1950—1951, "Evolution of the Colonial Sterling Exchange Standard", Staff Papers, International Monetary Fund, pp. 334—354.

[138] Smith, A. D., 1992, *International Financial Markets: The Performance of Britain and its Rivals*, Cambridge, United Kingdom: Cambridge University Press.

[139] Soko, T., 2006, The International Role of the Euro: A Comparison with the Deutsche Mark, Working Paper.

[140] Summers, L., 1999, Senate Banking Committee, Subcommittees on Economic Policy and on International Trade and Finance, Press Release of 22 April 1999.

[141] Takagi, S., 2009, "Internationalizing the Yen, 1984—2003, Unfinished Agenda or Mission Impossible?", BoK-BIS Seminar.

[142] Takita, Y., 2006, Nichibei Tsuka Kosho: 20 Nenme no Shinjitsu, Japan-US Currency Negotiations: Truths after 20 Years, in Japanese, Tokyo: Nihon Keizai Shinbunsha.

[143] Tavlas, G. S., 1990, "On the International Use of Currencies: The Case of the Deutsche Mark", IMF Working Paper.

[144] Tavlas, G. S., 1991, "On the International Use of Currencies: The Case of the Deutsche Mark", Princeton Studies in International Economics 181, International Economics Section, Departement of Economics Princeton University.

[145] Tavlas, G. S., 1992, "The 'New' Theory of Optimal Currency Areas", IMF Working Paper, International Monetary Fund, Washington, D. C.

[146] Tavlas, G. S. and Y. Ozeki, 1992, "The Internationalization of Currencies: An Appraisal of the Japanese Yen", IMF Occasional Paper, No. 90.

[147] Tavlas, G. S., 1996, "The International Use of Currencies: the Deutsche Mark", in Frankel, J. and M. Goldstein, eds., *Functioning of the International Monetary System*, Washington: International Monetary Fund.

[148] Tavlas G. S., 1997, "The International Use of the US Dollar: An Optimum Currency Area Perspective", *The World Economy*, Blackwell Publishing, 20 (6), pp. 709—747.

[149] Tavlas, G. S., 1998, "The International Use of Currencies: The U. S. Dollar and the Euro", *Finance & Development*, June 1998, pp. 46—49.

[150] Tiberi, M., 1958, *The Accounts of the British Empire: Capital Flows from 1799 to 1914*, Aldershot, United Kingdom: Ashgate Publishing Limited.

[151] Triffin, R., 1960, *Gold and the Dollar Crisis*, New Haven: Yale University Press.

[152] Truman, E. M., 2004, "The Euro and Prospects for Policy Coordination, Euro at Five: Ready for a Global Role", Institute for International Economics, Washington, D. C., February.

[153] Truman, E. M. and W. Anna, 2006, "The Case for an International Reserve Diversification Standard", Peterson Institute Working Paper, Series WP06-2, Peterson Institute for International Economics.

[154] Uribe, M., 1997, "Hysteresis in a Simple Model of Currency Substitution", *Journal of Monetary Economics*, Elsevier 40(1), pp. 185—202.

[155] Viaene, J. and C. Vries, 1992, "On the Design of Invoicing Practices in International Trade", *Open Economies Review*, Springer 3(2), pp. 133—142.

[156] Von Furstenberg, G. and B. N. Jeon, 1989, "International Stock Price Movements: Links and Messages", Brookings Papers on Economic Activity, I, pp. 125—167.

[157] Whitman, Marina V. N., 1974, "The Current and Future Role of the Dollar: How Much Symmetry?", Brookings Papers on Economic Activity, Economic Studies Program, The Brookings Institution, 5(1974-3), pp. 539—592.

[158] Yung, C. P. and K. Shin, 2009, "Internationalization of Currency in East Asia: Implications for Regional Monetary and Financial Cooperation", BoK-BIS Seminar.